GILBERT BORDES

Gilbert Bordes est né à Orliac-de-Bar, en Corrèze, et vit en région parisienne. Plusieurs de ses romans ont été couronnés : *La nuit des hulottes* a reçu en 1992 le prix RTL-Grand Public, et *Le porteur de destin* a été salué la même année par le prix Maison de la Presse et divers prix régionaux. Gilbert Bordes s'attache surtout à raconter des histoires dans la pure tradition des romanciers populaires, histoires de société (*L'année des coquelicots*), mais surtout humaines (*Le silence de la Mule*, *Lumière à Cornemule*, *Juste un coin de ciel bleu*, etc.) ou romans historiques (*Les frères du Diable*, suivi de *Lydia de Malemort*). Plusieurs de ses livres, tels *Le roi en son moulin*, *La nuit des hulottes*, ou *Le porteur de destin* ont été adaptés pour la télévision. Plus récemment, *Et l'été reviendra* et *La malédiction des louves* sont parus chez Robert Laffont.

LE ROI CHIFFONNIER

DU MÊME AUTEUR
CHEZ POCKET

LA NUIT DES HULOTTES
LES CHASSEURS DE PAPILLONS
L'ANNÉE DES COQUELICOTS
L'HEURE DU BRACONNIER
LA NEIGE FOND TOUJOURS AU PRINTEMPS
LE SILENCE DE LA MULE
LE VOLEUR DE BONBONS
LUMIÈRE À CORNEMULE
DES ENFANTS TOMBÉS DU CIEL
NOUS IRONS CUEILLIR LES ÉTOILES

LES COLÈRES DU CIEL ET DE LA TERRE

LA MONTAGNE BRISÉE
LE DERNIER ORAGE

LA PESTE NOIRE

LA CONJURATION DES LYS
LE ROI CHIFFONNIER

GILBERT BORDES

LA PESTE NOIRE

**

LE ROI CHIFFONNIER

XO ÉDITIONS

ISBN : 978-2-266-17967-6

1.

– Mon Dieu, mais qu'est-ce que je vous ai fait pour mériter ça ?

Eugénie, agenouillée, les yeux pleins de larmes levés au ciel, se tordait les mains.

Allongé sur des tissus de chanvre souillés de vomissures, un enfant grelottait à côté de l'énorme soufflet de forge qu'il devait avoir pour mission d'actionner. Elle se pencha vers lui.

– Mon petit Benoît !

Le jeune garçon ne reconnut pas sa mère. L'odeur que répandait son corps ne laissait aucun doute ; ses yeux vitreux indiquaient que la maladie était arrivée à sa phase ultime. La peste couvrait son visage de plaques grises.

– Mon petit Benoît ! répéta Eugénie entre deux sanglots.

Elle cria qu'on apporte de l'eau. Un chevalier de son escorte qui attendait sur la petite place arriva avec sa gourde. Elle glissa le goulot entre les lèvres de l'enfant dont le visage se contracta, se rida, devint tout à coup celui d'un vieillard. Il poussa un cri d'animal perdu. Eugénie le serra contre elle.

– Benoît ! Mon garçon chéri !

Elle le balançait comme pour l'endormir. Dehors, le forgeron, un certain maître Lerect, mal embouché et brutal, attendait, près du cheval dont il taillait le sabot avant de le ferrer. Très sale, le visage sombre de charbon, il regardait la porte étroite où la dame vêtue en guerre était entrée. Hauteville, près des gardes, attendait.

Benoît râlait. Eugénie se précipita à la porte de la forge.

– Trouvez un char ! cria-t-elle. Il faut l'emmener loin de ce lieu qui pue la mort !

Lerect ne broncha pas, tenant toujours ses outils à la main, l'épaule droite appuyée contre le flanc de l'animal qui s'impatientait. Hauteville donna des ordres et entra dans la forge dont la porte était si basse qu'il dut se courber.

Eugénie, de nouveau à genoux près de la paillasse, entre un tas de bois qui servait au feu, une enclume posée sur un billot et des ferrailles rouillées, serrait le jeune malade contre elle.

– Il faut l'emmener ! répéta-t-elle.

L'endroit était sordide, plein de recoins d'ombre où la maladie pouvait se terrer comme une bête malfaisante, un serpent. Il fallait arracher Benoît à ses griffes, l'emporter loin d'ici, le cacher pour que la peste l'oublie.

Le bruit de roues ferrées l'avertit que les gardes avaient trouvé un char. Eugénie prit Benoît à bras-le-corps et le porta jusqu'à la porte.

– C'est tout ce qu'on a ! dit le garde à côté du chariot qui avait servi au transport du fumier.

Sur un lit de paille, deux écuyers étalaient une couverture de chanvre. Eugénie y posa son fils. L'enfant respirait difficilement et claquait des dents malgré la douceur de l'air. Sa mère s'assit près de lui et serra sa tête contre sa poitrine.

– Ne t'en fais pas, mon Benoît, tu vas guérir !

Il sentait atrocement mauvais. Elle demanda qu'on lui apporte de l'eau et un linge puis se mit à nettoyer le visage de l'enfant. La fraîcheur du liquide sembla faire du bien au malade qui sourit, ouvrit les yeux et regarda longuement la belle femme qui le pressait contre elle. Cela le changeait des coups de maître Lerect et des cris de sa femme qui reprochait aux apprentis le pain rassis qu'elle leur donnait.

Ses lèvres s'entrouvrirent, montrant ses dents déjà gâtées. Il murmura quelque chose, Eugénie pensa qu'un miracle venait de se passer. Elle eut envie de remercier Dieu, quand un mot sonna dans le martèlement des chevaux :

– Maman !

Benoît l'avait donc reconnue ! La fraîcheur de l'eau lui avait redonné un peu de forces. Eugénie se tourna vers Hauteville qui se tenait à côté du char.

– Il faut trouver une auberge ! Un endroit pour le soigner ! Je suis certaine qu'il va guérir !

– Une auberge ? Vous n'y pensez pas ! Personne ne voudra accueillir ce malheureux !

– Alors, prenez-la d'assaut !

La nuit allait tomber. Le groupe investit un moulin abandonné à côté d'un étang. Des gardes se postèrent autour du bâtiment qui avait été pillé, mais dont les murs restaient solides. Un feu fut allumé dans la cheminée, Eugénie disposa des couvertures à même le sol près des flammes. Benoît, rassuré par la présence de sa mère, s'endormit dès qu'il fut allongé. Eugénie se tourna vers Hauteville.

– Cette fois, j'en suis certaine, il va s'en sortir !

Elle avait parlé ainsi pour se rassurer. Les hommes allumaient un second feu dans la cour et s'apprêtaient à faire rôtir un mouton qu'ils avaient acheté au village voisin. Hauteville s'était assis à côté d'Eugénie et regardait les flammes. Son silence écrasait la jeune femme d'une menace imprécise dont elle sentait la morsure à chaque inspiration bruyante de Benoît. Le mouton rôti répandait une agréable odeur. Dehors, les gardes découpaient l'animal en riant. L'un d'eux apporta à manger à Eugénie qui refusa. Elle frissonnait de froid malgré le feu que son compagnon nourrissait abondamment. Une chouette ululait quelque part au bord de l'étang.

À la lueur de la torche, la mère guettait les moindres contractions du visage de l'enfant marqué par la misère, ses joues creuses, ses dents gâtées, ses cheveux taillés à la va-vite pour ne pas gêner le petit travailleur. Cinq années s'étaient écoulées depuis son départ d'Aignan en compagnie de son père, cinq années passées à courir après elle-même pendant que ses deux garçons, les petits-fils de la reine Clémence, vivaient dans l'extrême pauvreté. Dieu lui indiquait sa faute. Elle s'agenouilla, serrant toujours la main froide de Benoît et jura que s'il guérissait, elle renoncerait à la conjuration des Lys…

Benoît se raidit, souleva la tête, ouvrit de grands yeux effarés. Des tremblements agitaient ses bras. Un cri strident sortit de sa bouche ouverte.

– Mon Benoît, je suis là ! fit Eugénie en le pressant contre elle.

Il poussa un autre cri en se débattant comme pour se libérer de l'étreinte de sa mère, il inspira très fort puis sa poitrine se vida dans un dernier soupir. Ses yeux s'immobilisèrent, sa tête roula sur le côté. Le petit corps du pestiféré devint tout à coup très lourd. Eugénie hurla un « Non ! » strident.

Dans la cour, les gardes se taisaient. Seule la chouette continuait de ululer au loin.

Eugénie, Hauteville et leurs gardes avaient quitté Rome deux mois plus tôt. Sur la route de Paris, la jeune mère avait souhaité faire un détour par la Gascogne pour voir ses enfants. Ils avaient ainsi traversé les immensités désertes des Cévennes où régnaient loups et ours. Le pays était ravagé par des bandes rivales qui occupaient les châteaux et rançonnaient les villes. Les habitants se réfugiaient dans les rares forêts où la place manquait et ils jouaient de la lame pour survivre. La peste et la guerre avaient anéanti une région autrefois riche et prospère.

Près du château d'Eauze au donjon éventré, Eugénie avait ressenti un profond malaise. Qu'était devenu son époux, Geoffroi ? Le délabrement de l'endroit n'indiquait-il pas que le maître des lieux était mort ?

À Aignan, elle avait constaté que rien n'avait changé depuis son départ. L'habitation principale, sans défense, avait été épargnée par les routiers. Dans la cour, les volailles grattaient la poussière, des valets d'écurie chargeaient une charrette. Le soir, ils s'étaient arrêtés dans une auberge de Plaisansac. La peste avait fait de récentes victimes, il fallut insister rudement auprès de l'aubergiste pour qu'il ouvre sa porte. Des hommes dépêchés par Hauteville apprirent à Eugénie que Benoît avait été placé chez un forgeron et que Matthieu travaillait comme valet de ferme.

Eugénie était restée longtemps prostrée près du cadavre de Benoît. Hauteville et les gardes avaient respecté sa peine et se taisaient. Enfin, elle se retourna et dit :

– Je veux qu'il soit enterré à Aignan, dans le caveau de la famille, près de ses ancêtres.

Elle passa la nuit en prières près du petit corps dont elle tenait encore la main froide. Au matin, Hauteville se rendit à Aignan pour annoncer la mauvaise nouvelle et préparer l'enterrement. Eugénie y assisterait vêtue en guerre, le heaume sur la tête, au milieu des gardes pour que personne ne la reconnaisse.

À Aignan, rien n'avait changé depuis son départ ; insensibles au temps, les restes du donjon rongés par le lierre se dressaient au milieu d'un tas de pierres. Les valets rassemblés dans la cour, tenant leur chaperon à la main, assistaient à la cérémonie. Eude d'Aignan se tenait à leurs côtés, grand et voûté, s'appuyant sur son bâton. Près de lui, le jeune garçon qui dépassait les autres était bien Matthieu. Âgé d'une douzaine d'années, il en paraissait dix-huit et ressemblait fort à son père. Sa taille indiquait qu'il serait aussi un géant débonnaire. Le visage grave, il resta impassible quand le petit cercueil fabriqué à la hâte avec les planches d'une cloison sortit du château, porté par quatre jeunes bergers qui peinaient à retenir leurs larmes. Eugénie serrait les dents pour ne pas attirer l'attention par ses sanglots. Elle s'étonnait de ne pas voir sa tante Éliabelle.

Eude tourna sa tête de héron vers son fils tout recroquevillé, qui semblait grelotter. Bossu, le visage couvert de barbe, Jean s'appuyait sur son bâton de coudrier dont il aimait frapper les jeunes domestiques.

Le cortège se forma derrière le cercueil et le prêtre qui tenait un crucifix. Hauteville s'était placé près du maître, flatté de la présence de ce chevalier de haute naissance qui s'était inventé une parenté avec les chevaliers d'Eauze. Valets et soldats mêlés marchaient en silence vers la petite chapelle délabrée dont on avait dégagé l'entrée.

Eugénie, discrètement soutenue par un jeune garde que Hauteville avait placé près d'elle, peinait à se tenir debout. L'odeur de la peste était toujours présente, lourde et suffocante. Une grosse envie de pleurer comprimait sa poitrine, mais ses yeux restaient secs.

La chapelle était trop petite pour contenir tout le monde. Eugénie, en jouant des coudes, put se rapprocher jusqu'au deuxième rang, derrière Matthieu au milieu des vieux domestiques. Quand les jeunes garçons glissèrent péniblement le cercueil dans l'entrée du caveau, le grand corps de l'adolescent fléchit, il baissa la tête et on entendit ses sanglots dans le lourd silence de l'assistance. Eugénie dans un élan spontané voulut aller vers lui, mais le garde veillait et la retint. « Madame, je vous en prie », lui souffla-t-il à l'oreille.

À la fin de la cérémonie, les valets retournèrent à leur travail sans un mot. Eude rentra dans son vieux château, suivi de Jean et de Matthieu qui ne réussissait pas à contenir ses larmes. Hauteville rejoignit ses cavaliers et le groupe s'éloigna, silencieux. La mort du petit garçon ne laissait personne insensible. Eugénie qui n'avait rien dit depuis le départ d'Aignan s'arrêta, mit son cheval en travers de la route.

– Allez chercher Matthieu ! ordonna-t-elle à Hauteville. Vous trouverez bien un prétexte. Je veux lui parler avant de partir, lui dire pourquoi je ne reste pas ici et pourquoi je ne peux pas l'emmener.

Sans un mot, Charles de Hauteville repartit. Cet homme discret savait commander ses troupes avec la fermeté des grands chefs. Il était, cependant, la délicatesse même et savait aller au-devant des désirs de la jeune femme sans jamais lui céder sur ce qu'il jugeait essentiel.

Ils s'étaient arrêtés près d'un village en ruine que la peste avait rendu désert. Le spectacle de la désolation était devenu habituel et personne ne fit attention aux murailles écroulées, aux toitures défoncées, aux grandes herbes qui poussaient sur les pas des portes.

Hauteville revint peu de temps après. Le garçon qui l'accompagnait était presque aussi grand que lui. Il sauta du cheval et, en peine de sa personne, attendit que le chevalier lui dise pourquoi il l'avait amené ici.

– Quelqu'un que tu connais t'attend.

Matthieu hésita encore un peu, puis se dirigea vers la femme en cotte de mailles et chausses de fer qui l'attendait en retrait, sous un tilleul.

– Matthieu ?

Le garçon resta un moment comme figé, incrédule, puis d'une voix hésitante demanda :

– Mère ?

Il était tout intimidé en face de cette dame d'un autre monde que le sien. Eugénie l'attira contre elle. Il sentait le foin, le feu de bois et toutes ces odeurs d'Aignan qui lui rappelaient sa propre enfance.

– Oui, ta mère.

– Pourquoi m'avoir fait venir ici ? Pourquoi ne vous êtes-vous pas arrêtée à Aignan ? L'oncle Eude ne voulait pas me laisser partir, il a fallu lui donner quelques pièces…

– J'y étais tout à l'heure, à l'enterrement de ce pauvre Benoît. Mais tu ne le diras à personne. Fais-moi confiance. Bientôt je reviendrai te chercher et tu apprendras le métier des armes, tu seras armé chevalier. Ta place n'est pas à Aignan, mais dans un grand château, comme ceux de ta race !

– Que voulez-vous dire ? Je n'ai plus rien. Mon père, le chevalier d'Eauze, a disparu, notre château s'écroule !

– Nous le reconstruirons. Tu seras un grand seigneur !

– Un grand seigneur ? se moqua Matthieu. Notre cheval est une vieille carne qui boite et je n'ai chevauché que des mules !

Eugénie se tourna vers Hauteville qui était resté en retrait.

– Faites donner un bon cheval à Matthieu.

Le garçon leva sur sa mère des yeux incrédules. Elle le serra une nouvelle fois dans ses bras.

– Va ! dit-elle. Et souviens-toi que si je dois encore te laisser ici avec ton oncle grincheux, c'est pour assurer ton avenir !

Matthieu se tourna. Devant lui, Hauteville tenait par la bride un superbe cheval harnaché. Le garçon regardait le merveilleux animal et n'osait pas l'approcher.

– C'est à vous ! dit Hauteville. Vous pouvez le prendre. Savez-vous monter ?

Matthieu n'osa pas dire la vérité. Il avait tant chevauché dans sa tête qu'il lui semblait ne rien ignorer de l'art du cavalier.

– Je ne sais pas si…

– C'est un animal très doux ! poursuivit Hauteville. Il ne cherchera pas à vous faire tomber. Je vais vous aider.

Ce ne fut pas utile. D'un bond, Matthieu fut sur le dos de l'animal qui se mit à piaffer. Le jeune cavalier lâcha les rênes et l'animal s'élança dans un galop plein de grâce. Eugénie regardait la scène et sourit.

– Bon sang ne saurait mentir ! dit-elle avec fierté.

Matthieu revint vers le char, sauta à bas de sa monture et s'approcha d'Eugénie qui était sortie. L'émerveillement se lisait sur son visage.

– Madame…

Sa gorge se noua, il inspira très fort pour ne pas céder à son envie de pleurer, puis il retourna près du cheval, jeta un regard à Hauteville comme pour lui demander la permission de remonter en selle.

– Tu peux partir ! dit Eugénie. Hauteville va t'accompagner et expliquera à ton oncle que ce cheval est bien à toi.

Eude voulut refuser l'animal. Un homme de noblesse ne pouvait accepter l'aumône. Hauteville lui expliqua qu'il en faisait présent à Matthieu parce que c'était son cousin. L'oncle aigri se laissa convaincre, considérant qu'il pourrait lui-même se servir de l'animal. Quand le généreux donateur fut parti, il prit le temps d'estimer la valeur du cadeau :

– La selle vaut à elle seule plus de dix pièces ! s'exclama-t-il. Le cheval en vaut cent. Il va falloir penser à renforcer les portes de notre écurie !

Eugénie et Hauteville arrivèrent à Paris dix jours plus tard et s'installèrent dans l'hôtel des Hauteville, à proximité du Louvre, près de l'hôtel d'Alençon qui donnait sur la rue d'Autriche et la petite rue du Coq. Leur domicile était l'un des plus grands de Paris. Construit sur les ruines d'un ancien cloître, ses jardins occupaient un vaste espace. Plusieurs bâtiments abritaient une riche animalerie où vivaient des singes dont l'aristocratie raffolait, des oiseaux aux plumages chatoyants ramenés d'Orient. Au fond du parc, une seconde bâtisse servait de laboratoire où M. de Hauteville s'adonnait à des expériences d'alchimie en compagnie d'un astrologue de grand renom, Geordo Matti.

Paris exhalait des odeurs de vase et de purin. Le lilas fleuri n'arrivait pas à dominer ces relents qui montaient des rues boueuses et des berges de la Seine où des cadavres d'animaux et parfois d'humains se décomposaient dans les buissons. Les Parisiens étaient habitués à l'air pourri de leur capitale qui leur manquait quand ils s'en éloignaient.

La misère était générale. Avec le printemps, les premiers légumes palliaient le manque de pain, mais tout était si cher que les mendiants pullulaient. Les groupes de tire-laine occupaient les places publiques, aussi les bourgeois ne sortaient-ils jamais sans se faire accompagner par des valets ou des gardes armés. Dès que la nuit tombait, les rues devenaient le domaine des coupe-gorge. Au petit matin, des cadavres abandonnés indiquaient que des rixes entre bandes rivales avaient éclaté. Étienne Marcel, le prévôt de Paris, multipliait les interpellations, pendait chaque jour les prévenus innocents ou coupables, mais cela ne suffisait pas à faire baisser la criminalité.

Eugénie était impatiente de reprendre la lutte. La mort du petit Benoît, mais aussi l'impétuosité de

Matthieu la poussaient à l'action. Elle eut recours aux préparations de Marcellin, le teinturier des Hauteville qui donnait les couleurs les plus inattendues aux plumages et fourrures pour les parures des dames. Il lui fit une magnifique chevelure blonde qui la rendait méconnaissable.

– Je déteste ces cheveux des femmes légères ! dit-elle à Hauteville, mais puisqu'il le faut !

Charles de Hauteville présenta sa nouvelle épouse à la cour. Jean II se montra enchanté, visiblement impressionné par sa beauté. Eugénie n'eut pas de mal à se plier aux règles de la vie mondaine qu'elle avait apprises au couvent de Saint-Jal. Elle savait faire toutes les révérences selon qu'elles s'adressaient à un personnage de haut lignage ou à une personne de son rang. En même temps, elle n'oubliait pas sa mission : repérer les lieux, tout savoir du roi et de son entourage, dresser un plan exact du palais et de ses nombreux bâtiments. Situé sur la grande île de la Cité, on y accédait par trois ponts, le Petit Pont près de la halle aux poissons sur la rive droite, le pont aux Meuniers et le pont aux Changeurs, sur la rive gauche. Le palais, bordé par la grande rue de la Barillerie, occupait toute la partie aval de l'île. À proximité, des prairies, des vergers, près de l'île aux Juifs, pouvaient cacher des troupes dans les bosquets et sur les berges de la rivière. Eugénie notait tous les détails, les habitudes des proches du roi et celles des gardes qui patrouillaient dans la cour du Trésor et se reposaient dans les vastes bâtiments de la Conciergerie.

Sa haine pour le souverain était toujours aussi forte. La seule présence de Jean II la révoltait. La tête de Brienne roulant à côté du billot dans un bouillonnement de sang s'imposait à sa mémoire, mais l'imminence de sa vengeance lui donnait la force de faire bonne figure. La réussite de l'attaque, toujours prévue pour la nuit de Noël, dépendait de ses observations, aussi multipliait-elle les amabilités envers le souverain et M. d'Espagne. Parfois Hauteville estimait qu'elle en faisait trop :

– Les courtisans se questionnent à votre sujet. Votre comportement trop dévoué avec le roi ne correspond pas à votre personnalité. Méfiez-vous !

– Personne ne dira rien tant que le roi me montrera de l'estime.

– Détrompez-vous ! Ils multiplieront les pièges pour vous faire trébucher !

Au mois de juillet, Jean II accorda à Charles de Hauteville la prestigieuse dignité de chevalier de l'Étoile. Ce fut l'occasion d'une grande fête où Eugénie retrouva celui qu'elle redoutait de rencontrer depuis son arrivée, le seul qui pouvait la reconnaître à la cour, Guy de Rincourt que Jean II avait confirmé dans ses fonctions d'intendant de l'armée mais que l'on ne voyait qu'aux grandes occasions.

Quand elle l'aperçut, Rincourt bavardait avec M. d'Espagne. Les deux hommes se méprisaient souverainement et ne se parlaient que lorsqu'ils y étaient obligés. Rincourt ne supportait pas ce bellâtre efféminé, vêtu avec extravagance, qui dépensait sans compter les deniers du Trésor public; M. d'Espagne regardait avec hauteur ce chevalier de province toujours vêtu de blanc comme un moine dominicain, si peu bavard et trop sérieux.

Rincourt mit un long moment à reconnaître Eugénie, preuve que le déguisement était efficace. Le rapide regard qu'ils échangèrent alors échappa à l'assemblée, occupée à grignoter des petites pâtisseries et autres douceurs que l'on servait avec du vin sucré au miel. Cette mode italienne, arrivée à la cour de France avec M. d'Espagne, permettait aux convives de bavarder en toute liberté, d'échapper à la rigidité de l'étiquette qui reprenait ses droits dès qu'on se mettait à table.

Eugénie, décidée à profiter de l'effet de surprise, abandonna le bras de Hauteville pour s'approcher de Rincourt. C'était la première fois qu'ils se retrouvaient depuis le jour où il l'avait confiée à Antonet après l'exécution de Brienne. Elle gardait ses yeux plantés dans les siens. Le brouhaha qui l'entourait semblait la porter et elle avait l'impression de ne plus toucher terre, de flotter, légère comme une bulle. Lui, toujours imperturbable, ne trahit rien de ses sentiments. Il lui fit un profond salut : le faucon s'était habitué aux usages policés de la cour.

– Madame, dit-il, permettez-moi d'exprimer ma surprise. Je ne vous avais point connue aussi blonde !

Elle savait que sa survie, et toute la suite de son entreprise, étaient conditionnées par la discrétion de Rincourt. Elle demanda :

– Vous me croyiez morte, n'est-ce pas ?

– On l'avait dit, en effet. Mais je n'en croyais rien.

– Je vous prie d'agir comme si c'était le cas. Je vous demande cela au nom de notre fils dont j'ai accouché au Tréport. Ici, personne ne me connaît sauf vous. Pour tous, je suis madame de Hauteville.

Rincourt, pour la première fois, ne put cacher son trouble. Ses sourcils s'abaissèrent sur ses yeux noirs. Il remuait les lèvres, mais aucun son n'en sortait. Il fit quelques pas en direction d'un groupe, comme pour évacuer le trop-plein d'émotion, puis revint vers Eugénie qui n'avait pas bougé.

– Notre fils, dites-vous ?

– Il s'appelle Renaud, comme mon père. Le Renaud de la Sourde. Il a un peu plus de trois ans.

– Madame…

Il n'arrivait pas à s'exprimer. Cette femme pour laquelle il avait juré de s'habiller en blanc avait été sienne suffisamment longtemps et dans des circonstances qu'il regrettait pour lui donner un fils. Il prit le hanap de vin qu'un valet lui présentait sur un plateau, le but d'un trait. Eugénie lui souffla :

– Jurez-moi, au nom de notre enfant, que vous ne dévoilerez à personne ma véritable identité.

Il hésita, pensant au serment fait à Philippe VI sur son lit de mort. Eugénie était certainement à la cour pour conspirer contre le Valois. Ne pas révéler sa présence revenait à mettre la couronne de Jean II en danger. Il y avait pourtant ce garçonnet de trois ans qu'elle avait porté dans son ventre.

– Jurez ! répéta Eugénie. Il en va de ma vie.

Il hésita encore. Son visage contracté avait l'immobilité d'une statue de pierre, il murmura :

– Je vous le jure.

Eugénie tourna les talons et rejoignit son « mari », le roi et M. d'Espagne. Au moment de passer à table, Jean II demanda qu'Eugénie soit assise à sa droite. M. d'Espagne ne fit aucune remarque en cédant sa place à celle qu'il considérait déjà comme une rivale.

Le roi ne manquait pas une occasion de montrer son attachement au couple Hauteville. La conversation d'Eugénie le changeait des habituelles niaiseries des courtisans et Charles était un excellent duelliste. Il les faisait souvent appeler dans son « cabinet étroit » où n'étaient admis que les conseillers les plus proches. Jean II n'était pas un bel homme. Grand, les membres trop longs, mal ficelé, celui qui se voulait un exemple de chevalerie avait les épaules étroites, la poitrine rentrée. Son visage au front large se terminait par un menton pointu qu'il épaississait en laissant pousser une barbe mal plantée. Son nez assez fort descendait sur la lèvre supérieure, de sorte que la place laissée à la moustache se réduisait à une fine bande sombre. Son sourire, qui montrait des dents noires et clairsemées, manquait de grâce. Ses yeux pers ne se fixaient sur rien ; le Valois montrait son indécision par le papillonnement constant de ses prunelles qui s'accompagnait de paroles hachées, de propos débridés passant d'un sujet à l'autre, se perdant dans les détails et oubliant souvent l'essentiel.

Eugénie poursuivait sa mission d'observation. Rien ne lui échappait, les manies du souverain, celles de ses domestiques et de sa garde rapprochée. Une certitude s'imposait : rien ne serait possible tant que M. d'Espagne veillerait sur le Valois.

– C'est la méchanceté même ! dit-elle à Hauteville. Il faut l'éliminer !

– Le roi l'aime d'un amour aveugle, répondit le chevalier. Nous ne devons pas toucher à un seul de ses cheveux, car la réaction du Valois serait imprévisible. Une fois l'usurpateur déchu du trône, La Cerda ne sera plus qu'un petit chevalier sans le moindre pouvoir.

L'arrivée, fin juillet, de Charles de Navarre et de sa suite mit la cour sens dessus dessous. Cette visite, prévue depuis longtemps, avait été organisée par les conseillers des deux rois pour resserrer leurs liens et éviter un affrontement prévisible.

Depuis plusieurs jours, le palais était en effervescence. Il fallait libérer des pièces pour les gens d'Évreux, vider une aile entière pour le petit souverain et ses serviteurs, trouver de la place dans les écuries pour ses chevaux et imaginer des fêtes, des banquets, des jeux afin d'occuper ce monde oisif qui allait demeurer là jusqu'à la fin du mois d'août.

L'excitation était à son comble quand on annonça que le convoi, long de deux lieues, entrait dans Paris par la porte Saint-Honoré. Jean II avait disposé sa garde personnelle sur le pont aux Changeurs pour accueillir son gendre. Il ne l'avait pas vu depuis le mariage de sa fille, mais ses espions l'avaient renseigné sur les moindres faits et gestes du maître d'Évreux. M. d'Espagne ne cessait de se plaindre qu'avec le Navarrais, il serait totalement oublié, et qu'il s'en irait si le roi montrait trop d'amitié à ce freluquet. Jean II, pour une fois, ne prêta pas attention aux propos de son amant.

Enfin, le roi de Navarre monté sur un superbe alezan, en tête du cortège, s'approcha de son beau-père. Les deux hommes mirent pied à terre et s'embrassèrent, se tenant longuement enlacés. Navarre qui ne manquait pas d'à-propos félicita le Valois sur sa tenue, sa magnifique cotte rouge, ses colliers d'or et les innombrables bagues qui ornaient chacune de ses mains. Jean II qui comprenait l'ironie de telles flatteries toisa le grand cheval, s'attarda sur la hauteur de son encolure, puis, perplexe, il se tourna vers Charles, si petit que chacun comprit l'interrogation du Valois. Des sourires lui indiquèrent qu'il avait fait mouche et il fut fier d'avoir cloué le bec à son gendre sans prononcer un mot. Ils entrèrent dans le château entre deux haies de courtisans. Les chariots se rangèrent dans la cour et le déchargement des meubles, vaisselle, literie et autres commodités commença. Une centaine de valets s'y activaient, il leur faudrait la soirée et une partie de la nuit pour faire place nette.

Eugénie prit le bras de Hauteville qui s'étonna de cette familiarité inhabituelle chez sa compagne. Elle venait de remarquer le géant proche de Charles de Navarre et reconnaissait sa hure noire, qui dépassait toutes les têtes, ses épaules puissantes. C'était bien son époux que Navarre présenta au roi comme son meilleur ami ! Elle l'avait fait chercher dès son retour à Paris, pressée par la mémoire de leur fils cadet, mais les cavaliers envoyés en Gascogne n'avaient rien pu lui apprendre. Elle avait redouté qu'Eauze n'ait été emporté par la peste et voilà qu'elle le retrouvait dans cette cour où sa démesure attirait tous les regards.

– Cet homme… fit-elle à Hauteville, ce géant…

– En effet, madame, ce chevalier est un prodige. Le rapprochement avec le petit roi de Navarre ne manque pas de piquant !

– C'est mon mari !

Hauteville sursauta et se tourna vivement vers Eugénie. Comment cette montagne de muscles à peine dégrossie pouvait-elle avoir cohabité avec la femme la plus fine, la plus délicate qu'il connaisse ?

– Madame, je ne m'attendais pas à cela…

– C'est ainsi ! fit Eugénie. Il ne faut pas qu'il me voie, car il me reconnaîtrait. Je vais me retirer dans une pièce des communs. Je dois lui parler avant qu'il ne commette quelque imprudence.

Charles de Hauteville s'arrangea, dans la confusion de l'arrivée, pour s'approcher de Geoffroi et l'aborder pendant que le roi poursuivait les salutations, allant d'un courtisan à l'autre.

– Monseigneur, pardonnez-moi de vous solliciter si vite, mais une personne de la plus haute condition souhaite vous voir en particulier.

Eauze avait l'habitude des femmes qui le priaient au déduit par curiosité, pour voir comment était fait dans son plus simple appareil ce chevalier hors normes, gueulard, mais doux. Cela le flattait en lui procurant des occasions de grivoiserie.

– Cette dame mesure-t-elle les risques qu'elle prend ? demanda-t-il en souriant et montrant ses dents, aussi blanches et régulières que celles d'un enfant.

– Non, monseigneur. Il s'agit d'une dame que vous connaissez fort bien et qui veut vous entretenir en particulier de choses de la plus haute importance.

Eauze suivit Hauteville qui ne comprenait toujours pas comment Eugénie avait pu épouser ce colosse à l'haleine chargée d'ail. Par une porte dérobée, il le fit entrer dans l'aile réservée aux courtisans.

– Monseigneur, je vous prie de garder votre calme et surtout de parler très bas. Ici, les murs ont des oreilles.

– Eh bien quoi, ventre Dieu, je n'ai rien à cacher !

– Si, monseigneur. Votre surprise va être très grande et je vous demande de ne pas l'exprimer trop fort. Il en va de la vie d'une femme !

Hauteville insistait, car la voix du chevalier d'Eauze avait la puissance du tonnerre et s'entendait sans qu'il la forçât à une demi-lieue. Il ouvrit la porte. Eauze vit de dos une femme blonde aux cheveux courts, vêtue d'une longue robe bleu ciel, qui regardait la cour par la croisée. Il fit un pas vers elle, la femme se tourna, Eauze crut défaillir. Il chancela comme un rocher qui va rouler sur la pente et s'abattre dans la vallée, emportant tout sur son passage. Il posa sa main velue sur le mur. Hauteville qui avait redouté qu'il ne fasse du bruit, qu'il ne pousse une exclamation capable d'ameuter tout le château, était satisfait : Eauze se taisait, n'osant bouger, respirant à peine. Lentement, tandis qu'Eugénie lui souriait, la vie revenait dans son corps. Il respira profondément comme s'il venait de se réveiller, bougea d'abord les bras, puis les épaules et enfin eut la force de dire le seul mot qui lui venait à l'esprit.

– Madame…

La politesse et les manières de paroles n'étaient pas dans ses habitudes, pourtant il ne savait pas exprimer autrement la lame de fond qui déferlait en lui. Ce fut Eugénie qui rompit le silence :

– Monseigneur, je suis heureuse de vous retrouver…

– Et moi…

Ce fut tout ce que réussit à dire cet homme qui ne savait pas cacher ses pensées. Toutes ces années passées sans Eugénie lui revenaient à l'esprit, dans l'ordre d'un récit de troubadour : la prise du château d'Eauze par Rincourt, sa fuite en Navarre, la peste et la rencontre avec Charles. Il avait eu des nouvelles d'Eugénie et avait voulu aller la chercher; on lui avait dit qu'elle était morte. Il avait voulu mourir à son tour, disparaître, et voilà qu'elle était devant lui, dans cette pièce grise. Il eut cependant comme un doute et demanda en langue d'oc :

– Eugénie, c'est bien vous, cette femme blonde ?

Il n'osait plus la tutoyer comme cela se faisait en Gascogne entre mari et femme; il restait debout, en peine de son grand corps, de ses bras qui pendaient, de ses mains trop lourdes.

– Mais oui, c'est bien moi.

Elle avait failli ajouter « ta femme » mais ce mot était resté dans sa gorge, car il n'avait plus aucun sens.

– Je ne peux pas y croire. On m'avait dit que vous étiez morte. Depuis, je porte le deuil, même si cela a fait rire le roi de Navarre.

– Tu portes le deuil ?

Il ouvrit son surcot pour montrer sa chemise noire.

– J'ai fait le vœu de ne plus jamais porter qu'une chemise noire et ne plus prendre épouse.

Eugénie ne put retenir le gros rire qui lui comprimait la poitrine. Eauze s'habillait de noir pour elle quand Rincourt avait choisi le blanc. Mais là où Rincourt inspirait le respect, Eauze montrait un ridicule bon enfant. Elle retrouva vite son sérieux :

– Que fais-tu avec le roi de Navarre qui semble te tenir en grande estime ?

Il réfléchit un instant avant de répondre, car cette question l'embarrassait.

– Ce que je fais ? J'espérais vous retrouver.

– Tu ne me tutoies plus ? Sais-tu qui je suis ?

Il pensa à tout ce qui s'était raconté à la cour de Navarre au moment de la mort de Brienne.

– Il paraît que vous êtes la fille de la reine Clémence de Hongrie…

– En effet. Ici personne ne connaît ma véritable identité sauf toi et M. de Hauteville qui t'a conduit ici. Tu ne dois jamais en parler à personne.

Eauze ressemblait à un enfant qui découvre tout à coup ce que les grandes personnes lui ont caché. Une vague de chaleur le submergeait. Ce n'était pas le soleil d'été qui faisait rouler la sueur sur son front, mais ce sentiment si longtemps contenu, qui n'avait cessé de grandir quand il avait été séparé de sa femme et qui n'était pas mort. Charles de Navarre avait pourtant multiplié les boutades et les bons mots sur cette drôlesse au cul plus chaud qu'une marmite, Eauze remerciait le ciel de lui avoir rendu celle qu'il aimait, même s'il pressentait qu'elle ne serait plus jamais à lui.

– Tu es vivante ! dit-il en se laissant enfin aller au tutoiement, c'est l'essentiel. Nos enfants m'auraient reproché de t'avoir abandonnée. Dis un mot et nous partons tout de suite tous les deux pour Aignan. Ce grand monde n'est pas fait pour nous, en tout cas pas pour moi.

Eugénie baissa la tête, sombre tout à coup.

– Benoît est mort. La peste…

– Quoi ?

Ce mot avait traversé les cloisons et résonné dans tout le palais. Eauze ne connaissait pas la modération et exprimait sa peine avec son habituelle démesure. De grosses larmes roulèrent sur ses joues et se perdirent dans l'abondante toison noire qui couvrait le bas de son visage.

– Mon petit garçon ! Si j'avais été là, la peste ne l'aurait pas pris ! murmura-t-il, tout à coup pitoyable.

– Il est mort dans mes bras ! dit Eugénie. J'ai vu Matthieu à qui j'ai offert un cheval.

Les yeux encore pleins de larmes, Eauze sourit :

– Ce doit être un sacré gaillard !

– Tout le portrait de son père. Il rêve de devenir chevalier.

Eugénie se dirigea vers la fenêtre : la forte odeur de son époux envahissait la pièce et elle s'étonnait d'avoir pu la supporter pendant les huit années de leur mariage. La dernière joute de Condom s'imposait à son esprit : Eauze sur son énorme cheval défiant Rincourt, tout en élégance sur son pur-sang blanc. Ce jour-là les avait séparés à jamais.

– Il faut me laisser, maintenant. Je serai au dîner tout à l'heure. Tu ne devras surtout pas me regarder.

– Mais enfin, dit Eauze, tu es ma femme. Je brûle de désir pour toi. Je ne vais pas te laisser filer…

– Fais ce que je te dis. Nous sommes entourés d'espions.

Le souper, servi en plein air dans le parc de la Conciergerie illuminé de centaines de chandelles, dura tard. Les plaisanteries du petit roi de Navarre arrachaient des larmes aux convives. Il mima un combat avec Geoffroi d'Eauze qui amusa beaucoup Jean II. Seul M. d'Espagne restait sérieux. Enfin, quand le roi bâilla, les courtisans se sentirent eux aussi fatigués et les bancs se vidèrent. Eauze regagna sa chambre en pensant à Eugénie. Il avait bu des quantités considérables de vin pour oublier la douleur qui le rongeait et s'effondra sur son lit avec une forte envie de pleurer : il pensait à son petit Benoît, mort comme un vilain.

L'arrivée de la cour d'Évreux avait obligé beaucoup de courtisans à céder leurs appartements pour loger en ville. Charles et Eugénie, en résidant dans l'hôtel des Hauteville, jouissaient d'une liberté qui eût été impossible au palais royal. Comme Jean II n'avait d'attention que pour Navarre, il leur arrivait de s'absenter plusieurs jours. M. d'Espagne ne manquait pas de le faire remarquer au souverain :

– Ils vous trompent, Sire. Je ne cesse de les faire surveiller pour mieux vous servir. Gardez-vous d'eux et surtout de la femme, je vous en conjure !

Un soir, Eugénie et Charles se rendirent rue de la Lanterne au domicile parisien d'Étienne de Pleisson où se retrouvaient régulièrement les membres de la conjuration des Lys. Les hommes se saluèrent, s'inclinèrent devant Eugénie, puis, comme ils redoutaient les espions du roi, ils s'enfermèrent dans une cave voûtée, gardée par des hommes sûrs.

– Messieurs, commença Pleisson, l'heure de venger l'un des nôtres approche. Raoul de Brienne a été décapité comme un vulgaire malfrat ! Le Valois va enfin payer ce forfait.

– Vengeance ! crièrent les hommes d'une seule voix.

Eugénie se leva, tous se turent. Sa belle tête de petit garçon blond impressionnait ces rudes chevaliers tapageurs.

– Messieurs, je suis ravie de vous retrouver. Vous savez que le château d'Eu qui appartenait à Brienne a été donné à Jean d'Artois. Chacun sait que ce fidèle serviteur des Valois n'a pas plus de cervelle que le paon qui figure sur sa bannière ! Ma connaissance des lieux a permis d'utiliser un souterrain pour déménager notre arsenal entreposé dans une cave. Ces armes, cachées dans des tonneaux de harengs salés et dans des bateaux chargés de paille, remontent vers Paris. Elles seront placées au château de Meudon qui appartient au sieur d'Itteville.

– En effet, précisa Itteville en passant la main sur ses cheveux blancs, nos partisans pourront s'équiper dans mes caves en empruntant un passage secret qui débouche dans l'ancien prieuré près de la Seine avant d'entrer dans Paris pour l'attaque de Noël !

L'assistance applaudissait et frappait le sol avec ses semelles ferrées. Le bruit était infernal, mais les chevaliers, dont beaucoup avaient abusé du vin de Suresnes, ne savaient pas s'exprimer autrement.

– Tout doit être prêt pour la nuit de Noël, le 24 décembre prochain, reprit Eugénie. Les troupes entreront dans Paris par petits groupes, pour ne pas attirer l'attention. Mon frère, sous un déguisement et bien protégé par des hommes d'armes, sera arrivé de Sienne quelques jours auparavant et séjournera à l'hôtel de Pleisson. Je connais parfaitement le palais royal. Notre attaque ne peut réussir qu'en profitant de l'effet de surprise.

– Nous devons cependant nous garder d'un ennemi implacable, ce M. d'Espagne qui nous fait suivre par ses espions et sait plus de choses qu'il ne le dit ! précisa Hauteville. Cet homme est capable de tout pour préserver son emprise sur le Valois sans lequel il n'existe plus.

– À mort, La Cerda ! crièrent les chevaliers en levant le poing.

– Non, répliqua Eugénie. Sa mort nous desservirait. On ne sait pas de quoi l'usurpateur serait capable tant il aime son bel Espagnol. Notre force, c'est le silence, le secret, la surprise qui doit être totale.

Étienne de Pleisson demanda encore la parole :

– Nous devons donc mesurer nos propos. Les espions de La Cerda sont partout et ils savent délier les langues. Le Valois et sa famille seront cueillis dans leur sommeil et enfermés au couvent des Bernardins dont le gouverneur, messire de Lignac, nous est acquis. Jean Ier occupera le trône dès le jour de Noël. La comtesse d'Anjou l'assistera dans les premiers instants de son règne. Un collège de pairs de

France se réunira le lendemain pour définir le nouveau mode de gouvernement que nous allons instituer, ainsi que la réunion des États généraux. Notre première préoccupation sera de remettre de l'ordre dans le pays, de réduire les compagnies de brigands et enfin de trouver un terrain d'entente avec les Anglais.

Ce programme, fortement inspiré par le cardinal de Varonne, convint à tous, même si, pour la plupart, le devenir du royaume n'était que secondaire. Ils espéraient surtout, grâce à un pouvoir central faible, retrouver les privilèges de leurs pères que Philippe le Bel leur avait ravis.

2.

L'été ensoleillé avait permis de récolter le blé qui serait vite insuffisant, de vendanger dans de bonnes conditions. Plusieurs cas de peste furent signalés à Paris et, une fois de plus, le roi dut prendre des mesures pour empêcher les bourgeois de fuir la ville. À la cour, on déplora quatre morts, le jeune frère de M. d'Espagne qui était écuyer du roi, Mme de Mantes qui approchait les soixante ans, dont on disait que la cervelle n'était pas plus grosse qu'une tête d'épingle, Jacques de Monthou, le goûteur du roi, et Lisette, la naine de la reine. On avait récemment marié Lisette à Bigosse, un nain acheté à la cour d'Espagne. Le couple passait son temps à se disputer. Le roi avait ordonné de les séparer, car il ne voulait pas perdre son Bigosse qui lui avait coûté deux cents pièces, soit le prix de deux chevaux dressés.

Les églises ne désemplissaient pas d'une foule qui redoutait une nouvelle épidémie, mais après une dizaine de victimes, toutes proches du port au Foin, la peste se fit oublier et les gens reprirent leurs habitudes, même si la menace persistait.

Comme prévu, l'arsenal de guerre de la conjuration des Lys avait été transporté aux portes de Paris.

Des petits groupes de mercenaires envoyés par Cola di Rienzo, empruntant les ports méditerranéens et ceux d'Aquitaine, entraient discrètement sur le territoire où ils avaient ordre de ne pas se faire remarquer. Ce n'était pas difficile : les campagnes étaient infestées de bandes de pillards, de compagnies qui semaient un immense désordre. Les groupes convergeaient vers Paris où ils se mêleraient à la population en attendant la nuit de Noël.

La France était à genoux, ravagée par la peste, les armées anglaises, les pillards, les impôts excessifs. Pendant ce temps, Jean II se préoccupait de chevalerie. L'ordre de l'Étoile, qu'il venait de créer, regroupait la fine fleur de la noblesse, chacun devant raconter ses exploits à l'occasion d'une réunion annuelle. Une maison avait été achetée à Saint-Ouen et restaurée à grands frais. De somptueuses fêtes marquèrent la fin des travaux. Des tournois colorés mirent en lice les meilleurs chevaliers du royaume, le roi en personne y participa. Charles de Navarre, peu batailleur, s'en était dispensé. Eauze, qui n'était pas chevalier de l'Étoile, n'avait pu le représenter; ce fut son jeune frère, Philippe, qui prit sa place.

M. d'Espagne, se sachant beaucoup d'ennemis, agissait avec prudence. Riche des biens hérités de Brienne, hormis le comté d'Eu donné à Jean d'Artois, le connétable de France, bien que cousin du roi par son mariage avec Mme de Blois, n'était pas à l'abri d'un mauvais coup. Ainsi le bellâtre avait-il appris que le roi de Sienne se préparait à fondre sur le trône de France. La présence de Hauteville lui ayant été signalée à Rome auprès de la comtesse d'Anjou dont tout le monde avait perdu la trace le conduisit à s'interroger sur cette nouvelle

Mme de Hauteville que personne ne connaissait à la cour. Ce qu'il découvrit était tellement incroyable, tellement inattendu que le prudent Charles de La Cerda ordonna qu'on n'en parlât à personne. Le bel Espagnol voulait prendre le temps de la réflexion, mesurer le poids de chaque pion de l'échiquier et, surtout, la manière de les déplacer pour en tirer le meilleur profit.

L'été cédait la place à l'automne dans un déluge de pluie. Les rues de Paris étaient transformées en rivières de boue, les arbres perdaient prématurément leurs feuilles, le prix du pain montait chaque jour, le blé manquait déjà.

Comme chaque année, Charles de Hauteville se rendit sur ses terres en Normandie pour recevoir les redevances de ses fermiers.

Eugénie, restée seule dans l'hôtel des Hauteville, attendait des nouvelles des conjurés des Lys. Un soir, elle reçut un billet : *Je vous attendrai, à la tombée de la nuit, à la porte de la rue Murée. J'ai une information de la plus haute importance à vous communiquer. Étienne de Pleisson.*

Eugénie pensa que quelque chose de grave s'était produit pour que Pleisson prenne le risque de lui écrire, car il était convenu que Mme de Hauteville n'aurait aucune relation avec les conjurés jusqu'à la veille de Noël. Elle se fit servir à souper et congédia ses servantes. Elle prit un manteau, un châle car il faisait frais et sortit par un escalier dérobé. Elle frissonna en traversant le jardin éclairé par une lune qui courait entre les nuages. Geordo Matti était dans sa bibliothèque à l'étage. Les singes et les oiseaux se mirent à crier au passage de la jeune femme qui se dissimula sous les branches basses d'un noyer. Enfin, quand les animaux eurent retrouvé leur calme, elle traversa la partie à découvert jusqu'à la maison de l'alchimiste, se cacha un instant sous le porche, tendit l'oreille et ouvrit la porte. Deux hommes dont elle devinait le visage dans la pénombre se tenaient devant elle.

– Madame, pressons …

– J'attendais M. de Pleisson.

– Il est empêché. Venez, moins on parle, moins on risque d'être entendu !

Eugénie, malgré un mauvais pressentiment, ferma la porte, monta dans le char à bancs couvert qui attendait au fond de l'impasse ; les deux hommes à cheval ouvraient la route. Le cocher fouetta l'attelage.

Le char emprunta plusieurs rues sous la surveillance de cavaliers, l'épée au poing. Au bout d'un quart d'heure environ, il entra dans une cour dont l'entrée était gardée par des hommes en habit de guerre qui fermèrent un lourd portail. Des torches éclairaient la cour où des soldats attendaient. L'un d'eux s'approcha et invita Eugénie à descendre.

– Mais nous ne sommes pas chez M. de Pleisson, où m'emmenez-vous ?

– Il vous attend ici, madame, son hôtel est truffé d'espions.

Le garde la conduisit vers le bâtiment qui se trouvait à côté des écuries, ouvrit une porte en tenant devant lui une torche qui éclairait un escalier en pierre menant à une cave aux voûtes sombres.

Ils traversèrent une première pièce, puis arrivèrent dans une autre, plus petite. À l'entrée, Eugénie sursauta en reconnaissant celui qui lui souriait.

– Monsieur d'Espagne ?

– Lui-même, dit La Cerda en s'inclinant devant la jeune femme. Entrez, vous êtes attendue, madame d'Anjou.

L'amant du roi avait donc découvert sa véritable identité, tout était perdu ! Couché sur une table, les poignets et les pieds liés par des cordons de cuir, le torse ruisselant de sang, le visage tuméfié, Charles de Hauteville tourna vers elle un regard de martyr. Eugénie voulut se précipiter vers lui, un homme la retint fermement.

– Je ne sais pas ce qu'ils me veulent ! murmura Hauteville en grimaçant.

– Madame, ne l'écoutez pas ! dit M. d'Espagne. Votre ami s'est montré très coopérant. Nous l'avons un peu tourmenté et il ne s'arrête plus de parler.

– Ce n'est pas vrai ! dit le supplicié d'une voix rauque, je n'ai rien dit parce que je n'ai rien à dire !

M. d'Espagne fit un signe aux deux hommes vêtus d'un long tablier de cuir qui se tenaient à côté du feu de forge, surélevé sur un socle à deux pieds du sol. De temps en temps, l'un d'eux tisonnait les bûches qui se consumaient en braises ardentes, l'autre actionnait un grand soufflet suspendu par des cordes.

– Nous allons voir cela ! dit M. d'Espagne. Apportez le fer chauffé.

Un des aides sortit des braises une épée dont la lame rougeoyait. Hauteville regardait La Cerda avec défi.

– Madame d'Anjou, poursuivit le favori du roi, cela fait longtemps que je vous observe avec vos cheveux courts et blonds. Vous étiez auprès du roi notre maître, comme le chat qui joue avec la souris. Heureusement, je veillais, mes espions ont bien fait leur travail. Désormais, le sort de votre complice se trouve entre vos mains. Vous répondez à mes questions et tout ira bien, vous refusez et la lame s'approchera de ses yeux qu'elle brûlera.

– Monsieur de La Cerda, ce que vous faites est indigne d'un grand du royaume. Vous en répondrez un jour devant la justice de ce pays !

L'homme au tablier de cuir approcha la lame au-dessus du visage de Hauteville, à environ un demi-pied.

– Je veux savoir quand aura lieu l'attaque que vous préparez contre le roi.

– Nous ne préparons rien ! hurla Hauteville.

La lame descendit d'un pouce. Le supplicié poussa un cri. Eugénie tituba, puis se ressaisit.

– De quelle attaque parlez-vous ? demanda-t-elle sans se démonter.

La lame descendit encore au-dessus des yeux de Hauteville. Un grésillement de chair brûlée se fit entendre. La Cerda sourit méchamment.

– Il est encore temps de sauver votre ami, madame. Je veux savoir quand et sous quel déguisement le roi fantoche, que l'on dit héritier du trône, va entrer dans Paris. Et quand il envisage d'attaquer par surprise mon maître, Jean le Deuxième. Vous voyez que je sers ce pays qui n'est pas le mien mieux que vous, la fille d'une reine de France !

– Ce pays que vous prétendez servir vous demandera des comptes, monsieur de La Cerda, répéta Eugénie. Non content de vous faire attribuer les biens et les charges du connétable bassement exécuté, vous voulez aussi vous approprier le pouvoir !

– Entendons-nous bien, madame, fit l'amant du roi. Je ne suis pas ici au nom des Valois. Je suis ici monsieur de La Cerda, prince espagnol qui cherche seulement à être informé. Si votre cause me semble juste, je n'hésiterai pas à la rejoindre.

– Relâchez M. de Hauteville, nous verrons ensuite.

– Parlez d'abord, madame, nous perdons du temps pour rien…

Un grand vacarme vint alors de la cour en surplomb, des lames s'entrechoquaient, des gardes criaient, puis des pas dévalèrent l'escalier. La Cerda regarda autour de lui. En un bond, il saisit l'épée dont la lame était encore rouge, la leva et, d'un geste rapide, la planta dans la poitrine de Hauteville qui hurla. Il arracha la lame de la blessure, se tourna vers Eugénie, mais des soldats arrivaient de la pièce voisine. Il s'enfuit par une porte au fond de la pièce. Personne ne le poursuivit.

Les hommes en cotte de mailles détachèrent Hauteville qui râlait, et essayèrent de le relever. Sa tête bascula sur son épaule droite.

– Il est mort ! constata l'un d'eux.

Eugénie se mordit les lèvres pour ne pas crier sa fureur. La Cerda paierait son forfait, elle en fit le serment devant la dépouille de son « mari ».

– Madame, dit enfin celui qui se tenait près d'elle, je vous conseille d'oublier tout cela, ce sera plus simple.

Cette voix sûre, amplifiée par les voûtes, Eugénie l'aurait reconnue entre toutes car elle ne la quittait pas. Une vague chaude déferla dans sa poitrine. Après un court instant d'hésitation, elle retrouva vite le sens des réalités et choisit d'agir avec prudence.

– Vous avez raison, messire. Personne ne doit savoir ce qui s'est passé. La Cerda ne doit pas être inquiété. Rapportez le cadavre de M. de Hauteville chez lui. Il a été victime de malfaiteurs. N'en dites pas plus.

– Voilà une sage décision, constata Guy de Rincourt. Je remarque que j'ai eu raison de vous faire surveiller.

Des hommes emportaient Hauteville sur un brancard formé de planches trouvées près du soufflet. Rincourt attendit qu'ils soient engagés dans l'escalier pour demander à Eugénie :

– Madame, je vous avais prévenue du danger ! Que souhaitez-vous faire ? M. d'Espagne qui connaît votre identité aura trop peur de vous pour vous laisser en vie. Vous devez quitter Paris.

Elle marcha vers l'escalier. Le chevalier restait derrière elle. Il avait pris de gros risques en venant la délivrer ici, lui le responsable des armées du roi. Eugénie en avait conscience, mais elle n'en dit rien.

– Dites un mot, madame, dites que vous abandonnez cette lutte perdue d'avance et je quitte tout pour vous. Tout, et nous partons sur-le-champ récupérer notre fils !

– Monsieur, je ne changerai pas d'avis. Je ne me fais point d'illusion sur votre bonne volonté. Par le passé, vous m'avez montré ce dont vous êtes capable et je n'oublie pas que vous appartenez à mon ennemi.

– Je vous montre aussi que je peux risquer ma vie pour vous. Mais je n'aurai pas toujours autant de chance. Le temps passe et le peuple a toujours faim sans le moindre espoir de voir sa situation s'améliorer. Il travaille, il sème le blé dans ses champs pour ne récolter que cendres. Ce royaume a plus besoin d'ordre que tout le reste. C'est là le sens de mon engagement !

– Je ne puis cautionner ceux qui exécutent sans jugement, qui torturent, cachent sous les ors et les poudres leur âme sanguinaire. Oublier la tête de Brienne, la mort de ce pauvre Hauteville serait la pire des lâchetés.

Eugénie s'engagea dans l'escalier. Dans la cour, on plaçait le mort sur le char à bancs. Il faisait froid.

– Je vous répète que vous devez quitter Paris ! insista Rincourt.

– En effet, je dois fuir devant un malfrat qui reçoit tous les honneurs. Les pires vauriens sont récompensés et les gens de bien décapités ! Voilà le royaume que vous servez !

– Je vous prie de me suivre : les gens de La Cerda vont ratisser les rues et les cours pour vous retrouver. Avec moi, vous serez en sûreté.

Elle aurait voulu refuser, mais n'avait pas le choix. Rincourt la conduisit à une auberge qu'elle reconnut. C'était là qu'il l'avait enfermée à son retour d'Avignon. Il connaissait l'aubergiste qui mit plusieurs chambres à sa disposition. Il plaça des gardes dans la cour et les rues voisines.

– Madame, votre vie m'est précieuse. Mais je ne serai pas toujours là pour vous préserver d'un mauvais coup. Aussi, je vais vous faire fabriquer une épée à votre taille et vous apprendre à vous en servir. Cela nous prendra toute une semaine.

Eugénie sourit : cette perspective lui plaisait. Avec ses amis des Lys, elle devait montrer son courage, sa détermination, sans laisser la moindre place au doute. Près de Rincourt, elle pouvait enfin être une femme et avouer ses faiblesses.

– Nous partirons demain matin pour un endroit discret, poursuivit Rincourt. Ensuite, nous aviserons. Pour ce soir, souffrez que je reste près de vous. Les hommes de La Cerda rôdent dans les parages.

Il commanda à l'aubergiste d'apporter à manger. Eugénie refusa le hanap de vin que le chevalier lui tendait. Lui s'était mis à table et, probablement pour se donner une contenance, grignotait.

– Je dois vous avouer que j'ai rendu visite à Renaud. C'est un superbe petit garçon aussi fier que sa mère. J'ai donné une bourse à Marie la Sourde comme vous me l'aviez demandé.

Il leva vers elle un regard qui contenait une émotion nouvelle, elle en fut troublée.

– Quand il sera un peu plus grand, poursuivit Rincourt, je le placerai chez un chevalier ami pour qu'il apprenne le métier des armes et tout ce qu'un gentilhomme doit savoir.

Eugénie ne trouva pas la réponse qu'elle aurait voulue cinglante : Rincourt n'était-il pas en train de la déposséder de son fils ?

Elle se sentait tout à coup sans force. Dans la cour, les gardes faisaient les cent pas sous la lune qui éclairait leur casque et leurs épaulettes d'acier.

– Couchez-vous en toute tranquillité ! dit Rincourt en sortant. Je vais rester près de la porte.

Il sortit. Eugénie, seule, ne pouvait pas détacher son esprit des événements de la soirée. Le cri qu'avait poussé Hauteville lorsque M. d'Espagne avait planté l'épée dans sa poitrine éclatait en elle, la torturait. La colère roulait dans son esprit, lourde comme un incendie que le vent pousse lentement, puissante comme la vague qui engloutit le rivage.

Les bruits de l'aube s'amplifiaient. Dans la cour, les gardes bavardaient, les chevaux hennissaient. Rincourt frappa et entra. Eugénie bougea un bras, se leva, défroissa sa robe.

– Il est temps de partir ! dit-il. Nous devons profiter du désordre qui se produit toujours à l'ouverture des portes.

Rincourt dévala l'escalier de bois qui craquait sous ses pieds. Eugénie l'entendit parler. Il remonta quelques instants plus tard.

– J'ai demandé de l'eau chaude pour vos ablutions. Passez ceci sur vos cheveux pour qu'ils retrouvent leur couleur noire. Je dois voir les capitaines de l'armée royale, mais rassurez-vous : six chevaliers qui me sont totalement dévoués vont vous escorter. Je vous laisse mon meilleur cheval. Je vous rejoindrai dans la matinée.

Il s'éloigna, l'escalier résonna sous son pas décidé. Eugénie fit une rapide toilette, mouilla ses cheveux et les enduisit du liquide huileux que Rincourt lui avait donné. Elle changeait de tête et avait le sentiment de changer de corps et de vie. Une fois prête, elle rejoignit les hommes qui l'attendaient dans la cour.

D'un geste de la main, l'un d'eux désigna son cheval. Le groupe sortit de Paris, déjà encombré, par la porte Sainte-Geneviève, et poursuivit sa chevauchée dans la campagne qui se réveillait. Avec l'obstination du désespoir, les vilains labouraient les champs où la cendre des blés incendiés enduisait la terre d'une crasse noire. L'hiver arrivait ; beaucoup ne mangeraient pas à leur faim, pourtant il fallait préparer la future récolte et semer les bons grains quand le pain manquait sur leurs tables.

Le groupe de cavaliers longea une petite rivière en empruntant un chemin mal empierré. Sur la droite, l'énorme tour de Montlhéry se dressait sur son mamelon au milieu des vignes et des vergers. Ils arrivèrent à un imposant moulin aux murs clairs. Des chiens les accueillirent en aboyant autour des chevaux. Le roulement de l'eau qui actionnait une énorme roue en bois faisait vibrer l'air. Guy de Rincourt les attendait en compagnie de deux hommes aux vêtements blancs de farine. Il se dirigea vers Eugénie qui mit pied à terre avec légèreté et élégance.

– Madame, vous êtes ici en sécurité. Je vais cependant poster des hommes pour surveiller les allées et venues.

L'après-midi se passa dans une forge voisine à confectionner une épée à la taille d'Eugénie qui se prêtait avec bonne grâce aux exigences du chevalier. Cette arme lui serait sûrement utile : son frère de Sienne devait déjà être en France, poursuivant sa route vers Paris.

Dans la soirée, Rincourt se montra enfin satisfait de l'épée fabriquée par le forgeron sur ses conseils :

– Elle manque d'ornement, j'en conviens, mais nous n'avons pas le temps. Et puis, elle vous sied à merveille. Il me reste à vous apprendre la manière de s'en servir.

– Messire, qu'espérez-vous de moi ? Une reddition ? Cela ne se peut. Vous pensez que je vais vous céder, cela ne se peut pas non plus.

Rincourt fit une petite grimace et trouva la bonne réplique :

– J'espère vous garder en vie !

Eugénie sembla réfléchir un instant, prit son épée en main et la pointa sous le nez du chevalier.

– Vous êtes au roi de France, tenu par un serment, je suis son ennemie, tenue aussi par un serment fait à mon père et par la haine que je porte à cet homme tyrannique et indigne de sa fonction. Cette haine m'occupe tout entière et m'empêche d'éprouver d'autres sentiments !

Le soir, Guy de Rincourt laissa Eugénie après le souper. Il devait retourner à Paris où le roi l'attendait le lendemain matin. Quand il revint, en début d'après-midi, Eugénie était partie.

– Nous n'avons pas pu la retenir ! dit le chef des hommes qu'il avait placés autour du moulin. Elle n'a pas voulu d'escorte.

Rincourt réprima un mouvement de colère. Il fit quelques pas, les épaules basses. Pour la première fois, il céda au découragement. Eugénie n'éprouvait aucun sentiment à son égard, pas même la moindre reconnaissance. Son dédain allait jusqu'à s'enfuir de cette cachette sûre qu'il avait eu tant de mal à dénicher.

– Allons, dit-il. Puisque c'est ainsi…

Il poussa un gros soupir et monta à cheval.

En compagnie de deux gardes qu'elle avait recrutés à Montlhéry, Eugénie fuyait. Le galop de son cheval l'emportait vers une liberté que le chevalier blanc détruisait par sa seule présence. Elle échappait à ses doutes pour redevenir la rebelle, l'insoumise. L'épée accrochée à sa ceinture, elle se sentait invincible et n'avait qu'une hâte : rejoindre ses amis et préparer avec eux la plus audacieuse attaque de l'histoire du trône de France.

Quatre jours après une éreintante chevauchée, elle arriva à Vézelay chez Étienne de Pleisson qui l'accueillit avec beaucoup de cérémonie. Elle lui expliqua :

– Nous avons été trahis ! M. d'Espagne a appris qui j'étais et m'a entraînée dans un piège. Hauteville y a laissé la vie.

– Pauvre Hauteville ! fit Pleisson. C'était un homme loyal. Nous allons tendre un piège à La Cerda, homme lâche et cupide ! Je sais qu'il aime les escapades nocturnes. Il fréquente certains tripots autour desquels il place des dizaines de gardes, mais il n'est pas à l'abri d'un coup de dague…

– Non, dit Eugénie, ce serait trop doux pour ce meurtrier. Prenons le pouvoir et nous le ferons arrêter et passer à la question comme il se doit.

Ses yeux brillaient. Elle imaginait La Cerda attaché sur la table où avait été torturé Hauteville et la lame rougie s'approchant de l'homme suffisamment lâche pour supplier qu'on l'épargne.

– Est-il au courant de notre projet ?

– Je ne le pense pas ! fit Eugénie. S'il avait été au courant de l'attaque de Noël, il n'aurait pas capturé Hauteville. Il aurait attendu le dernier moment pour dénoncer le complot et capturer mon frère ! Où en est-on ? Jean le Premier s'est-il mis en route ?

– Tout va bien de ce côté. Je vous propose de former une escorte pour aller à sa rencontre.

Le lendemain, une centaine de cavaliers quittaient la forteresse de Vézelay en direction de Lyon où Jean de Sienne devait se reposer quelques jours avant de poursuivre sa route vers la capitale. Eugénie ne pouvait s'empêcher de penser à Rincourt qu'elle avait abandonné sans la moindre explication. Un léger sourire éclairait son visage. De temps en temps, elle portait la main à la garde de son épée, parfaitement ajustée à sa main.

Ils atteignirent Chalon où des émissaires du roi de Sienne leur apprirent que leur maître venait d'arriver à Lyon et qu'il se faisait passer pour un riche marchand de laines. Le secret de son entrée sur le territoire français avait été bien gardé, il fallait espérer qu'il en serait ainsi jusqu'à Paris.

Les journées étaient de plus en plus courtes ; une pluie froide sur des routes défoncées gênait les chevaux et les hommes. Les compagnies de brigands qui infestaient les campagnes les obligèrent à combattre plusieurs fois. Eugénie en profitait pour manier son épée et mettre en pratique les premiers conseils de Rincourt. Pleisson fut impressionné de voir la jeune femme combattre avec une telle aisance, mais ne fit aucune remarque.

Aux portes de Lyon, des émissaires qui les attendaient les conduisirent à une auberge sur les bords du Rhône, immense bâtisse en retrait de la ville, bien protégée par de hautes murailles. Eugénie était anxieuse à la pensée de retrouver son frère dont on disait que la fonction royale avait affecté le jugement. L'angoisse pesait en elle, comme un sac de cailloux qui se place toujours dans le sens de la pente pour qu'elle l'emporte.

Jean Ier les accueillit dans la vaste salle de l'auberge éclairée par les flammes nourries d'un grand feu. Pleisson et ses hommes ployèrent le genou devant lui. Eugénie fit une petite révérence, mais resta debout en face de celui qui venait conquérir le trône de France.

– Ma sœur, je suis heureux de vous retrouver ! dit-il. J'ai plaisir à constater que vous portez à merveille l'habit de guerre.

Eugénie sourit. Elle observait son frère qu'elle découvrait différent de ce qu'il était lors de leur première rencontre. Son visage, en perdant sa finesse et les belles couleurs du marchand de draps, était resté celui du convalescent qu'elle avait quitté quelques mois plus tôt. Son regard se posait sur les gens avec une hauteur qui ne lui allait pas. Il relevait exagérément la tête comme pour ajouter de la majesté à sa silhouette qui s'était épaissie.

– Quels temps vivons-nous ! dit-il en s'adressant à Pleisson. Voici que le roi de France est obligé de se déguiser en marchand pour entrer dans son royaume.

– Cela ne durera pas, Majesté ! répondit Pleisson. Bientôt, vous pourrez apparaître au grand jour. Tout est prêt pour cela !

Visiblement, la présence d'Eugénie le gênait. Il avait beau se dresser sur ses talons, la jeune femme était plus grande que lui et sa distinction naturelle lui conférait une autorité qui manquait tant au petit-fils de Philippe le Bel.

– L'honneur sera grand pour moi de mettre à la disposition de Sa Majesté mon château de Vézelay le temps qu'elle se repose ! dit Pleisson. Ensuite, nous irons à Paris, en mon hôtel de la rue de la Lanterne. Nous devrons être très discrets.

Jean Ier fit mine de réfléchir et demanda :

– Nous attaquerons donc la nuit de Noël. Quelle joie pour moi d'être à la tête de mes troupes !

– Non, mon frère, répliqua Eugénie. Vous ne devez pas vous exposer inutilement. C'est nous qui enfoncerons les défenses, réduites à cette heure. Vous devez vous garder d'un mauvais coup qui nous priverait de la victoire.

Jean Ier eut un mouvement des lèvres, ses sourcils s'abaissèrent sur ses yeux bleus qui n'avaient plus la lueur espiègle du marchand que Rienzo avait fait venir l'année passée en son palais du Capitole. Il ne fit aucune remarque, mais tout le monde comprit qu'il prenait ombrage de l'autorité d'Eugénie.

Trois jours plus tard, ils se mirent en route. Jean se tenait à l'avant des troupes et voulait prendre des initiatives. Eugénie lui dit :

– Mon frère, laissez-vous conduire. Quand vous serez sur le trône, nous vous serons entièrement dévoués, mais en attendant, laissez nos hommes aller à leur guise. Ils connaissent les routes mieux que vous et feront tout pour votre protection.

Ils arrivèrent à Paris au début du mois de décembre et séjournèrent dans l'hôtel de la rue de la Lanterne, près du Louvre, sortant peu, évitant de se montrer. Jean Ier et sa suite occupaient un étage de l'immeuble où il avait organisé sa « cour ». Angelo Bradini, son homme de confiance, faisait régner sa loi, créant un protocole rigoureux, interdisant l'accès auprès de Sa Majesté qui restait invisible. Le petit Sicilien se heurta à Eugénie dès le premier jour. Le souverain souhaitait écrire à ses amis de Hongrie, au comte du Luxembourg et à ses financiers de Sienne et de Rome. Agacée, Eugénie écarta Bradini d'un geste vif du bras et s'écria :

– Mon frère, votre présence à Paris exige un peu de prudence de votre part. Vous ne connaissez pas nos adversaires, moi je les connais bien et je peux vous assurer que leurs espions sont partout. Vos courriers ne sortiront pas de cette ville sans être lus par vos ennemis qui vous muselleront !

Cette fois, Jean de Sienne laissa éclater sa colère :

– Madame, je n'ai pas d'ordre à recevoir de vous. J'agis comme bon me semble !

– Non, Jean, vous n'avez pas le droit, par vos imprudences, de mettre en danger la vie de ceux qui œuvrent pour vous. Vous ne connaissez pas Paris et ses pièges, je vous en conjure, faites-moi confiance et vous serez bientôt sur le trône de France. Alors, vous pourrez agir à votre guise !

Le 23 décembre, il neigeait. À l'hôtel de Tancarville, à quelques toises des friperies des halles et du pilori, les principaux chefs de la conjuration des Lys étaient réunis dans une salle gardée par des hommes en armes.

Entre le gros Jean d'Harcourt et Étienne de Pleisson, Eugénie d'Anjou, en habit de guerre, cotte de mailles et épaulettes de fer, faisait face aux conjurés. Ils étaient tous là, Jean d'Harcourt qui suait abondamment, Mainemarres qui rêvait de venger la mort de son ami Brienne, Maubué, le tapageur gouverneur des Andelys, le comte Jules de Chartres, Itteville dont les cheveux blancs tranchaient sur les tignasses sombres et rousses de ses camarades, et bien d'autres. Il ne manquait que le cardinal de Varonne, resté sagement à Reims : sa position d'ecclésiastique lui interdisait de participer à une action de guerre.

– Tout est en place, commença Eugénie. Les groupes armés dans la ville sont maintenus en alerte, prêts à rentrer dans l'île de la Cité par le Petit Pont et le pont aux Meuniers. Ils se rassembleront en quatre endroits, près de la tour de l'Horloge, à côté de la chapelle Saint-Michel, devant les appartements du roi et la Conciergerie. Mainemarres, Itteville, Maubué et Graville conduiront chacun une action. Ordre est donné d'attaquer le 25 à six heures du matin. Tout le monde dormira après la veillée de Noël. La connaissance que nous avons du palais, des habitudes du roi et de son personnel, nous permettra d'agir avec beaucoup de discrétion et d'efficacité. Le roi sera cueilli dans son lit et les Parisiens d'Étienne Marcel ne broncheront pas.

– Très bien, s'exclama Maubué, mais qu'en est-il du roi de Sienne ?

Eugénie sourit, puis se tourna vers la porte :

– Notre roi, Jean le Premier, est ici. Pour sa sécurité, nous lui avons conseillé de rester en dehors du combat !

Étienne de Pleisson se dirigea vers la porte qui s'ouvrit. Deux gardes en tenue fleurdelisée se positionnèrent chacun d'un côté. Bradini s'approcha, se rangea sur le côté près d'Étienne de Pleisson et dit, solennel :

– Messieurs, le roi !

Le silence se fit dans la pièce. Quand Jean Ier passa entre les deux gardes qui dressèrent leur lance, les barons se mirent à genoux. Seule Eugénie resta debout, mais fit une courte révérence avant de soutenir le regard de son frère qui ne la quittait pas.

– Mes amis, votre fidélité me va droit au cœur ! dit-il. Avec vous, je vais enfin reconquérir le trône qui me revient de droit !

Les barons se relevèrent et échangèrent de petits regards. La maladresse de leur souverain était certainement due à son inexpérience. Le marchand de draps n'avait pas encore réussi à se glisser dans la peau d'un monarque. D'Harcourt eut un petit sourire en direction de Mainemarres : malgré son effort pour afficher la dignité de sa fonction, ce souverain ne serait qu'une marionnette entre les mains des puissantes familles normandes et c'était exactement ce qu'ils souhaitaient.

– Messieurs, fit enfin Jean Ier, je ne suis encore qu'un citoyen siennois, un marchand. Je dois conquérir mon trône les armes à la main. Ainsi, je serais marri de ne pas me trouver à la tête de vos troupes pour investir le palais, mon palais !

Eugénie se tourna vers Jean d'Harcourt, qui secoua son énorme tête.

– Sire, dit le gros homme essoufflé, pour l'accomplissement de votre destin, pour mener à bien la grande œuvre sur le trône de France, vous ne devez pas vous mettre en danger. Laissez-nous prendre les risques, exposer nos vies pour garder la vôtre en restant en retrait. Dans l'avenir, Votre Majesté aura moult occasions de montrer sa bravoure !

Face à tous les regards braqués sur lui, Jean n'osa pas s'opposer à cette décision dont il comprenait la sagesse.

– Trente mille hommes sont rassemblés à Sienne et attendent mon signal pour entrer sur le territoire français. Ordre leur sera donné de rejoindre nos troupes tassées autour de Paris dès que le Valois sera mis hors d'état de nuire.

– En effet, poursuivit Eugénie. Nous aurons besoin d'eux pour faire face à nos ennemis, en particulier les Anglais qui ne vont pas laisser passer l'occasion pour tenter une nouvelle offensive dès le printemps prochain.

Jean Ier tourna vers sa sœur un regard interrogateur, mais ne fit aucune remarque. Eugénie ne venait-elle pas de parler en reine ? Ne cherchait-elle pas, avec la complicité de la conjuration des Lys, à se servir de lui pour accéder au trône de France et l'éliminer ensuite ?

– Et la famille du Valois, qu'en fera-t-on ? demanda Itteville.

– Sa place est prête au couvent des Bernardins ! répondit Jean d'Harcourt.

Pleisson demanda le silence et tendit les mains.

– Majesté, je tiens à vous rassurer. Vous allez remporter une victoire rapide et sans risques. Nos troupes sont deux fois plus nombreuses que celles du roi et l'effet de surprise va nous donner un avantage certain.

– À mort les Valois ! cria Mainemarres.

– À mort les Valois ! reprirent les autres.

– Nous nous retrouverons donc demain, le 24, à complies, rue de la Lanterne, à côté de l'église Sainte-Croix, en ma maison que vous connaissez ! ajouta Pleisson. Les troupes profiteront de la messe de la Nativité pour se positionner. En attendant, soyez discrets, les espions de M. d'Espagne rôdent ! Même nos troupes ne doivent pas connaître l'heure de l'attaque. Nous en aviserons les cinquanteniers au dernier moment afin d'éviter toute fuite… Rappelez-vous, la surprise est notre meilleure arme !

Noël mettait Paris en fête. Les bateaux de farine et de vivres se succédaient pour approvisionner la capitale. Les petites gens avaient patiemment économisé de quoi faire bombance durant cette nuit magique où brûlaient plus de chandelles que pendant tout le reste de l'hiver. Le bois manquait, mais personne n'hésitait à sacrifier un vieux coffre pour faire du feu et cuire les sauces au vin, les poulardes et les gigots d'agneau. Tous voulaient manger de la viande. Sur les tables les plus modestes, il faudrait se contenter d'un morceau de lard, de raves cuites dans du saindoux ; les opulents bourgeois et les nobles mangeraient du cygne, du paon, de la vénerie à profusion, et boiraient les vins de Triel, de Mantes, de Suresnes, ces vins « de France » qui rivalisaient avec les meilleurs crus de Touraine ou de Bourgogne.

À complies, alors que la nuit tombait sur une ville où la neige transformait les rues en bourbiers, l'agitation était intense. La foule se pressait chez les bouchers, les boulangers et les marchands d'épices qui réalisaient leurs plus gros bénéfices.

Rue de la Lanterne, la maison à tourelles sise près de l'église Sainte-Croix recevait des visiteurs comme toutes les autres maisons bourgeoises du quartier. Les chevaux étaient conduits aux écuries car le froid s'était intensifié avec la nuit. Le vent du nord gelait la boue des rues.

Dans une salle du rez-de-chaussée, des hommes tendaient leurs mains au feu à côté d'une femme assise. Debout, Jean Ier vêtu d'une cape décorée de fleurs de lys faisait les cent pas, montrant son anxiété. Les autres étaient graves, cachant la cotte de mailles sous leur manteau de fête. Ils parlaient peu, le regard rivé sur les flammes qui mettaient un peu de vie dans cette pièce sombre. Quand ils furent tous là, Étienne de Pleisson demanda à un écuyer d'apporter une bible.

Un domestique alluma les torches murales avant de sortir. Eugénie posa le livre relié en cuir à motifs dorés devant son frère et lui demanda de se placer en bout de table.

– L'heure est venue ! dit-elle. Nous allons jurer sur cette bible de chasser le Valois ou de mourir cette nuit même, nuit de la Nativité qui est celle d'un début, du commencement du monde à la lumière de Dieu. Nous allons jurer fidélité à Jean le Premier, dernier roi de la race capétienne et légitime héritier du trône de France.

– Je le jure ! répondirent en chœur tous les hommes présents en tendant la main droite sur la bible ouverte.

– Allons, maintenant, chacun sait où il doit se rendre. Les troupes attendent dans le noir l'ordre d'attaquer : les six coups de la cloche de Notre-Dame. Quant à vous, mon frère, vous allez attendre ici que nos émissaires viennent vous quérir pour vous conduire à votre trône.

– Vous me privez d'un grand contentement, mais j'adhère à vos raisons ! dit-il en se tournant vers Bradini avec qui il échangea un regard entendu.

Sans un mot, les chevaliers sortirent dans la cour sombre et froide, montèrent à cheval et partirent dans les rues de Paris, encore très animées.

Les troupes des Lys, commandées par des cinquanteniers, convergeaient lentement par les trois ponts de l'île de la Cité. Les premières arrivées se tassaient dans l'ombre des ruelles voisines du palais royal et sur le terrain vague attenant à la Conciergerie. Les hommes trépignaient pour se réchauffer. Le temps ne passait pas. Cette nuit de Noël où toutes les cloches sonnaient à la fin de la messe de minuit pour célébrer la naissance du Sauveur et le début des réjouissances les oubliait sur le pavé, mais ils ne se plaignaient pas. Après une victoire facile, tout Paris serait à cette piétaille qu'on avait oublié de payer, ses meilleures tables, ses plus belles femmes. Les caves s'ouvriraient pour ces traîne-la-faim sur les vins fins des maisons nobles, ils se goinfreraient de brochets et d'anguilles, d'esturgeon salé et de cerf mariné dans le marc de champagne. Ils dévoreraient les pâtisseries au miel et aux fruits confits dans les luxueux hôtels particuliers. Ils avaient froid, mais pas un n'aurait donné sa place !

Après les six coups de la cloche de Notre-Dame, la voix d'une femme éclata dans la nuit très noire :

– Haro, mes amis ! La place est à nous !

Une immense clameur monta dans les rues gelées autour du palais. Eugénie, l'épée levée, piqua son cheval vers l'entrée principale des Tournelles, suivie de Pleisson et d'une foule de guerriers à pied.

Les abords de la résidence royale étaient illuminés de torches de résine qui crépitaient dans le froid. Comme personne ne s'en occupait, certaines s'éteignaient, tombaient dans la boue où elles grésillaient. Les portes n'étaient gardées que par quelques hommes fatigués qui peinaient à refouler les miséreux venus réclamer les restes du festin. L'arrivée des hommes en armes les mit en fuite. Alors, sortis de l'ombre épaisse de la cour du Mai, de la Conciergerie, du Préau, des soldats bardés de fer pointèrent leurs lances vers les assiégeants. En même temps, des torches neuves furent allumées. Eugénie et Pleisson comprirent tout de suite que leur coup de force avait été éventé. L'effet de surprise fut pour ceux qui croyaient en profiter, mais les troupes des Lys, beaucoup plus nombreuses, gagnaient du terrain.

Jean Ier n'avait pas l'intention de rester sagement dans l'hôtel de Pleisson. Sitôt les chevaliers sortis de la cour, il se fit harnacher en guerre par ses écuyers et sortit au milieu de ses fidèles gardes toscans. Ils chevauchèrent dans les rues désertes jusqu'au palais où l'engagement avec les troupes royales battait son plein. Il prit part à la mêlée, mais le boutiquier ne savait pas manier l'épée et il dut la vie sauve à ses hommes qui lui faisaient un rempart de leur corps.

Au bout d'une bonne heure de lutte, l'avantage changea de camp. Les hommes des Lys, recrutés au hasard, ne s'entendaient pas, ne se comprenaient pas et agissaient dans le désordre en face d'une armée royale parfaitement dirigée par un homme dont le surcot blanc dépassait de la cotte de fer. Tandis que l'aube blanchissait le ciel, que les coqs chantaient au loin, ils furent refoulés et poursuivis dans les ruelles alentour où les soldats de Rincourt les mirent en pièces. Le jour se levait sur des pavés couverts de cadavres et de blessés qui geignaient.

Eugénie vit son frère entouré par une dizaine de royaux. Elle poussa un cri pour rameuter Itteville et ses hommes qui se tenaient à proximité. Les soldats en nombre inférieur, ignorant qu'ils avaient capturé le prétendant au trône de France, refusèrent l'engagement et abandonnèrent leur prisonnier. Eugénie cria :

– On vous avait dit de rester sagement à l'écart, mais vous n'en avez fait qu'à votre tête ! Fuyez tant que vous le pouvez !

Itteville, Pleisson, Jean d'Harcourt se placèrent autour de Jean Ier pour le conduire à l'abri.

Eugénie se lança de nouveau dans la mêlée avec la fougue du désespoir, espérant que son exemple redonnerait des forces à son armée. Elle fut arrêtée par un groupe de chevaliers au centre duquel se tenait un homme qui délaça lentement son heaume et montra son visage.

– La comtesse d'Anjou ! dit-il en souriant. Comme on se retrouve !

Eugénie, l'épée dressée, n'avait pas l'intention de se laisser capturer. M. d'Espagne souriait encore, sûr de lui et de la protection de ses hommes.

– Madame, vous m'avez pris pour un imbécile ! Sachez que tout ce qui se passe dans le royaume m'est rapporté.

– Vous me répondrez de la mort de Hauteville et de tous vos autres forfaits ! J'en fais le serment ! cria Eugénie.

La Cerda éclata d'un grand rire et se tourna vers ses hommes.

– Saisissez cette impertinente ! dit-il.

À cet instant, une vingtaine de cavaliers décidés, surgis d'une ruelle, se jetèrent sur le groupe de M. d'Espagne qui fut rapidement repoussé. Le bel Espagnol ne demanda pas son reste et s'enfuit.

– Madame, nous arrivons à temps ! dit l'un d'eux à Eugénie. Aussi, nous vous prions de nous suivre !

– Qui êtes-vous ? Ne sommes-nous pas sous la même bannière ?
– Si fait, madame. Mais notre maître veut vous parler.
– Qui est ton maître ?
– Le roi de Navarre, madame, qui vous attend à Évreux !

Jean II, qui venait de se mettre au lit, fut réveillé par les cris et le vacarme des armes. Il appela ses valets, demanda sa robe de chambre rouge fleurdelisée et courut dans les couloirs, appelant son chambellan. Il arriva dans la cour du Mai, interpella Tancarville qui avait, lui aussi, été surpris dans son sommeil. Ce fut M. d'Espagne qui lui répondit :
– Mon doux Sire, je viens de sauver votre couronne. Heureusement que mes espions veillent et qu'ils sont les meilleurs du royaume pour délier les langues et percer tous les secrets.
Le roi se dirigea vers la porte des Tournelles. Rincourt, sur son cheval, attendait le retour de ses hommes.
– Rincourt, que me dites-vous ?
– Une émeute, Sire, mais, averti par M. d'Espagne, j'avais rempli la cour et le Préau d'hommes armés ! Ils sont en train de les tailler en pièces.
– Qui sont-ils ?
– Je ne le sais pas. Mes hommes les poursuivent pour en capturer quelques-uns.
– Faites-les passer à la question. Je veux en avoir le cœur net.
– Ce ne sera pas la peine ! dit M. d'Espagne. Faites-les pendre, ce sont vos irréductibles ennemis !
– De qui voulez-vous parler, mon ami ?

M. d'Espagne, certain de son effet, fit quelques pas dans la lueur des torches. Ses épaulettes d'acier luisaient. Il secoua ses beaux cheveux noirs dont les boucles avaient été écrasées par le heaume.

– Majesté, celle qui commandait cette émeute n'avait d'autre but que de vous arracher à votre trône. C'est une femme de grande beauté. Elle était blonde à la cour cet été, vous la reçûtes en votre petit cabinet. Vous lui faisiez la plus grande confiance, à cette Mme de Hauteville, mais je veillais. Je vous avais mis en garde !

– Tu veux dire que cette femme…

– Oui, cette femme n'est pas blonde, mais brune. Ce n'est pas Mme de Hauteville, mais la comtesse d'Anjou qui attaquait le palais royal pour mettre son frère, le roi chiffonnier, à votre place !

Jean II serrait les poings.

– Où se trouve-t-elle ? Qu'on me l'amène immédiatement !

– Elle a pu s'échapper, Sire, mais faites-moi confiance, je vous la livrerai sous peu !

3.

Eugénie fut conduite en retrait dans une cour au fond d'une impasse où les chevaux peinaient à se tenir debout sur les pavés gelés. Le chevalier qui l'avait arrêtée se présenta :

– Pierre de Lisieux, capitaine de Sa Majesté le roi de Navarre qui souhaite vous parler et vous proposer un arrangement très avantageux.

Eugénie savait qu'elle ne devait rien attendre de Charles le Mauvais dont elle avait pu mesurer la duplicité à la cour, l'été dernier. Cependant, elle pensa que son intérêt rejoignait celui du prince. La défaite de ses troupes lui commandait de se mettre à l'abri, de quitter Paris où M. d'Espagne ne manquerait pas de la faire chercher.

– Dois-je me considérer comme prisonnière ? demanda-t-elle.

– Certes pas ! protesta Pierre de Lisieux. Mon roi agit toujours avec noblesse auprès des personnes de votre qualité.

– Je vous prie donc de me rendre mon épée !

– Certainement ! fit Lisieux en prenant l'arme à son aide de camp et la tendant à Eugénie.

– J'y tiens particulièrement ! se crut-elle obligée de dire.

Lesquels de ses compagnons avaient laissé leur vie dans l'attaque ? Jean de Sienne était-il parvenu à échapper à ses poursuivants ? Ces questions tournaient dans sa tête, mais la haine qu'elle éprouvait pour M. d'Espagne les reléguait au second plan et la poussait à rencontrer Charles le Mauvais.

Deux jours de chevauchée éreintante dans un froid qui figeait la campagne furent nécessaires pour atteindre l'énorme forteresse d'Évreux. Pierre de Lisieux se fit annoncer, mais n'attendit pas d'autorisation pour entrer dans les appartements du petit roi.

– Sa Majesté me reçoit à toute heure ! précisa-t-il.

Il surprit Charles le Mauvais en galante compagnie. Le gendre de Jean II, ne pouvant profiter de sa femme, encore une fillette, occupait son temps avec plusieurs baronnes de son comté. Le petit roi avait un goût particulier pour les femmes mariées à des hommes jaloux. Il trouvait un agrément supplémentaire à voir les maris cocus lui faire bonne grâce en le maudissant. Quand il aperçut Eugénie, son visage rayonna. C'était une première victoire qu'il n'osait pas espérer. L'été dernier, il avait plusieurs fois invité Mme de Hauteville, car il avait constaté que le roi lui vouait une attention particulière. Il avait tenté de la séduire pour rendre jaloux son beau-père, en vain.

– Madame la comtesse d'Anjou ! s'exclama-t-il. Quel bonheur de vous accueillir céans. Pardonnez la manière peu élégante dont M. de Lisieux vous a abordée, mais c'était la seule façon d'échapper à vos poursuivants et de ne pas éveiller les soupçons de notre ennemi commun.

Charles congédia la femme très dévêtue qui se trouvait à côté de lui, allongée sur un long fauteuil.

Il souriait car il avait enfin un prétexte pour passer à l'action.

Eugénie fit une révérence et sourit au petit roi qui ajouta :

– Mon beau-père est franchement détestable, mais son amant, l'Espagnol, est plus détestable encore ! Nous allons le chasser, comme un infâme voleur de poules. Il n'a rien à faire en France, ni dans le lit du prétendu roi. Car ne nous leurrons pas, mes mignons, c'est cet étranger qui gouverne !

– Majesté, je vous remercie. L'Espagnol doit rendre son âme au diable. Ses nuisances ont coûté assez cher au royaume !

Eugénie restait sur ses gardes, car Navarre n'était pas un homme de parole. Comment avait-il appris que les conjurés passeraient à l'attaque la nuit de Noël ?

– Madame, ce que notre ennemi commun ignore, ajouta le jeune roi qui avait deviné les pensées d'Eugénie, c'est que ses espions, les meilleurs du royaume selon lui, me sont tout acquis. Il suffit de faire miroiter un peu d'or sous les yeux d'un de ces manants pour le rendre bavard !

– Majesté, votre habileté m'a tirée de la pire situation !

– N'en parlons plus ! Nous sommes du même bord ! Nous avons le même ennemi, et nous allons le combattre ensemble !

Eauze, qui n'était jamais bien loin, arriva. Il était un des rares avec Lisieux à pouvoir entrer chez le roi sans être annoncé. Quand le géant vit Eugénie, il se troubla, puis se souvenant de sa promesse, s'inclina :

– Madame de Hauteville, soyez la bienvenue !

Navarre éclata d'un grand rire clair.

– Voyons, cesse de jouer, cela ne te va pas. Tout le monde sait comme moi que Mme de Hauteville est la comtesse d'Anjou et qu'elle est aussi ton épouse devant Dieu !

Une fois de plus, Eauze eut le sentiment d'être tenu à l'écart. Eugénie ne lui avait-elle pas demandé de ne pas la trahir ? Il bredouilla :

– J'avais juré de…

– Aucune importance ! Profite du séjour de madame pour jouer les beaux coqs, si cela te chante ! Il est temps que nous nous mêlions des affaires de France !

Puis se tournant vers Bessonac qui faisait office d'homme à tout faire, Navarre ordonna :

– Conduis madame la comtesse dans ses appartements. Demande qu'on lui prépare un bain. Je l'attendrai pour souper.

Eugénie, qui avait déjà eu affaire au roi de Navarre, s'étonnait une fois de plus de l'aisance de ce très jeune homme. Le souper fut joyeux. Navarre aimait la musique et les poètes, ce qui n'était qu'une contradiction de plus chez ce petit personnage. Personne ne pouvait prévoir ses réactions, car il jouait constamment pour échapper à tous.

– Dès demain, nous allons mettre au point un plan d'attaque. Nous allons attirer l'Espagnol dans un piège en Normandie, sur nos terres. Et il aura ce qu'il mérite !

– Je demande la faveur de lui porter le premier coup ! dit Eugénie d'une voix calme et froide qui confirmait bien à Eauze que cette femme était désormais très loin de la bonne épouse avec qui il avait vécu pendant huit belles années.

Navarre découvrait que la haine de la comtesse d'Anjou ne reculerait pas devant le sang. Cela lui plaisait, car ce cruel faisait commettre ses crimes aux autres.

– Cette faveur vous sera accordée, madame.

Le repas tirait à sa fin; les musiciens rangeaient leurs instruments avant de se retirer aux cuisines où ils pourraient manger les restes et boire à volonté quand, se faufilant entre les jambes des hommes et des chiens qui se mirent à aboyer, des rats noirs surgirent d'un coin où n'arrivait pas la lueur des torches.

– Qu'est-ce encore ? demanda Navarre intrigué. Ces bêtes avaient disparu depuis la peste !

Des convives se levèrent. Une fois de plus, les émissaires de la maladie accompagnaient Eugénie qui eut peur pour Eauze. À cette table, elle n'avait d'affection que pour lui, mais la peste pouvait-elle avoir raison du géant ?

Les rats agacèrent les chiens, semèrent un grand désordre autour de la table, les domestiques leur faisant une chasse bruyante, puis ils disparurent.

Quand Navarre et ses courtisans se furent retirés dans leurs appartements, Eauze vint frapper à la porte d'Eugénie. Il entra, debout près du seuil comme un enfant qui vient réclamer une récompense après une bonne action.

– Ma mie, je suis si heureux de vous retrouver ! Je vous propose de partir avec moi loin de ces châteaux infestés de vipères. Nous allons retrouver Matthieu…

Eugénie lui sourit, puis répondit sur un ton plein de douceur, mais aussi de fermeté :

– Non, mon ami. Nos destins se sont séparés, c'est ainsi ! Je me dois à ma cause. Matthieu sera élevé au rang qui est le sien. Sachez que je ne pense qu'à cela et que je garde pour vous l'affection d'une mère pour le père de ses enfants.

– Mais enfin, Eugénie, fit Eauze en se laissant tomber à genoux. Je n'en puis plus ! Je ne peux pas vivre sans vous. Je brûle de vous serrer dans mes bras, et vous êtes mon épouse devant Dieu…

Eugénie prit l'énorme main du chevalier qu'elle pressa contre sa joue et y posa un baiser plein de chaleur.

– Je vous souhaite une bonne nuit, monseigneur. Le voyage a été éprouvant et je n'ai pas fermé l'œil la nuit dernière.

Eauze repartit, les épaules basses, sa large poitrine remplie d'une grosse peine qu'il ne savait pas exprimer.

Le lendemain, plusieurs personnes étaient malades. La peur de l'été 1349 s'empara, une nouvelle fois, du château d'Évreux. Charles le Mauvais resta plusieurs jours enfermé avec son personnel dans ses appartements, communiquant avec ses conseillers et le reste de la maison par une ouverture percée dans la porte. On alla chercher des boucs et leur odeur envahit de nouveau les vastes pièces vides.

En ville, la maladie tua une quarantaine de personnes. C'était peu, comparé à l'hécatombe de la première épidémie, mais assez pour affoler les citadins. Charles de Navarre abaissa les herses pendant une semaine, ce qui eut pour effet de faire flamber les prix de la viande et du pain. Les églises se remplirent de fidèles ; des prédicateurs annonçant l'Apocalypse s'en prirent une fois de plus aux Juifs, aux simples d'esprit, aux bossus et aux lépreux. Il y eut quelques lynchages, mais Charles le Mauvais, qui n'appréciait pas la violence du peuple, positionna des gardes dans toutes les rues et le calme revint.

Enfin, après une semaine où l'on vit de nouveau des médecins cagoulés avec leur grosse tête d'oiseau, des charrettes pleines de cadavres que l'on ensevelissait à la hâte à l'extérieur des murs, la peste cessa et les habitants retrouvèrent leurs habitudes : ils avaient appris à vivre avec la menace de la malmort qui pouvait frapper à n'importe quel moment.

L'hiver avait été précoce en Normandie où les premières neiges étaient tombées dès le mois de décembre. Charles de Navarre et Eauze passaient leurs journées à chasser le loup. La neige poussait les meutes jusqu'aux portes de la ville; plusieurs villages isolés en bordure de la forêt de Vernon avaient été attaqués. Cet exercice violent occupait les hommes durant les courtes journées; ils rentraient à la nuit, transis de froid et fatigués. Eauze tenta plusieurs fois de forcer la porte d'Eugénie, mais il se heurtait toujours à un refus.

– Ma mie, vous êtes près de moi et je ne peux éteindre le désir de vous qui me brûle ! se plaignit-il. Je vous en conjure, faites en sorte que nous puissions nous rencontrer discrètement. Il existe une porte qui…

– Nenni, mon cher seigneur. Je vous l'ai dit : nos destins se sont séparés.

Eauze qui était capable de fendre un taureau en deux d'un coup d'épée, avait l'intelligence des simples, celle qui ne raisonne pas, mais va directement aux conclusions. Sa grandeur à lui, c'était la netteté de son esprit, son incapacité à tricher, c'était aussi sa faiblesse qui l'empêcherait d'être l'égal des grands pour lesquels mentir était une arme naturelle.

– Ma mie, je sais que je ne suis pas digne de vous ! avoua-t-il, vaincu.

Dans un élan spontané, Eugénie se pressa contre lui, posant sa tête sur son immense poitrine.

– Ne vous sous-estimez pas. Les titres ne sont que vanité ! Vous avez une grande âme noble, pure et franche !

Enfin, Charles de Navarre reçut la bonne nouvelle qu'il attendait depuis plusieurs jours. Le coursier qui l'apporta de Paris était éreinté d'avoir chevauché pendant une journée entière. On lui donna du vin chaud et du fromage. Il demanda à voir le roi qui le reçut aussitôt.

– Majesté, notre affaire est en bonne voie. J'ai réussi à faire passer les fausses lettres de Mme d'Alençon à M. d'Espagne le priant de la rejoindre pour une affaire de la plus grande importance. Et voilà que notre damoiseau va quitter Paris, lundi prochain, pour se jeter dans la gueule du loup !

– Que dis-tu ? Notre piège aurait-il fonctionné ?

– À merveille ! dit l'homme en souriant. Il part lundi pour rendre visite à sa cousine d'Alençon. Il s'arrêtera tout près d'ici, à Laigle. Il l'a fait dire par ses écuyers qui ont ordre de sécuriser l'auberge *La truie qui file* où il passera la nuit sous bonne escorte.

Navarre eut ce pli des lèvres qui enlaidissait son beau visage. Ses yeux se mirent à briller d'une lueur méchante. Il montrait l'envers de sa personne, l'être cruel qui savait si bien se faire oublier derrière les belles manières et les phrases avenantes.

– Je te remercie d'avoir réussi ce joli coup. Je vais donner l'ordre qu'on te prépare un lit, mais ton travail n'est pas terminé. Dès la première heure, tu vas partir avertir mes barons. Ils sont prêts et attendent mon signal.

Le soir au souper, Charles de Navarre dit à Eugénie :

– Madame, je vous ai fait venir ici pour vous aider dans votre mission. Vos amis, les conjurés des

Lys, sont mes amis. Tous ont fort heureusement échappé aux poursuivants de l'Espagnol la nuit de Noël. J'ajoute que votre frère a pu rejoindre l'Italie où il va rassembler une grande armée. Je vous avais promis de vous livrer votre ennemi, ce sera chose faite ce lundi.

– Vous m'en voyez réjouie ! dit Eugénie.

– Nos amis de la conjuration des Lys seront là. Ils ont tous hâte de le percer avec leurs lames !

Le restant de la semaine fut consacré à la chasse. Il n'y avait point d'autres distractions et Navarre avait insisté pour qu'on ne change rien aux habitudes. L'occasion était trop belle pour la laisser filer par une imprudence.

Le lundi suivant, personne ne sortit du château avant la nuit. Eugénie s'était vêtue en guerre. Elle avait ceint sa belle épée dont le seul contact la rassurait et lui chauffait le cœur. Le groupe, composé d'une dizaine d'hommes, fut confié à Philippe, frère du roi et guerrier reconnu malgré son jeune âge. Ils devaient retrouver les barons normands à Conches, dans un petit château à l'orée de la forêt qui servait d'abri de chasse et appartenait à sa famille. Eauze et Charles y resteraient pendant que la délégation s'occuperait du bel Espagnol.

Ainsi fut fait. Vers les huit heures, les barons se retrouvèrent dans la cour éclairée du castelet. Eugénie salua avec joie ses amis, l'énorme d'Harcourt, le sire de Graville, Clères, Mainemarres, Morbecque, Maubué et d'autres.

La comtesse d'Anjou et la vingtaine d'hommes aux ordres de Philippe de Navarre partirent pour Laigle. Elle ne réussissait pas à détacher ses pensées de ce besoin de tuer, cette envie de sang qui restait en elle depuis que M. d'Espagne avait plongé l'épée incandescente dans la poitrine de Hauteville. La mort appelait la mort. Le premier coup porté annonçait l'escalade qui, comme l'avalanche, grossissait à mesure qu'elle avançait. Dans cette nuit glacée, rassurée par les pas des chevaux qui martelaient le sol dur, elle avait le sentiment d'être un élément, le membre d'un corps en mouvement vers un acte de justice, et cela lui plaisait.

Ils arrivèrent à Laigle vers minuit. M. d'Espagne avait disposé des hommes autour de l'auberge. Les Normands les attaquèrent à la lueur des torches accrochées aux branches basses des arbres. La rage des assaillants était telle que les gardes ne purent les arrêter bien longtemps. Les plus pugnaces furent étendus raides sur le sol gelé, les autres prirent la fuite. À l'étage, dans la chambre où il s'était couché tôt pour repartir avant le jour, M. d'Espagne fut réveillé en sursaut. Il bondit à la fenêtre et comprit que c'était à lui qu'on en voulait. Comme les portes de l'auberge volaient en éclats, ne pouvant s'enfuir, il se glissa sous le lit, renversant le pot qui contenait son urine.

Des pas lourds, des bruits de voix puissantes arrivaient jusqu'à lui. La porte de sa chambre fut défoncée. La lueur des torches éclairait sa cachette. Il eut pourtant l'espoir de s'en tirer : les chevaliers défirent le lit, l'un d'eux flairant un piège s'écria :

– Il nous a roulés ! C'était un leurre. L'oiseau se trouve ailleurs et nous l'avons raté !

– Pas si vite, mes freluquets ! dit le sire de Graville. Nous n'avons pas fouillé partout. Peut-être est-il sous le lit, caché comme un rat de son espèce.

Les torches s'abaissèrent et découvrirent La Cerda en chemise, tremblant de froid et de peur. Il fut extrait sans ménagement. L'urine du pot renversé faisait une tache grise sur sa chemise blanche.

– Ici, mon mignon ! cria Graville. Nous avons à te parler.

– Messieurs, cria-t-il. Je suis sous la protection du roi de France. Qui touchera à ma personne sera impitoyablement châtié.

– C'est ce qu'on va voir ! D'ailleurs, nous ne te toucherons qu'avec nos lames, on ne veut pas se salir les mains.

Philippe de Navarre se tenait au centre de ses hommes qui remplissaient la pièce. La Cerda avait perdu sa superbe : tremblant à côté de son lit, ses mollets maigres dépassaient de sa chemise de nuit ; ses cheveux noirs tombant sans volume sur des épaules basses lui donnaient l'aspect d'un vilain surpris dans sa chaumière.

– Messieurs, dit Philippe de Navarre, l'heure est grave. Nous allons enfin faire justice et expédier ce crapaud en enfer, mais je vous demande une grâce. Rassurez-vous, tout le monde pourra lui passer son épée à travers le corps, mais mon frère le roi a fait une promesse à la comtesse d'Anjou. Je vous demande de la laisser porter le premier coup.

Eugénie s'approcha, passa près de Jean d'Harcourt qui eut un léger mouvement de l'épaule. Elle sentit la pression sur sa cuirasse, un geste amical qui la toucha. M. d'Espagne grelottait entre les chevaliers qui lui faisaient comme une haie d'honneur. Eugénie ôta son heaume pour qu'il la reconnaisse. La pointe de son épée se plaça sur la poitrine de celui qui faisait la pluie et le beau temps à la cour de France.

– Je vous en supplie, madame, pleurnicha-t-il. Laissez-moi la vie sauve et votre fortune est faite. Le roi vous accordera des terres, des titres…

– De quel roi veux-tu parler ? demanda Eugénie. De ton maître, le voleur du trône de France ?

Elle demanda qu'on approchât les torches pour que La Cerda voie bien son visage.

– Souviens-toi, ajouta-t-elle d'une voix que la colère raffermissait. Tu as fait torturer Charles de Hauteville, tu l'as tué alors qu'il ne pouvait pas se défendre.

– Madame d'Anjou, gémit-il, c'était une méprise. Mes hommes m'avaient abusé.

– Nenni, si les secours n'étaient pas arrivés, tu m'aurais aussi passée au fil de ton épée tant la vie des autres a peu d'importance pour toi. L'heure est venue de te présenter au juge suprême !

Elle leva son épée comme pour frapper La Cerda qui se laissa tomber à genoux, pleurant et suppliant qu'on l'épargne. Il n'avait pas voulu tuer M. de Hauteville, il le jurait. C'était le roi lui-même qui en avait donné l'ordre.

– Voilà que tu accuses ton amant, mais comment peux-tu être aussi lâche, aussi veule ? s'écria Eugénie en le frappant sur la tête du plat de l'épée.

Ce fut le signal. Les barons étaient pressés de rentrer à Conches et de se chauffer devant un bon feu, mais chacun voulait transpercer M. d'Espagne qui fut laissé sur le plancher, étendu dans la mare de son sang. Enfin, les chevaliers s'en allèrent, contents d'avoir rempli leur mission. Eugénie chevauchait près du gros d'Harcourt. La vue du sang avait éveillé en elle des sensations de puissance. Elle se sentait tout à coup invincible.

Ils arrivèrent à Conches deux heures plus tard. Il faisait très froid et la cheminée qui flambait ramena un peu de vie dans leurs membres frigorifiés. Le roi les accueillit comme des héros. Il avait beaucoup bu et trébuchait. Eauze, qui était sombre, regardait Eugénie vêtue en guerre, au milieu des chevaliers, minuscule à côté de l'énorme d'Harcourt. Jamais il ne l'avait trouvée aussi désirable.

Personne ne demanda son reste. Quelques seigneurs s'attablèrent devant le pain et les charcuteries que le roi avait fait porter. Ils burent quelques hanaps et s'endormirent sur le banc, la tête posée sur la table. Navarre, ivre, s'était retiré dans sa chambre. Eauze conduisit Eugénie dans une pièce voisine qu'il avait fait préparer pour elle. Il lui proposa de l'aider à délacer sa cotte de mailles et ses chausses en cuir. Elle accepta, puis lui demanda de la laisser.

– Je ne puis m'y résoudre de bon cœur ! s'exclama-t-il.

– Il le faut, Geoffroi ! dit-elle en se pressant contre lui. Nous devons repartir demain de très bonne heure.

Le regard de La Cerda mourant ne la quittait pas. Des vagues chaudes parcouraient son corps ; la vengeance avait un goût délectable dont elle ne pourrait plus se passer.

– Nous devons, à présent, nous occuper du meurtrier de Brienne ! dit-elle en s'allongeant sur le lit.

L'assassinat de M. d'Espagne provoqua plus de joie que de peine. Le bellâtre avait réussi à se faire détester de toute la cour qui lui faisait pourtant bonne figure. Jean II ne voulut pas y croire. Il s'en prit au messager qui avait éreinté son cheval pour rapporter la mauvaise nouvelle. Personne dans son royaume n'était assez fou pour agresser son ami ! Le coursier lui conta comment un groupe d'une vingtaine d'hommes avait investi l'auberge La truie qui file, comment on avait sorti son amant en chemise de nuit de sous son lit et comment il avait été apostrophé par une femme que le roi avait accueillie dans sa cour, Mme de Hauteville qui n'était autre que la comtesse d'Anjou, sœur de son rival siennois.

Ce nom fut la mèche qui enflamma la fureur du roi. Il renversa tout ce qui se trouvait autour de lui, chaises, tables, coffres, en poussant des cris de bête blessée. On avait assassiné son ami ! Il allait faire exécuter tous les nobles normands afin de ne pas risquer d'oublier un seul coupable ! À cette crise de démence qui dura plusieurs jours, succéda un grand abattement. Il pleura pendant près d'une semaine, enfermé dans ses appartements. On crut qu'il avait perdu la raison ; il ne cessait de s'en prendre à des adversaires invisibles, de les menacer avec de grands mouvements de son épée. Parfois, il réclamait ses habits de guerre, ordonnait qu'on rassemblât l'ost. Comme Rincourt lui faisait remarquer que l'armée n'était pas prête, il ordonna qu'on allât chercher cette Mme de Hauteville, cette comtesse d'Anjou, qu'on la lui ramenât vivante pour lui faire subir les pires supplices ; puis il s'en prenait à cet intendant qui ne lui fournissait pas une armée quand il en avait le plus besoin : « Je vous donne une semaine, menaçait-il, passé ce délai, je vous fais pendre ! »

Il voulait que l'on capture Charles de Navarre et ses frères pour exterminer cette mauvaise race qui ne cessait de lui nuire, mais les Navarrais avaient prévu la réaction du roi et s'étaient enfermés dans leur forteresse qui pouvait résister à un siège une année entière. Comprenant qu'il n'y avait aucun espoir de ce côté, Jean II chercha à s'emparer des chevaliers qui avaient participé à l'expédition punitive. Il ne fut pas plus chanceux : les barons normands étaient prudemment restés à Évreux, en compagnie de leur roi.

Pendant ce temps, Charles le Mauvais multipliait les amabilités avec Eugénie et s'arrangeait pour que les espions le rapportent au roi. Cela lui plaisait d'aider les conjurés à combattre son beau-père, même s'il devrait les trahir bientôt, car la trahison était sa seule réjouissance.

Il s'absenta. La hâte et le désordre des départs le comblaient. Tous les prétextes lui étaient bons pour aller d'un château à l'autre, le froid de cet hiver particulièrement rigoureux ne l'arrêtait pas. La politique restait au cœur de son action. Des opportunités auxquelles il n'avait pas songé jusque-là mobilisaient son trop-plein d'énergie : pourquoi ne pas faire valoir ses propres droits à la couronne de France ? En secret, il se rendit à Calais, s'entendit avec son cousin d'outre-Manche : après la défaite du Valois, l'Anglais prendrait l'ouest du royaume, allant de la Normandie aux Pyrénées, sans obligation d'hommage ; en contrepartie, il reconnaîtrait à Charles la couronne de France. Le duc de Lancastre, troisième fils du roi d'Angleterre, qui n'ignorait rien de la tentative manquée de la conjuration des Lys, fit admettre à son interlocuteur que leur premier objectif était d'anéantir le Siennois, le Roi chiffonnier comme on l'appelait à la cour d'Angleterre.

– Je n'ignore rien de ses faits et gestes ! précisa Navarre. Ses amis me croient un des leurs. La comtesse d'Anjou est entre mes murs. C'est sur elle que je vais faire porter la colère de mon beau-père.

– Vous avez fort bien joué, mon cousin, précisa Lancastre qui n'allait pas au bout de sa pensée. Le gros poisson ne mord à l'hameçon que s'il se sent en confiance !

Lancastre ne se faisait aucune illusion sur la loyauté de Navarre qu'il égalait en rouerie, et c'était à qui oserait les plus gros mensonges. L'Anglais n'attendait du petit roi querelleur que la destruction de la conjuration des Lys qui avait prospéré dans ses États. Cela ferait un adversaire de moins, car son père, Édouard III, découvrait à son tour une situation favorable à son ancienne prétention : le délabrement de l'armée, la faiblesse du pays, l'inconséquence de Jean II lui ouvraient aussi le chemin de la couronne de France !

– L'occasion est bonne d'arraisonner nos ennemis communs ! Cependant, je pense qu'il est bon d'attendre encore un peu, précisa Charles.

– Comment, mon cousin ? s'étonna Lancastre. Quand la bête est forcée, il faut la prendre !

Navarre sourit. Ses yeux étincelaient de malice.

– Je crois, au contraire, qu'il faut laisser agir ces beaux chevaliers. Ce qu'ils feront contre le Valois ne sera plus à faire. Ils nous servent, mon cousin. Seule la femme doit disparaître. Je négocierai le pardon de mes barons en même temps que le mien. Ces hommes ont des bras solides pour manier l'épée et peu de cervelle pour réfléchir. Vous me comprenez, mon cher ami ?

– Je vous comprends ! fit Lancastre avec un sourire mauvais.

Ce sourire le faisait ressembler à Navarre qui était, comme lui, l'arrière-petit-fils de Philippe le Bel.

À Paris, après trois semaines de pleurs, le roi de France retrouvait ses esprits. Il avait quitté le palais royal, où trop de souvenirs lui rappelaient le cher disparu, pour le Louvre. Enguerrand l'Alemand, le chef de sa garde rapprochée et son homme de confiance, avait réussi à lui faire comprendre que ses menaces le desservaient. Il devait, au contraire, proposer la paix à Charles le Mauvais qui lui avait fait part de ses profonds regrets. Navarre lui avait écrit qu'il n'avait pas voulu assassiner M. d'Espagne, mais seulement lui demander des excuses après les dures paroles que le bellâtre avait prononcées à l'encontre de sa maison. Le bon gendre jurait qu'il avait seulement demandé à ses hommes de « faire la morale » au voyageur de La truie qui file et que la comtesse d'Anjou était la seule responsable du meurtre : *Cette femme est venue m'implorer de la prendre sous ma protection et j'ai été assez naïf pour la croire,* écrivit-il avec humilité.

– Le veule, le bandit, le ribaud ! tempêtait le roi de France. Quelle famille de serpents que voilà ! Il ment comme il respire. Je sais que cette femme perfide a donné le premier coup à mon pauvre Charles, ce qu'il oublie de me dire, c'est que lui et son frère ont attiré mon fidèle ami dans ce piège !

– Justement, Sire, insista Enguerrand, proposez votre pardon. Dites à votre gendre que vous vous rendez à ses explications et l'accueillez de nouveau à bras ouverts. Demandez-lui de vous livrer la femme, ainsi vous ferez d'une pierre deux coups ! Faites donner un banquet où vous réunirez toute la famille de Navarre qui sera alors à votre disposition.

– Jamais je n'aurai ces serpents à ma table !

Charles de Navarre ne perdit pas son temps. Il écrivit au pape qu'il séduisit avec ses belles phrases,

ses bons mots ; il écrivit au Prince Noir avec qui il entérina son accord passé avec son frère, le prince de Lancastre. Enfin, avant de partir une fois de plus visiter ses vassaux, il décida de s'occuper de la comtesse d'Anjou, ce qui ne pouvait se faire sans la condamnation du chevalier d'Eauze.

Il la fit appeler un après-midi du mois de février. Eugénie le trouva qui faisait les cent pas dans la cour, sautillant d'un pavé à l'autre, comme un enfant qui joue à la marelle. Il semblait inoffensif, ainsi occupé à jouer, et c'était un des aspects de sa personne dont il savait si bien se servir.

Quand la jeune femme arriva, Charles poursuivit son jeu comme s'il ne l'avait pas vue. Enfin, il cessa de sautiller et leva vers elle ses yeux bleus, pleins de colère.

– Alors, madame, voilà que vous cherchez à me tromper !

Eugénie ne se démonta pas. L'aspect immature de Navarre lui donnait l'audace de le traiter comme un adolescent. Elle savait ce dont il était capable, mais ne jouait-il pas quand il prenait les pires décisions ?

– Vous ne me répondez pas, madame.

– Majesté, le sang qui coule dans mes veines est celui des rois. Un sang qui ne saurait être déloyal envers vous, mon cousin.

– Je n'en crois pas un mot. Vous respirez la fourberie même !

– Que me reprochez-vous ? demanda Eugénie sans baisser les yeux.

– Je ne veux plus vous entendre ! cria-t-il. Gardes, emmenez cette femme dont la seule vue m'insupporte !

– Expliquez-moi ! Voilà que vous vous rangez du côté du Valois ?

– Faites taire cette femelle ! hurla Navarre sur le ton d'un caprice d'enfant.

Les gardes saisirent Eugénie et la conduisirent à la cave où ils l'enfermèrent dans une geôle étroite taillée dans le rocher.

Ensuite, Navarre se rendit dans la salle des pleurs, vaste pièce où l'on donnait les banquets qui réunissaient plus de cent convives et où le roi rendait la justice. Le trône sur lequel il s'asseyait était équipé de brancards démontables, ce qui permettait de le déplacer selon ce qu'on préparait, réjouissances pour une noble assemblée ou punitions de vilains, car Sa Majesté se montrait souvent excessive.

Un grand feu flambait, mais le volume de la pièce était tel qu'il y faisait quand même froid. Devant le trône surélevé, des chevaliers de la maison se levèrent quand le roi entra. Geoffroi d'Eauze, debout à droite du trône, était encadré par six gardes tenant la pointe de l'épée sur sa chemise, prêts à l'embrocher au moindre mouvement.

Navarre prit place, acclamé par ses gens, ce qui brisa la solennité de cette cour de justice. Charles n'aimait pas les tons cérémonieux, ni les étiquettes. La grâce, la condamnation, l'exécution des gens n'avaient d'importance que pour lui fournir l'occasion d'un bon mot ou d'une histoire drôle.

– Mes seigneurs, dit-il de sa voix claire et pointue, presque aussi aiguë que celle d'un enfant. Je vous remercie d'être présents en cette salle de justice pour m'assister dans un cas gravissime qui me navre très fort. Ce chevalier gascon que vous connaissez tous, ce Geoffroi d'Eauze, je l'ai rencontré alors qu'il n'avait plus rien. Je l'ai pris chez moi, je lui ai donné rang et pension. Je lui ai, également, donné mon amitié et voilà qu'il me trahit !

Cela lui allait bien, à Charles le Mauvais, de jouer ainsi le redresseur de torts, l'homme d'honneur généreux et naïf, surtout quand il mentait.

Eauze poussa un grognement sourd.

– Voilà que le monstre se réveille ! Que veux-tu, félon ? Reconnais que tu m'as trahi en ne me dénonçant pas un complot de mes ennemis !

– De quel complot parlez-vous, Majesté ?

– De celui que ta femme, la comtesse d'Anjou, préparait contre moi ! Tu ne m'en as rien dit !

– Mme d'Anjou ne complotait pas contre vous. Et je vous prie de la libérer. Pour l'amour que je lui porte, je suis prêt à mourir sur l'heure.

– Voilà que tu parles fort bien pour minimiser ton forfait ! Toi non plus, tu ne vas pas mourir parce que je t'aime, et puis…

Il se dirigea vers la porte et tendit les narines. Une bonne odeur de viande rôtie montait des cuisines.

– Et puis, il fait trop froid pour que je décide quelque chose. Enfermez-le dans une basse-fosse. Enfermez aussi Bessonac qui mérite la corde. Méfiez-vous, Eauze ne craint pas dix hommes costauds. À la moindre tentative, embrochez-le. Maintenant, mes amis, allons banqueter.

Ce soir-là, le roi de Navarre but tellement qu'il roula sous la table avant les tartes au miel et les fruits confits. Il fallut l'emporter dans sa chambre. Les petits chevaliers normands qu'il honorait de sa présence, car il n'aimait pas boire seul, eurent pour lui la condescendance qu'ils auraient éprouvée pour un enfant malheureux.

Le lendemain, frais et dispos, il fut le premier sur pied et envoya un courrier à d'Harcourt pour l'avertir qu'Eugénie s'était enfuie du château et qu'il redoutait qu'elle ne fût tombée entre les mains de ses ennemis : *Mes hommes ont fouillé routes et chemins, questionné les vilains et les gardes des villes voisines. Personne n'a vu la comtesse d'Anjou. Je suis navré par ce grand malheur dont je me sens un peu responsable puisqu'elle était sous ma protection. Les recherches se poursuivent. Je vous assure, cher ami, que je ferai tout ce qui est en mon pouvoir pour retrouver celle qui dirige la faction contre le félon de Valois.*

D'Harcourt se mordit les lèvres au sang. Le bon chevalier ne pouvait envisager que la duplicité du petit roi normand puisse aller jusqu'à le tromper lui, après avoir trompé le roi de France, le dauphin et les princes anglais !

Navarre, se frottant les mains du bon tour qu'il venait de jouer aux uns et aux autres, rendit visite à ses deux prisonniers. Il avait réfléchi et pris sa décision. Il allait livrer Eugénie à Jean II qui lui ferait payer la mort de M. d'Espagne, mais il voulait employer des moyens détournés, pour ménager les conjurés des Lys qui pouvaient encore le servir.

Il descendit dans les caves froides et humides, observa longuement sa prisonnière debout, fière, près de la porte grillagée. La torche que tenait un garde éclairait son corps droit, son visage où ses yeux fixaient le roi de Navarre. Puis, sans un mot, Charles alla à la basse-fosse où Eauze, énorme comme un ours pris au piège, leva la tête.

– Apportez-lui à manger et donnez-lui un manteau. Je ne veux pas qu'il tombe malade.

Il n'oubliait pas, le petit roi, combien Eauze fascinait par sa taille, par la démesure de son corps et de sa force. Il ne voulait pas risquer de voir mourir le géant qu'il espérait bien exhiber à l'occasion, car c'était une manière unique de se mettre en valeur, lui, le minuscule Navarre.

Dans la matinée, un homme bossu se présenta au château. Il était horriblement sale. Sa barbe constituée de rares poils filasse ne cachait pas la vérole qui piquait la peau de son visage d'une multitude de cratères noirs. Les yeux aux paupières lourdes, il répandait une odeur insupportable de purin et de chair souillée. Charles le reçut aussi bien qu'un ambassadeur dans son cabinet ordinaire où flambait un feu nourri. Le visiteur s'agenouilla devant le roi qui lui fit signe de se lever.

– Apportez du vin chaud, du pain et de la charcutaille pour cet ami qui a froid ! ordonna Navarre.

Il invita le visiteur à s'asseoir en face de lui, près des flammes qui éclairaient la pièce sombre et répandaient une chaleur agréable.

– Rognon le Bossu ! dit enfin Charles le Mauvais. C'est étrange de te voir en ce palais, toi qu'on trouve surtout dans les tripots et les bordeaux de la ville.

Les domestiques présents ne faisaient pas attention à cette curieuse relation de leur roi. Charles aimait la fête et surtout les endroits louches qu'il fréquentait avec son frère Philippe et Geoffroi d'Eauze dont la mission essentielle était d'intimider les éventuels agresseurs. Il connaissait bien les bas-fonds d'Évreux, les crapules notoires avec qui il s'enivrait et besognait les filles de joie, car il préférait les putains aux dames du monde, à moins qu'elles n'aient un mari jaloux et grincheux.

– Rognon, roi des maquereaux et tenancier de maisons de plaisir, j'ai un service à te demander qui te rapportera beaucoup !

Le Bossu prit le hanap de vin sucré au miel que lui tendait le roi, mais hésitait à boire. Il avait le talent de flairer les pièges sous les meilleures dispositions, ce qui lui avait sauvé la vie moult fois. Pour les princes, des hommes comme lui valaient moins qu'un animal familier.

Navarre frappa dans ses mains. Deux gardes se présentèrent à la porte.

– Allez chercher la prisonnière.

Ils s'éloignèrent pendant que Charles précisait :

– Une des plus belles femmes de ce royaume. La beauté du diable dont elle est la servante. Une reine, je te dis. Tu vas la conduire au roi de France qui te donnera une grosse bourse en échange.

Rognon le Bossu continuait d'observer Navarre qui sautillait devant le feu. Il n'aimait pas la manière dont le jeune homme lui parlait. Il le connaissait trop bien pour ne pas penser qu'un danger se cachait sous ses belles paroles.

Enfin, les gardes poussèrent Eugénie devant eux. Le maître proposa à la prisonnière de s'approcher du feu, de manger et de boire. Rognon le Bossu ne la quittait pas des yeux. Tout son être en était illuminé.

– Eh bien, qu'en penses-tu ?

Rognon le Bossu se taisait toujours, le regard fixé sur Eugénie qui tendait ses mains délicates au feu.

– Alors, tu ne dis rien ?

– Mon Dieu ! murmura Rognon le Bossu.

Charles éclata d'un grand rire.

– Voilà une parole inattendue dans ta bouche ! Allez, cesse de jouer au sacristain. Le Valois cherche cette femme et te la paiera un bon prix. Reconnais que je te fais un grand cadeau !

– Mon Dieu ! répéta Rognon le Bossu. Par la ribaude du pape, voilà un morceau qui me laisse marri !

– Enfin, tu retrouves tes esprits. J'admets qu'il y a de quoi perdre la tête. Sache que la belle a une marmite bouillante à la place du cul ! Mais attention, tu ne vas pas la salir. Elle appartient au roi de France !

– Ainsi donc, s'exclama Eugénie en fixant Navarre dans les yeux, vous m'avez vendue au Valois. Vous vous êtes servi de moi pour faire exécuter La Cerda et vous me livrez à la haine de mon ennemi !

– J'avoue ne pas être mécontent de mon stratagème ! répliqua Navarre en souriant.

Puis il ajouta quelques obscénités dont il avait le secret avant de s'adresser à Rognon le Bossu :

– Je te répète : tu la conduis à Paris, chez celui qui se prétend roi de France. C'est une princesse. Je connais assez ton comparse Beau le Pottier pour savoir que je peux vous faire confiance.

– Ne vous en faites pas. Chez moi, les filles sont si bien traitées qu'elles ne vont jamais raconter ailleurs les secrets de la maison !

– Maintenant, va et souviens-toi : tu n'y touches pas ! Je te fais accompagner par deux gardes de confiance ! précisa le roi de Navarre.

4.

En cette fin d'hiver, Guy de Rincourt et les maréchaux du roi multipliaient les démonstrations de force de l'armée. De nombreuses revues se déroulaient dans Paris, à Vincennes et autres places fortes autour de la capitale, Melun, Triel, Meaux. Ces exhibitions de troupes harnachées de neuf, armées d'arbalètes parfois rafistolées, montées sur des chevaux bien nourris étaient destinées à impressionner l'ennemi qui avait des espions partout, mais cela ne suffisait pas.

Lorsque les Anglais mirent le siège autour de Hesdin, le roi réunit ses troupes à Amiens. Ses soldats, malgré leur harnachement à peu près correct, étaient mal payés. La monnaie avait été considérablement dévaluée ; les soldes restées les mêmes qu'avant la peste étaient devenues dérisoires. Or, des combattants peu rémunérés perdaient beaucoup d'ardeur à la bataille. Rincourt l'avait souvent répété au souverain qui voulait croire que l'honneur de défendre la France était un argument suffisant. Cependant, l'armée française n'eut pas à ferrailler : les Anglais s'enfuirent dès qu'ils virent poindre les lances de Jean II qui s'en fit grande gloire, alors qu'il aurait dû y voir une menace.

Le Valois, voulant se montrer magnanime, accepta de pardonner l'assassinat de M. d'Espagne à son gendre s'il lui remettait la véritable coupable, la comtesse d'Anjou. Sa cause avait été plaidée par les trois reines que Charles le Mauvais avait visitées à Melun. Ces reines occupaient le château de la veuve de Charles IV, une très vieille femme qui vivait dans le souvenir de sa lointaine grandeur. La deuxième reine, et sûrement la plus efficace dans la négociation, était Blanche de Navarre qui, par ses ardeurs, avait précipité Philippe VI au tombeau. À vingt et un ans, Blanche était une superbe blonde aux yeux bleus qui avait perdu sa grâce juvénile du temps où elle était reine de France, mais gardait ce regard espiègle, cette sensualité dans chacun de ses gestes qui ne laissaient pas les hommes indifférents. Elle en jouait volontiers, ayant comme son frère Charles le sens de la repartie, du bon mot, et une grâce naturelle qui lui valaient un grand nombre de soupirants. Aucun parti n'était suffisamment noble pour cette veuve de Philippe VI, mais elle savait qu'elle finirait par céder lorsque le bon prétendant se présenterait. Elle avait refusé la proposition de mariage du roi de Bohême, sous le prétexte qu'une reine de France ne se remarie point, mais c'était surtout parce que le roi de Bohême était trop vieux et qu'elle gardait un mauvais souvenir de sa première union.

La troisième reine était l'épouse de Charles de Navarre, placée là en attendant qu'elle fût nubile. C'était une horrible gamine, capricieuse et mal élevée, qui ne manquait pas de rappeler ses titres pour contraindre ses serviteurs à l'obéissance. Seule la vieille reine Jeanne osait la souffleter. Aussi la fillette la détestait-elle et lui jurait que, plus tard, elle la ferait enfermer dans une fosse avec des serpents.

Blanche de Navarre sut parler à Jean II qui n'avait pas oublié qu'elle avait été sa fiancée. L'amour qu'il avait eu pour elle dès le premier jour était resté en lui, prêt à éclore de nouveau. Il ne la voyait pas souvent, mais ne manquait jamais de se montrer agréable, d'accepter toutes ses requêtes. Elle n'eut pas beaucoup de mal à s'imposer comme l'ange de la paix, la colombe de la réconciliation en faisant comprendre au roi que sa reconnaissance pouvait aller très loin.

Elle se rendit ensuite à Évreux, ayant gardé une grande affection pour Charles à qui elle ressemblait : les mêmes yeux bleus qui savaient séduire, la même rouerie innée. Son état de femme et de reine veuve l'avait empêchée de donner libre cours à sa personnalité. Avec son frère aîné, l'occasion était trop belle de fuir l'ennui du château de Melun où il ne se passait jamais rien.

Charles vint l'attendre à Mantes. Ils s'embrassèrent, s'étreignirent comme des amants qui ne se sont pas vus depuis longtemps. L'étrange couple qu'ils formaient ! Semblables de visage, le petit roi devait se dresser sur ses ergots pour bien montrer qu'il était un homme. Blanche avait une voix chaude et calme qui tranchait sur les piailleries de Charles. Ils se complétaient, l'un fournissant l'imagination, l'autre la concision. Jamais Jean II ne s'était mis en aussi grand danger qu'en permettant la complicité de ces deux descendants de Philippe le Bel.

Charles donna une grande fête pour sa sœur où se retrouvèrent ses habituels compagnons de beuverie, mais il avait pris soin d'éloigner les membres de la conjuration des Lys. Plus d'un chevalier s'avisa de cligner de l'œil à l'intention de Blanche, elle ne répondit à aucun : ils étaient grossiers, manquaient d'éducation et sentaient la vénerie à plein nez.

Elle n'avait d'yeux que pour son frère, ce qui fit dire aux jaloux qu'ils étaient allés plus loin que ce qui leur était permis. Tout à la joie de se retrouver, ils parlèrent peu de ce qui les avait réunis : la paix à faire avec le roi de France.

– Mais où est donc ce géant de tes amis dont on parle dans toutes les cours d'Europe ?

– Ce géant n'est plus mon ami, dit Charles. Il m'a trompé en dissimulant la vérité. Sa femme, la comtesse d'Anjou, est à l'origine de ma brouille avec mon beau-père. Elle s'est servie de moi pour assassiner M. d'Espagne.

– Tu ne vas pas me faire croire que c'est une raison pour la renier ? Ce M. d'Espagne n'était pas ton ami !

– Elle est en route pour Paris par un chemin détourné, de sorte que ses amis ne puissent pas la retrouver. Un bordel ambulant, ce qui convient à cette putain. Mes amis vont la donner au Valois. Le cadeau vaut bien quelque chose, non ?

– Certes, mon frère, mais vous me semblez fort naïf !

C'était un compliment. Charles prit un air angélique qui allait si bien à ce fourbe.

– Et puis, je n'ai pas pu me résoudre à me séparer de Geoffroi d'Eauze, alors il est ici en une basse-fosse. J'ai fait pendre son ami Bessonac, mais lui, j'ai renoncé au dernier moment.

Il jouait l'homme de sentiment, victime de son grand cœur. Sa sœur fit mine de s'y laisser prendre.

– Qu'est-ce que tu veux en faire ?

La lumière cruelle brilla dans les yeux de Charles, cette lumière qui apparaissait quand il humait l'odeur âcre de la torture.

– J'ai l'idée de le garder et d'en faire cadeau au Valois. Il le fera questionner, cela devrait beaucoup l'amuser.

Blanche réfléchit un instant, marchant à côté de Charles en baissant la tête pour ne pas paraître trop grande.

– Je crois en effet qu'on peut s'attirer les faveurs du roi en se servant de ton géant, mais pas en le questionnant. Jean II aime les démonstrations de force. Puis-je le voir ?

Charles appela Bouvier, l'homme de confiance du château chargé des besognes les moins avouables. Bouvier était d'une taille et d'une force surprenantes. Blanche huma son odeur. Ses narines frémirent : son frère s'entourait vraiment de bouseux sans aucune distinction.

– Tu ne vas pas me dire que ton oiseau rare est plus puissant que celui-là.

– Si. Il pèse plus de trois cents livres et mesure près de sept pieds.

– Dans ce cas… fit Blanche dont les yeux se mirent à pétiller.

Elle ne finit pas sa phrase, Charles se dit qu'il avait eu tort de ne pas se débarrasser d'Eauze plus tôt. Pourtant l'idée de s'en servir pour plaire à son beau-père lui convenait toujours.

– Bouvier, dit Charles, tu vas prendre une dizaine d'hommes sûrs, armés de lances, et tu vas aller chercher le prisonnier. Une fois sorti de la fosse, ne le lâchez pas, entourez-le avec les lances si près de sa peau qu'il ne pourra pas faire un seul geste sans se piquer. S'il réussit à s'échapper, je serai obligé de te faire pendre !

Il sourit à cette pensée. C'était toujours un ravissement de voir marcher vers son supplice un homme qui se croyait à l'abri de ce genre de mésaventure !

Blanche et Charles s'étaient assis près de l'âtre où brûlait un tronc entier de hêtre. Il avait commandé des musiciens pour le souper et les entendait accorder leurs vielles et leurs harpes dans une pièce voisine. Ces bruits l'agaçaient, il demanda qu'on les fasse cesser.

Enfin, Bouvier et ses hommes arrivèrent, encadrant Geoffroi d'Eauze qui les dominait tous de sa hure monumentale. Blanche poussa un petit cri d'admiration. Jamais elle n'avait vu homme si fort et si bien fait, car d'ordinaire, les géants étaient empâtés, l'estomac volumineux, le ventre tombant, le visage disgracieux. Celui-là était superbe. Elle le détailla lentement, descendant des épaules qui faisaient facilement trois pieds de large, au bas du torse parfaitement serré, sans la moindre bedaine. Les jambes étaient proportionnées à sa silhouette, longues et puissantes, les cuisses grosses comme des troncs, les bras capables d'écraser un rocher.

– Je te présente Eauze, celui qui fut mon ami et m'a trompé. Je ne veux pas te priver du spectacle de le voir gesticuler au bout d'une corde.

Sans crainte, Eauze fixait Charles de ses yeux d'animal sauvage. Une montagne qui inspirait la confiance.

– Je ne vous ai pas trompé, Sire ! tonna Eauze. On vous a mal informé. J'ai toujours été loyal et franc envers vous !

Blanche ne pouvait détacher son regard de cet homme dont la voix roulait comme une avalanche. Jamais elle n'avait vu pareil colosse et cela émoustillait ses sens. Charles avait compris et fit signe à Bouvier d'emmener le prisonnier.

– Continue de bien le nourrir, il doit être en état quand j'aurai besoin de lui ! ordonna Navarre.

– Bon, mon frère, dit Blanche qui avait suivi des yeux Eauze que des gardes encadraient, il faut vous radouber avec le roi. Vous lui donnez celle qui a assassiné son ami, vous devez, en plus, lui montrer grande amitié.

– Je ne cesse de le faire ! se lamenta Charles le Mauvais. J'ai beau lui dire que dans tout cela, je n'ai été qu'une victime, il ne veut rien entendre !

– Il vous écoutera et vous y gagnerez. Et puis, il vous doit de l'argent : la dot de sa fille.

– Son Trésor est vide !

– Certes, mais réfléchissez : il peut vous céder des places fortes autour de Paris, comme Mantes, Beaumont… Ainsi la route de Bretagne sera-t-elle entre vos mains. Vos amis anglais ne vous en estimeront qu'un peu plus !

Charles de Navarre sourit. Sa sœur avait toujours eu le sens des arrangements qui le servaient. Le Valois serait-il assez stupide pour céder ?

– Il cédera, insista Blanche. Je m'en porte garante. J'ai sur lui quelque pouvoir qui aura raison de sa résistance. Soyez à Paris quand je vous le demanderai, vous aurez tout ce que nous avons évoqué et plus encore. C'est vous qui allez gagner, comprenez-vous ? En ayant l'air de vous punir, il vous comblera, il suffira d'y mettre les manières et pour cela, nous, les Navarre, ne craignons personne !

Blanche passa une semaine entière avec son frère et demanda à plusieurs reprises à voir Geoffroi d'Eauze, ce qui lui fut accordé. Chaque fois, elle le trouvait plus colossal et plus attirant. Privée des jouissances que son vieux mari n'avait pu que lui faire entrevoir, elle voulait croire le géant surhumain en tout.

Pendant ce temps, Rognon le Bossu et Beau le Pottier se dirigeaient vers Paris avec leur précieuse prisonnière. Eugénie ne savait plus où elle était. La fille de la reine Clémence était séquestrée dans une roulotte infestée de punaises au milieu des chiens savants et des singes pouilleux. Elle tenait tête à ses geôliers qui, pour ne pas risquer qu'elle s'échappe, l'avaient attachée par une jambe au bout d'une lourde chaîne.

Ce n'était pas à eux qu'elle en voulait. Rognon le Bossu, à qui Charles de Navarre l'avait remise, n'était pas le chef. Dès qu'il fut de retour à ses roulottes arrêtées aux portes de la ville, il s'effaça devant Beau le Pottier. Cet homme d'une force redoutable n'avait de beau que le nom : roux, la peau grêlée de rouille, il avait perdu un bras lors d'une rixe et agitait constamment son moignon sous le nez des femmes qu'il traitait comme du bétail. Mal nourries, battues, beaucoup mouraient, mais cela n'avait pas d'importance, Beau en achetait de nouvelles chaque fois que c'était nécessaire : dans les fermes où les femelles ne valaient pas cher quand on ne leur trouvait pas de mari, et dans les villes où les pauvres filles sans gîte ne manquaient pas. Celles-là étaient gratuites, mais souvent de moins bonne qualité que les campagnardes. Elles toussaient, souffraient de plaies purulentes, de croûtes dans les cheveux qui rebutaient les clients délicats. Elles étaient aussi moins dociles.

Eugénie savait ce qui l'attendait : le Valois la ferait torturer, mettre à mort de la pire manière. Constamment surveillée par deux marâtres ivres du matin au soir qui ne voyaient en elle que l'énorme récompense promise, elle se disait parfois que sa mort priverait le Valois du plaisir de se venger, mais elle n'en était pas là et gardait l'espoir de s'échapper. Charles le Mauvais lui paierait sa trahison, elle en faisait le serment. Jean II et son gendre se valaient. Les deux sombreraient en même temps et répondraient de leurs actes devant les pairs du royaume. Cette pensée lui donnait des forces pour affronter la nouvelle épreuve. « Mon chevalier blanc, pensait-elle, seras-tu à Paris pour me sauver une fois de plus ? »

Beau le Pottier, une brute sans âme, sans réflexion, ne connaissait que les coups, mais il se préoccupait de la santé d'Eugénie et rabrouait sa mère et sa sœur qui avaient la charge de la prisonnière :

– Surtout soignez-la bien ! Il ne faudrait pas qu'on nous fasse des reproches !

Rognon le Bossu se taisait devant son acolyte qui le dominait. Ses « Mon Dieu ! » au château d'Évreux avaient pourtant révélé une âme, Eugénie en chercha le chemin tortueux, espérant s'en faire un allié. Le parcours s'avéra long et bien difficile : sous l'emprise de Beau, capable de tuer, le bossu manquait d'armes car la méchanceté n'était chez lui qu'une façade destinée à cacher ses faiblesses.

Parti d'Évreux, le bordel suivit le cours sinueux de la Seine pour se rendre à Paris. Il fit un crochet par les Andelys et resta quelque temps à Vernon. Les soudards de différentes armées sans bataille, les groupes d'Anglais qui ravageaient le pays fournissaient une bonne clientèle.

Les filles étaient exposées aux portes des villes à la vue des gardiens, des marchands qui entraient et sortaient. C'était le meilleur endroit pour les amateurs discrets. Une roulotte était réservée aux ébats collectifs.

Le bordel se rendit enfin à Meulan. Beau le Pottier rangea ses deux roulottes sur la place du marché, car l'autre grande place située devant l'église était interdite aux bordels, seuls les jongleurs et les joueurs de farces pouvaient s'y produire. Il s'acquitta de la taxe que la prévôté exigeait des commerçants étrangers et put se livrer en toute tranquillité à son activité qui se doublait d'un débit de vin.

Une fois les mules conduites à une petite prairie qui jouxtait la place, le travail put commencer. Le soleil brillait, les nombreux promeneurs s'attardaient près des filles qui leur adressaient des œillades coquines. Tout à coup, un grand remous agita la foule. Des enfants se mirent à hurler, des hommes frappaient le sol à grands coups de bâton. Eugénie put voir par une ouverture les gros rats noirs se faufiler entre les promeneurs. Terrorisées, les ribaudes sautillaient sur place, Rognon le Bossu resta figé car il comprenait ce que cela signifiait. Il trouva Beau qui riait de la panique provoquée par ces petits animaux.

– Vite, dit Rognon, nous devons partir. Les rats…

– Eh bien quoi ? Voilà que tu as aussi peur que les filles ! Ce ne sont que des rats, et même s'ils sont très gros, il n'y a pas de quoi s'affoler.

– Mais ce ne sont pas des rats comme les autres. Je les ai vus à Évreux pendant l'épidémie. Ils apportent la mal-mort !

Beau éclata d'un rire sonore.

– En voilà un poltron ! Tu mériterais que je t'oblige à en manger pour ton dîner !

Le calme revint sur la place. Les rats avaient disparu et les gens commentaient cette irruption soudaine alors que la grande épidémie les avait épargnés. Beaucoup voyaient là une menace imminente et se signaient. D'autres restaient optimistes : la peste avait boudé la région, il n'y avait aucune raison qu'elle la frappe si longtemps après la première épidémie !

Et pourtant, le lendemain, plusieurs cas furent signalés dans le quartier. On pensait que ce ne serait qu'une petite alerte, mais les habitants se rendaient à l'église pour se mettre en règle avec Dieu. Deux jours plus tard, ce qu'Eugénie n'osait espérer se produisit : Beau le Pottier grelottait sur sa paillasse, le visage gris de ceux qui vont mourir. Plusieurs filles étaient touchées. Eugénie ne craignait rien pour elle : depuis que le jeune Herblin était mort dans ses bras, elle savait qu'un pacte l'unissait à la maladie et la protégeait.

Quelques jours plus tard, la ville de Meulan ferma ses portes aux voyageurs. Les troupes de la prévôté parcouraient les rues désertes, marquaient d'une croix rouge les maisons des pestiférés d'où les habitants n'avaient plus le droit de sortir. Des chariots ramassaient les corps abandonnés à la rue, dont certains respiraient encore.

Beau le Pottier mourut au tout début de l'épidémie et fut suivi presque aussitôt par sa mère et sa sœur. Rognon le Bossu, redoutant de suivre son compagnon dans la tombe, rôdait autour de l'église sans oser y entrer, écoutait les offices par le trou du lépreux, se terrait car il savait que les étrangers, surtout les bossus, étaient accusés de transporter le mal. Il libéra Eugénie :

– Partez vite ! Dites que la peste nous a tous emportés !

– Pour aller où ? répliqua-t-elle.

Les prédicateurs qui avaient surgi un peu partout s'en prenaient une fois de plus aux Juifs, aux étrangers, mais aussi à la fille du diable qui allait d'une ville à l'autre, portant le fléau et jouant avec les âmes des justes. Des ribaudes, quelques Juifs qui n'avaient pu fuir au tout début de l'épidémie furent capturés. On découvrit des sorcières dans les bas quartiers. De grands brasiers furent allumés pour purifier la population. Le bois manquait d'ordinaire, mais pour carboniser ces pauvres bougres, on en trouva de pleins chariots.

Eugénie se terrait dans la roulotte avec Rognon le Bossu. Elle prit le temps de bavarder avec lui. Débarrassé de la rude domination de Beau, il montra son véritable visage. Ce fils d'une pauvresse avait été abandonné sur le parvis d'une église. Sa bosse venait de ce temps. Il avait grandi dans une ferme qui fut attaquée par des malfaiteurs et sauva sa vie en se cachant dans un puits. Depuis, il savait que le diable régnait en maître sur la terre.

– Les portes de la ville s'ouvrent tous les jours quand les marchands entrent avec leurs chariots de légumes, leurs troupeaux de moutons et de porcs ! dit Eugénie. Nous pouvons en profiter pour nous échapper. Dehors, personne ne fera attention à nous !

– Dehors, des bandes de malfrats rôdent et nous serons massacrés avant demain !

– Mais non. Tu vas prendre les mules qui sont encore au pré et que personne n'a pensé voler. Les gardes ne surveillent que ceux qui rentrent, pas ceux qui partent.

– Mais qu'allons-nous faire dehors ?

– Nous sommes sur les terres du seigneur de Meulan. Je lui parlerai et il nous accueillera !

– Vous sûrement ! gémit Rognon, mais moi, sale et bossu comme je suis, il me chassera à coups de pied au cul !

– Fais-moi confiance, je te dis !

Eugénie ne s'était pas trompée. Montés sur leurs mules, ils purent sortir de la ville. La campagne baignait dans un généreux soleil. Quelques fermes avaient été touchées par la peste, mais le beau temps commandait le travail. Les moissonneurs liaient les gerbes de blé aux épis superbes et bien mûrs. Le souvenir des disettes passées leur donnait du cœur à l'ouvrage. Ils devaient aller vite car, en plus du risque d'orage, les pilleurs volaient les récoltes pour les revendre plus loin.

Les jeunes bergers gardaient les troupeaux d'oies ou de moutons sur les versants trop secs pour le blé. Eugénie se repaissait du spectacle de la vie ordinaire. Elle renaissait malgré la peste, malgré les dangers dont il fallait prendre l'exacte mesure.

Le seigneur de Meulan n'était pas en son château et les gardes lui fermèrent la porte au nez.

– Je vous l'avais dit ! pleurnichait Rognon. En temps de peste, il n'y a plus d'amis, plus de famille, rien que des hommes prêts à se servir de leur dague à la première occasion !

Il n'avait pas tort. Où trouver un endroit en sécurité dans ce monde de rapine et de tuerie ? Rognon avait trop fréquenté les voleurs pour en ignorer les méthodes et il se savait déjà épié, déjà considéré comme une proie. Les mules seraient tuées et rôties sur place ; lui qui n'avait aucune valeur et pas un sol en poche serait massacré, Eugénie à cause de sa beauté servirait de distraction aux malfaiteurs qui la revendraient s'ils trouvaient acheteur ou la tueraient à son tour.

– Ne t'en fais pas, on va se débrouiller !

– Mais où allons-nous ?

– Surtout pas à Paris.

– Il est impossible de survivre plus d'une nuit sans abri, vous entendez, impossible ! insistait Rognon.

Les mules avançaient lentement sur le chemin défoncé qu'ils avaient pris au hasard. Ils arrivèrent au bord d'une petite rivière. Eugénie put se laver longuement. L'eau fraîche redonna un peu de vigueur aux animaux. Un sentier suivait les méandres tranquilles du cours d'eau entre les prairies et les friches où poussaient buissons et arbustes. Ils atteignirent une petite ville fortifiée ; un pont permettait d'accéder à la porte. Des chariots allaient et venaient sans faire l'objet d'une garde particulière.

– Ce doit être Bonnières ! précisa Eugénie. Si la peste n'est pas dans les murs, nous pourrons passer la nuit dans une écurie avec nos mules.

Ils entrèrent dans la cité très animée. L'air plein d'odeur de purin, de terre sèche stagnait, brûlant. Des enfants pataugeaient dans un bras mort où les bêtes venaient boire. Les forgerons battaient le fer, les cordonniers taillaient les cuirs, les charrons réparaient les roues en bois. Un tonnelier, malgré la chaleur, avait allumé un feu de tourbe dans un tonneau qu'il cerclait de fer, méthode nouvelle importée des pays flamands.

Rognon le Bossu s'était arrêté au milieu de la rue, tenant toujours sa mule par la bride. La présence d'Eugénie à ses côtés le gênait. Bien que vêtue grossièrement, la comtesse d'Anjou ne pouvait être la compagne d'un bossu, sale et ne sachant parler qu'une langue d'oïl vulgaire, pleine de mots du peuple.

Ce fut alors que les rats noirs se mirent à courir dans la rue, entre les jambes des passants. Rognon lança à Eugénie un regard étonné.

– Ils nous suivent ! constata-t-il.

Eugénie fit quelques pas, puis se tourna vers son compagnon qui s'était arrêté.

– On ne peut pas rester ensemble ! ajouta le Bossu en tremblant. Les gens me regardent ! Ils savent que vous êtes une grande dame et moi un truand ! Ils vont me tomber dessus !

– Je dirai que tu es mon valet. Viens, nous allons trouver un endroit pour passer la nuit. Demain, nous aviserons.

Pour quelques sols, Eugénie et le Bossu purent dormir dans l'écurie d'une auberge en compagnie de leurs mules. Ils n'avaient pas assez d'argent pour manger et durent se contenter d'une soupe maigre. Le lendemain, la peste faisait ses premières victimes. La forme bubonique, qui tuait le plus lentement et dont on pouvait espérer guérir en incisant les glandes et en faisant couler le pus qui s'en échappait, touchait surtout les enfants. L'autre forme, celle qui se manifestait par une énorme fièvre et des plaques grises sur tout le corps, préférait les hommes mûrs. La chaleur accroissait la putréfaction des corps qui bougeaient encore. Une terrible odeur stagnait sur la ville sans vent. On étouffait ; la peur paralysait les gens qui se tassaient dans les églises et se défaisaient de leurs économies pour acheter la clémence du ciel.

On gardait le souvenir terrible de la première épidémie qui avait tué le quart de la population.

Comme il n'y avait plus de Juifs à brûler, les habitants trouvèrent d'autres victimes. Des groupes armés de bâtons s'étaient formés spontanément et fouillaient les jardins et les arrière-cours. L'un d'eux se trouva en face d'Eugénie et de son compagnon. Un cri de haine sortit de toutes les gorges. Les bossus ne portaient-ils pas la malédiction dans leur dos ? Rognon fut saisi, frappé violemment. Eugénie réussit à s'échapper. Elle courut jusqu'à une impasse, se jeta de toutes ses forces contre un haut portail qui fit un bruit sourd.

La meute approchait. La jeune femme poussa un cri de terreur quand la porte s'ouvrit. Un homme qui se tenait près du mur la tira vers l'intérieur, ferma vivement le battant et le coinça avec un madrier. Dans l'ombre de la cave en voûte, Eugénie vit la silhouette lui faire signe de la suivre dans un souterrain, creusé derrière d'énormes jarres en terre cuite. Ils arrivèrent dans une autre salle où les gouttes d'eau qui suintaient du mur produisaient un bruit cristallin. L'homme alluma une torche qui fumait et répandait une horrible odeur de graisse brûlée. Eugénie remarqua son visage jeune et beau. Sa peau très claire soulignait l'éclat de ses yeux sombres ; ses cheveux bruns, lumineux, formaient des boucles légères autour de sa tonsure. Son front haut et carré lui conférait une grande dignité, une retenue hautaine.

– Pauvre peuple ! s'exclama-t-il.

Eugénie ne comprit pas ce qu'il voulait dire, mais ne posa pas de question. Ils empruntèrent un autre souterrain. Le jeune moine était assez grand : ses épaules, sa taille étroite montraient sous sa soutane de bure un corps fait pour l'action.

– Où m'emmenez-vous ?

– Vous allez le savoir bientôt.

La torche levée, il marchait vite. Eugénie pataugeait dans une eau glauque et peinait à le suivre. Ils arrivèrent à une nouvelle porte que le moine ne put ouvrir. D'un coup d'épaule, il la brisa. Un courant d'air souffla la torche. La pièce dans laquelle ils entrèrent sentait la poussière froide. Une étroite fenêtre laissait passer un peu de lumière qui éclairait une immense armoire où étaient suspendus des vêtements d'église. Des sièges en bois s'entassaient dans un coin, à côté d'une sorte de lourde table sur laquelle se trouvaient plusieurs livres reliés en cuir.

– Nous sommes au monastère dissident de Bonnières.

Ils traversèrent une chapelle vide qui donnait sur un jardin. La lumière intense les aveugla. Dans le potager, des moines sarclaient les légumes, d'autres apportaient des seaux d'eau. Un orage s'annonçait. À l'horizon, des colonnes blanches de nuages se dressaient au-dessus des collines. Les insectes crissaient.

– Je suis frère François d'Auxerre. Ici, c'est un monastère franciscain en rébellion contre l'Église. Nous sommes des petits frères, des Fraticelles. Nous nous consacrons à la culture parce que l'exercice du corps est indispensable à celui de l'esprit. Nous produisons tout ce qui nous est nécessaire, mais vivons dans la pauvreté, sans le moindre superflu. Quand notre terre donne plus que ce qui nous est nécessaire, nous le distribuons aux pauvres. Ici, point de commerce, la seule monnaie est celle du cœur. Chaque année, des frères, les Spirituels, partent enseigner notre foi, celle des premiers temps chrétiens, celle qui honnit les curés, évêques, cardinaux et pape, tous suppôts du mal. Une Église qui a bâti sa richesse sur la pauvreté et l'ignorance du plus grand nombre !

– Les femmes sont-elles admises dans votre communauté ?

– Non. Nous devons voir le père Loïc. Attendez-moi ici.

De son pas sûr qui n'avait rien de la démarche mesurée des moines ordinaires, François d'Auxerre traversa la pièce et sortit par une porte ouvragée. Eugénie promena un regard circulaire autour d'elle. Des croix étaient disposées au-dessus de cinq prie-Dieu adossés à une cloison de lambris clair. Pas une image, pas une seule représentation des saints ou de la Vierge. Une rigueur impersonnelle, une froideur hors du temps imprégnaient ce lieu vide.

Au bout de quelques instants, François passa la tête par la porte.

– Notre père souhaite vous voir. Suivez-moi.

– Et Rognon ? Le bossu qui était avec moi, avez-vous pu le sauver ?

Le jeune homme secoua négativement la tête et eut un geste fataliste des mains.

– Nous ne pouvions rien contre la furie populaire. Vous avez eu beaucoup de chance !

Eugénie arriva dans une autre salle, tout aussi dénudée. Autour d'une lourde croix posée sur une table étaient disposées des chaises empaillées en jonc. Des hautes fenêtres tombait une lumière sans ombres. Les murs épais maintenaient une certaine fraîcheur. Un vieil homme de très petite taille, la tête volumineuse sous son châle blanc, regardait la femme de ses yeux de souris. Il était vêtu comme François d'Auxerre, d'une aube de grossier tissu ocre, lourde et raide aux coudes, de chaussures de cuir à semelles de bois cloutées. Il parla de sa voix frêle, presque une voix d'enfant. Sa fragilité semblait excessive à côté des épaules robustes du jeune François d'Auxerre.

– Madame, qui que vous soyez, vous allez jurer de ne rien répéter de ce que vous entendrez ici.

Eugénie se cabra, sur la défensive.

– Je n'ai pas l'habitude de frapper ceux qui me sauvent la vie !

– Madame, reprit le vieux moine, je vois que vous êtes fière. Sachez que je n'hésiterai pas à vous faire tuer si vous nous trahissez. Sachez que les gens du pape sont nos ennemis. Voyez ces cardinaux au train de vie de princes, ces curés de paroisse qui se comportent comme des seigneurs, qui abusent de la crédulité des paroissiens pour leur soutirer les quelques sous gagnés par leur sueur, qui affament des familles entières pour vivre dans l'aisance, dans le lucre, dans la lascivité ! Mort à cette Église ! Que le diable fasse rôtir en enfer ses ministres qui nous combattent et que nous exterminerons. Ce n'est pas ce monde que Jésus a prêché !

À mesure qu'il parlait, les rides de son visage se creusaient. Son énorme crâne dominait une minuscule figure au nez pointu et maigre, au menton saillant, à la bouche étroite, sans dents. Il tendait ses mains décharnées vers Eugénie qui n'était pas surprise : on parlait beaucoup en Normandie de ces frères hérétiques qui osaient s'élever contre l'Église et que l'on tenait pour responsables de la peste et de tous les malheurs du peuple. Le pape Clément VI les avait fait exterminer car il y voyait une menace pour sa hiérarchie, Innocent VI promettait le bûcher à ceux qui prêteraient une oreille attentive à ces envoyés du diable. Malgré la menace d'excommunication, la jeune femme avait toujours écouté leurs propos avec intérêt.

Ce mouvement de contestation était profond. Des esprits libres n'acceptaient pas que la parole de Dieu soit portée par des clercs gras qui régnaient sur des affamés. Jésus avait vécu dans la pauvreté, il était mort abandonné de tous, cela avait une signification que les riches cardinaux avaient oubliée à leur profit.

– Honte soit aux gens d'Église qui mentent aux croyants ! L'enfer leur est ouvert car ils se comportent comme les pires des malfaiteurs ! criait le père Loïc d'une voix aiguë.

Le vieil homme s'animait. Ses paroles sortaient de sa bouche noire, remplissaient cette salle sonore de leur menace. Un peu en retrait, François d'Auxerre, les bras croisés, baissait les yeux, comme absorbé par une prière.

– Ils osent affirmer que Marie, la mère de Jésus, était vierge, qu'elle a été ensemencée par un ange ! Mais comment Dieu pourrait-il mépriser son œuvre au point de permettre de telles sottises ?

Il se tut un instant, reprenant son souffle court. Ses yeux lançaient des éclairs.

– C'est Dieu qui vous envoie, madame !

Eugénie se taisait, décelant une menace sournoise sous cette affirmation. François d'Auxerre sortit de la pièce sans un mot, ferma la porte derrière lui, laissant la jeune femme seule avec le vieux moine dont l'âme avait rongé le corps.

– Madame, j'ai eu une vision ce matin. Le soleil se levait, j'avais prié toute la nuit car je ne dors plus depuis des années. Le sommeil nous prive d'un long moment de vie et nous avons beaucoup à faire. Je sais que je mourrai sur la croix, comme notre berger, et ce sera un honneur de souffrir la même passion. L'amour que je porte à mes semblables se transforme en haine, en fiel pour les serviteurs du Satan d'Avignon. Oui, j'ai eu la vision d'une femme très belle par qui Dieu a envie de montrer son chemin. Et vous voilà.

Eugénie, soutenant le regard flamboyant du vieil homme, demanda :

– Que me voulez-vous ? Qu'attendez-vous de moi ?

La porte s'ouvrit. Surprise, Eugénie vit François d'Auxerre vêtu d'une chemise de toile légère, coiffé d'un bonnet rouge. Sa tenue, celle du petit peuple, cachait mal sa stature, son corps très droit d'homme de bonne famille qui n'a pas connu les affres de la faim.

– Vous allez suivre François qui doit se rendre en Avignon. Nous les moines franciscains sommes épiés, maltraités par les sergents et les populations. Les suppôts de Satan ont su nous faire détester en répandant les pires calomnies. Ne disent-ils pas que nous sommes des égorgeurs d'enfants, des sodomites, des pilleurs de celliers ?

Eugénie ne posa pas d'autres questions. Elle ne savait pas ce que François d'Auxerre allait faire en Avignon et supposait que l'entreprise était dangereuse, mais cela lui convenait. Elle échapperait ainsi aux espions de Navarre et de Jean II, le temps de se mettre sous la protection du pape dans son domaine de Sainduc. De là, elle pourrait renouer avec les conjurés des Lys.

– Nous serons de simples rémouleurs ! dit François, des petits aiguiseurs de lames. Nous irons d'une ville à l'autre, d'un village à l'autre en profitant des convois de marchands escortés par des hommes de guerre. Nous passerons inaperçus au milieu de tous ces faiseurs de petits travaux qui vont là où la peine les appelle.

Eugénie ne protesta pas. Dieu venait de la sauver et lui montrait qu'il ne l'avait pas abandonnée.

François fit signe à Eugénie de le suivre. Dans la cour, des moines s'étaient rassemblés devant une immense croix de bois noirci. À genoux, ils priaient en silence, la tête baissée, les mains jointes. Le murmure de leurs lèvres se mêlait au lointain roulement de l'orage. Les nuages sur l'horizon ressemblaient à d'immenses montagnes sombres aux cimes enneigées.

François était superbe dans ses vêtements de rémouleur. Il portait une culotte de toile grise qui s'arrêtait au-dessus du genou. Ses mollets nus montraient sa force. Ses chaussures de cuir serrées autour de la cheville par des lacets de chanvre durcissaient légèrement sa marche à cause des semelles en bois ferré.

– Nous partons tout de suite ! dit-il. La route est longue.

Une mule aux longs poils gris, aux oreilles démesurées, était déjà attelée aux brancards de la charrette sur laquelle se trouvait une meule en grès et d'autres pierres plates pour les aiguisages spéciaux. Des paquets de toile s'entassaient à l'avant. Il restait peu de place pour s'asseoir.

– Vous savez aiguiser les outils, les couteaux, les haches ? interrogea Eugénie.

– J'ai appris dans ma jeunesse, avant d'être appelé par Dieu. Vous pourrez monter dans la charrette quand vous serez fatiguée. Moi, je marcherai.

Ils sortirent du monastère. François d'Auxerre expliqua à Eugénie qu'ils avaient été obligés de construire des remparts pour se protéger des attaques des soldats anglais et des troupes du pape.

Le tonnerre grondait au loin. François levait la tête de temps en temps pour suivre le mouvement des nuages.

– Celui-là devrait nous épargner ! précisa-t-il. Mais il y en aura d'autres.

Il marchait d'un pas sûr, Eugénie se tenait derrière lui. La sueur coulait de leurs fronts. L'un et l'autre étaient perdus dans leurs pensées et ne cherchaient pas à se rejoindre.

– Nous passerons la nuit vers Rambouillet. Pour tous, nous serons mari et femme.

– Mais votre tonsure ?

– Je dirai que je suis un clerc.

– Mais un moine ne voyage pas avec une femme !

Il sourit et tourna vers Eugénie ses yeux très noirs, pleins d'une lumière vive, signe d'intelligence et d'une profonde sérénité.

– On voit que vous ne connaissez pas les gens d'Église. Les cardinaux ne se séparent jamais de leurs maîtresses ; la plupart des évêques sont mariés et ont grande descendance. Quant aux curés de campagne, qui n'ont pas toujours les moyens d'entretenir une femme, ils courtisent les plus belles paroissiennes ou se livrent à la sodomie sur les jeunes enfants ! Tout cela me donne envie de vomir.

Ils continuèrent leur marche. Le tonnerre grondait ; le vent s'était levé et agitait la cime des arbres. De grosses gouttes s'écrasaient sur la poussière du chemin.

– N'ayez crainte. Cela ne va pas durer.

François avait raison. Le gros nuage sombre s'éloigna, le soleil se mit à briller sur les feuilles luisantes de pluie.

– Dans moins d'une heure, nous serons à Rambouillet. Il y a une auberge à l'entrée, tout près de la porte.

Ils y arrivèrent juste avant le nouvel orage qui ne devait pas les épargner. L'averse s'abattit sur la ville dans un roulement continu de tonnerre. L'aubergiste les accueillit avec de grands gestes et vanta la qualité de son établissement.

François dit qu'ils étaient très fatigués. Il demanda qu'on leur apporte à souper et qu'on donne de l'avoine à la mule.

Il monta dans sa chambre à l'étage, ouvrit la porte et s'effaça devant Eugénie qui ne savait plus quoi penser de ce curieux compagnon si détaché des choses ordinaires. Il posait sur elle un regard sans désir, indifférent, le même qu'il avait pour sa mule.

Ils soupèrent près de la fenêtre ouverte d'où venait l'haleine humide de la campagne, l'odeur de l'herbe mouillée, de l'écorce. La terre fumait ; après une journée torride, le courant d'air frais leur faisait du bien.

Quand ils eurent mangé, François se coucha par terre, la tête sur son bras replié.

– Prenez le lit ! dit-il. Mon état ne m'autorise pas ces douceurs.

Il se tourna et ferma les yeux. Eugénie resta un moment en face de la fenêtre, profitant de la fraîcheur du soir. Enfin, elle se tourna :

– Nous nous rendons en Avignon, mais qu'allez-vous y faire ?

– Mais tuer le pape ! répondit François en poussant un soupir de fatigue.

5.

Comme convenu, la cour de Navarre se rendit à Paris.

Blanche avait bien négocié : son frère fut largement récompensé. Il reçut le Clos de Cotentin, Valognes, Carentan, Pont-Audemer, la vicomté d'Orbec, Beaumont, Breteuil, Conches… Plus qu'il n'en espérait ! Jean II ne regrettait qu'une chose : la comtesse d'Anjou, coupable du meurtre de M. d'Espagne, s'était envolée dans la nature. Il reprocha à son gendre de l'avoir laissée filer avec des bordeliers plutôt que de la lui avoir envoyée sous bonne escorte. Charles le Mauvais, considérant qu'il gagnait sur toute la ligne, s'en montra navré en cachant sa satisfaction : Eugénie vivante pouvait encore le servir !

La cérémonie de réconciliation avait été préparée par un certain Robert le Coq qui, en sa qualité d'évêque, avait convoqué une cour de justice devant le Parlement réuni au palais. Le roi était assis sur un trône entre la vieille reine Jeanne et Blanche de Navarre. Il voulait montrer sa majesté, mais ne faisait qu'entériner sa faiblesse. Avec solennité, un avocat s'approcha du trône et déclara :

– Mon très cher et redouté seigneur, mesdames les reines Jeanne et Blanche ont entendu que M. de Navarre est en votre mal-grâce et vous supplient de lui pardonner !

Blanche tourna la tête vers le roi et croisa son regard. Elle eut un léger plissement des paupières. Aussitôt le nouveau connétable, Gauthier de Brienne, un cousin de Raoul, prit Navarre par le bras et le présenta devant le roi. Charles avait refusé de mettre un genou en terre, ce qui avait été accepté. Ce fut donc debout qu'il reçut le pardon de son beau-père. Puis les deux hommes s'embrassèrent longuement en se jurant amitié, assistance et fidélité. La haine pourtant continuait de déborder de leurs cœurs, elle ne tarderait pas à se manifester.

Pour l'heure, plusieurs jours de réjouissances devaient sceller cet accord qui fit rouler des larmes attendries sur le visage de la vieille reine Jeanne. Elle fut bien la seule à croire à cette mascarade. Blanche souriait : le parti navarrais avait obtenu ce qu'il voulait. Guy de Rincourt, obligé de paraître à ces agapes, s'ennuyait car il en comprenait le futile et détestait le roi quand il voulait ainsi jouer le grand souverain qu'il n'était pas.

Charles de Navarre recommença aussitôt à faire des bons mots sur son beau-père qui s'en amusait. Le petit roi expliqua :

– Mon père, je ne puis m'empêcher de taquiner ceux que j'aime. Ma sœur Blanche en fit souvent les frais lorsque nous étions enfants. Nous nous battions comme chiffonniers !

Le roi riait et cueillait au passage un magnifique sourire de Blanche. Maintenant que M. d'Espagne était dans la tombe, il se sentait des velléités nouvelles et se voyait bien avec une favorite comme cette jeune reine qui avait été sa belle-mère. Il se plaisait à imaginer des rendez-vous secrets, une passion à l'ombre du trône.

Le lendemain, il y eut des joutes. Le roi de Navarre n'y participait pas car il était si léger qu'un coup de lance l'aurait envoyé dans les nuages. Son frère Philippe le représentait.

Charles attendit le dernier jour pour faire à son beau-père une surprise comme lui seul pouvait en imaginer. Il demanda qu'on rassemblât les convives dans la place fermée qu'on appelait le Préau, trop petite pour les joutes mais suffisante pour un spectacle dont le roi de Navarre était certain du succès.

– Sire, mon père, dit-il à Jean II, je vais maintenant vous montrer le plus phénoménal des chevaliers de votre royaume. Il fut à la cour cet été, vous le vîtes près de moi lors de mon mariage. Il se trouve que ce chevalier a mérité que je le fasse emprisonner.

– Vous voulez parler de ce géant à la face barbue et à la voix qui couvrait le tonnerre ? Je l'ai vu en effet charger un cerf sur ses épaules. Vous dites que vous l'avez fait emprisonner ? N'était-il pas un de vos témoins au mariage ?

– Si fait, mais il m'a trahi.

– Que voulez-vous dire ? demanda le roi intrigué car il se souvenait très bien de Geoffroi d'Eauze et de la peur qu'il inspirait aux chevaliers lors des tournois. Pas un n'acceptait de se mesurer à lui, ce qui l'excluait des joutes.

– Je veux dire que cet homme de petite noblesse a l'âme tellement noire qu'il a abusé de ma bonté ! précisa Navarre en évitant soigneusement de parler d'Eugénie. Je l'ai élevé aux plus hautes fonctions et il m'a trahi. Ma justice l'a condamné, mais j'ai quand même voulu lui laisser une chance, car je l'aimais. Il va, devant vous, affronter dix mercenaires choisis parmi les plus robustes. Il sera armé d'un bâton et dépourvu de cotte de mailles, comme les gladiateurs des anciens temps.

– Et s'il perd comme cela se produira immanquablement ?

– Il subira le sort des vaincus !

– S'il gagne ? demanda encore Jean II dont le regard s'était allumé à la perspective du sang qui allait couler.

– Nous le pendrons. Ce sera un beau spectacle pour clore cette grande fête.

Tout le monde prit place dans le Préau. Guy de Rincourt voulut s'éclipser, mais le roi le traita de rabat-joie et lui demanda de rester. Navarre demanda à Bouvier d'amener le gladiateur. Plusieurs hommes, la lance tournée vers Eauze, prêts à le transpercer à la moindre rebuffade, le conduisirent devant la foule. Il était enchaîné, mais Navarre qui trichait toujours avait fait limer les chaînes pour ménager son effet. Blanche avait aussi le regard brillant.

Les gardes s'éloignèrent du géant qu'ils laissèrent seul en face de la foule, le torse et les membres liés. Surgis d'une porte, dix hommes en armes se lancèrent sur lui pour le transpercer. Ils avaient ordre de ne pas l'exécuter trop vite et de faire semblant, dans un premier temps, de ne pas avoir le dessus.

Quand il vit ses adversaires se ruer l'épée pointée sur sa poitrine, Eauze banda ses muscles et les anneaux des chaînes volèrent en éclats, provoquant un cri d'admiration. Alors, il bouscula les premiers assaillants qu'il envoya rouler dans la poussière. Il réussit à arracher l'épée de l'un d'eux et se mit à ferrailler avec les autres. Eauze n'était pas qu'une montagne de muscles, il avait aussi beaucoup d'agilité et savait se servir d'une lame. En quelques minutes, devant la foule stupéfaite, il mit hors de combat ses dix adversaires. La foule n'attendit pas que le roi donnât le signal des applaudissements et réclama sa grâce. Beaucoup de courtisans le connaissaient et avaient noué des relations amicales avec lui. Charles triomphait. Rincourt, qui n'en pouvait plus de ce simulacre, s'en alla sous les regards étonnés.

– Bon, dit Jean II qui restait sur sa faim, est-ce tout ?

– Nenni, Sire. Le meilleur est à venir.

Charles de Navarre savait qu'une bonne fête ne devait se terminer par la mise en déroute de dix piétons qu'on pouvait croire payés pour se faire battre. Il fallait un véritable drame et le rusé Navarrais avait voulu ce premier engagement pour donner plus de force au second.

– Sire, mon beau-père, c'est maintenant l'instant de vérité.

Eauze avait bien compris que la mascarade allait mal tourner pour lui. Il jetait un regard suppliant aux gens qu'il avait connus à la cour, mais les têtes se baissaient. Il était seul devant une foule prête à se réjouir de son martyre. Blanche lui sourit. Charles le narguait comme il savait si bien le faire quand il n'était pas lui-même en danger.

Une rangée de soldats, en cotte de mailles, heaume et chausses de fer, vint se placer du côté de la foule, la lance en avant pour la protéger d'un danger à venir qui la fit frémir. Un énorme ours, que l'on avait rendu enragé en lui entaillant le flanc d'un coup d'épée, sortit de la porte latérale. L'animal, surpris d'être libre, tourna sa grosse tête autour de lui, poussa un puissant rugissement, puis se jeta sur Eauze qui évita la charge. La bête fit demi-tour, Eauze l'agrippa par le cou. Les deux colosses s'affrontèrent ainsi, ne cédant rien. Les spectateurs se taisaient. Le roi se rongeait l'ongle de l'index droit, preuve que le spectacle lui convenait. Blanche fermait les yeux.

Ce fut Eauze qui eut le dessus. L'ours, peut-être affaibli par sa blessure, battit en retraite. L'homme qui avait encore tous ses moyens réussit à prendre l'animal par le revers et le terrassa sous les cris admiratifs des courtisans. L'ours rugit de nouveau, rassembla ses forces, se dressa d'un bond et fondit sur son adversaire. Eauze n'eut pas le temps de s'esquiver. Les griffes lacérèrent son épaule, déchirant la chemise et creusant de larges sillons d'où le sang se mit à gicler. Le roi sourit. Enfin, le spectacle prenait un tour qui lui convenait, pourvu que l'ours n'achève pas trop vite ce présomptueux qui s'était cru invincible !

– Décidément, mon gendre, dit-il sans quitter le spectacle des yeux, vous avez de ces idées de distraction…

Navarre gagnait sur toute la ligne. Il connaissait trop bien son monde pour risquer l'échec.

Eauze avait trébuché et s'était affalé. L'ours revenait à la charge, la foule retenait sa respiration. Blanche, les yeux fermés, entendait les battements rapides de son cœur.

Eauze réussit une fois de plus à éviter le coup fatal, mais il perdait beaucoup de sang et s'affaiblissait. L'ours se jeta de nouveau sur le géant qui roula au sol. Alors Blanche poussa un cri :

– Arrêtez !

Ce cri claqua comme la lanière d'un fouet. Les convives prirent tout à coup conscience de ce qui se passait. Le roi ne bougea pas. Il se délectait de ce sang mêlé, des grognements de l'homme et de l'animal, car Eauze se retenait de grimacer pour ne pas donner sa douleur en spectacle, ayant décidé de mourir en chevalier face à la bassesse de ceux qui l'avaient condamné.

– Arrêtez ! s'exclama Blanche de Navarre. Expédiez cet animal !

Les gardes se tournèrent vers le roi qui abaissa la tête en guise de consentement, car il ne pouvait rien refuser à son ancienne fiancée. Aussitôt, les lances transpercèrent l'ours qui roula à côté d'Eauze dont le visage était couvert de sang. Il ne bougeait plus, on le crut mort. Les serviteurs tirèrent le cadavre de l'animal par la porte d'où il était venu et voulurent en faire autant avec l'homme. Blanche demanda au roi, en le regardant bien dans les yeux :

– Il s'est battu avec courage et mérite une sépulture digne. Je vous demande, Majesté, de me l'abandonner.

– Comme il vous plaira ! dit le roi, d'humeur chagrine car il n'avait pas eu son content de souffrance.

Les valets emmenèrent Eauze. Les spectateurs quittaient le Préau en commentant le combat. Le roi félicita son gendre. Blanche, le visage pâle, toisait Jean II avec un regard plein de mépris.

– Majesté, que devons-nous faire de l'homme ? demanda un valet.

Elle ne sut que répondre. Elle avait demandé ce corps par élan, par écœurement devant autant de barbarie inutile, sans se poser ce genre de question.

– C'est qu'il vit ! dit le valet.

Blanche sursauta, braqua sur le jeune domestique son regard de braise.

– Allons le voir et fais quérir un médecin.

Eauze fut transporté au château des reines à Melun dans un état critique. On le crut mort quand le char arriva en milieu de nuit. Six hommes prirent à bras son immense corps et le portèrent avec précaution sur un lit. Blanche fit appeler son médecin qui arriva de fort mauvaise humeur car elle avait l'habitude de le réveiller à tout moment de la nuit pour des riens, souvent des caprices. Cette fois, elle exagérait vraiment : pourquoi avoir interrompu son sommeil pour un blessé, certes de taille exceptionnelle, mais qui n'avait aucune chance de survivre au-delà de la matinée ? Son pouls était à peine perceptible ! Pressé par Blanche, il sonda néanmoins les blessures et ne trouva que des raisons de retourner se coucher : les artères avaient été sectionnées, des muscles déchirés. Aucun os n'avait été cassé, ce qui laisserait intact un squelette peu ordinaire dont il proposa l'achat à la jeune reine, qui le congédia sur-le-champ.

Elle fit appeler Pierrarde de Beaugelin, une de ses servantes qui occupait une place bien particulière dans son personnel. Officiellement dame de compagnie, Pierrarde avait fort bonne allure, ne ratait pas un office et était considérée comme une sainte par l'abbé Voisin qui officiait à la petite chapelle. Cet abbé était myope et la petite épouse de Charles de Navarre se plaisait à placer sur son passage un tabouret, une chaise, à fermer une porte qu'il croyait ouverte pour le plaisir de le voir s'étaler ou se cogner. Blanche n'était pas la dernière à rire des mésaventures du pauvre clerc qui maudissait la royale gamine.

La myopie et son esprit particulièrement étroit coupaient l'abbé de la réalité. C'était heureux, car cet homme tout dévoué à Dieu aurait pu penser que le diable régnait en maître dans cette maison. Pierrarde de Beaugelin maniait la formule satanique à l'occasion et lisait l'avenir dans les entrailles des poulets. Elle assistait régulièrement, avec Blanche, aux messes noires de maître Lecoff, un ancien prêtre excommunié qui officiait dans une crypte découverte par hasard et dont l'origine remontait sûrement aux premiers temps du christianisme. Les deux femmes s'y rendaient de nuit, par un petit sentier à travers le parc et un escalier près du mur d'enceinte adroitement caché derrière un tas de branches sèches et un entrelacs de ronces.

– Votre hôte est une force de la nature, constata Pierrarde. Dieu et Satan s'y opposent ! L'un et l'autre l'ont voulu aussi fort, aussi grand, aussi impressionnant, mais pour des raisons radicalement contraires. Ce n'était déjà pas un dévot, il le sera encore moins. Son âme est tiraillée entre le blanc et le noir, entre le bien et le mal, mais il vivra.

Blanche poussa un soupir. Pierrarde était sans âge, le visage peu ridé et la peau sèche des femmes qui n'enfanteront plus. Elle gardait cependant un corps attirant et le goût de l'amour, ce qui l'accordait avec les envies secrètes de sa maîtresse.

– Il faut lui donner à boire. Je vais mettre des emplâtres aux herbes sur ses blessures. Il a les mains froides, faites allumer un feu. La chaleur doit revenir dans ce corps.

Elle prononça plusieurs formules, fit le signe de croix à l'envers, se tourna vers le crucifix.

– Enlevez ça d'ici. Il ne doit pas voir ce qui s'y passe.

Blanche décrocha le crucifix et le rangea dans un tiroir, puis revint s'asseoir sur le rebord du lit.

L'énorme main qui pendait était effectivement très froide. Alors, elle l'enfouit sous sa robe, la serra entre ses cuisses en poussant un gloussement de plaisir.

– Vous avez raison, ma fille ! dit Pierrarde. C'est la meilleure manière de le réchauffer.

Blanche ne prit presque aucun repos jusqu'au lendemain. Alors, le malade à qui elle faisait boire régulièrement de l'eau ouvrit les yeux. Il vit, au-dessus de lui, le beau visage de la jeune reine et cela éveilla dans son esprit le souvenir de moments précieux qu'il avait dû imaginer tout au long de son agonie. Blanche lui sourit. Elle était tellement belle dans cette lumière diffuse qui venait de la fenêtre aux carreaux colorés, tellement candide qu'il sourit à son tour.

– Tu revis, mon beau chevalier ! Voilà que tu revis !

Elle joignit les mains, leva les yeux au plafond, mais ce n'était pas Dieu qu'elle remerciait.

– Où suis-je ? murmura Eauze dont les souvenirs revenaient pêle-mêle à sa mémoire.

Il était encore devant la foule, coupable dont on voulait faire de la mort un spectacle réjouissant. Il revoyait le visage angélique du roi de Navarre, ceux du roi de France et de tous ces gens assemblés. L'ours se lançait contre lui, il grimaça.

– J'ai voulu que tu vives ! lui murmura Blanche à l'oreille. Ils t'avaient condamné, je t'ai sauvé. Dans quelques jours tu seras sur pied.

Les pommades que Pierrarde avait préparées séchaient ses blessures. Elle lui avait fait avaler plusieurs potions qui avaient relancé son cœur.

– Je me souviens… dit-il encore. Je n'ai pas trahi le roi de Navarre. Il se trompe. Savez-vous ce qu'est devenue ma femme, la comtesse d'Anjou ?

– Non, nous ne savons rien. Charles est ainsi, il aime détruire ce qu'il construit. Repose-toi, beau chevalier. Je vais te faire apporter à manger. Dès que tu pourras bouger, tu iras dans un endroit où tu ne seras pas constamment surveillé par cette vieille pie de reine Jeanne et son confesseur. Je les déteste.

Trois jours plus tard, Eauze pouvait s'asseoir sur son lit. Blanche décida qu'il était temps de l'emmener loin de ce château où tout le monde conspirait contre tout le monde. Il fut conduit dans la maison discrète que la jeune reine avait achetée en bordure de forêt, là où la veuve de Charles IV n'avait aucun espion.

Alors Blanche se sentit plus libre. Pierrarde et Lecoff purent officier sans se cacher, même si l'effet d'une prière au diable était moindre dans une maison ordinaire qu'au fond d'une antique crypte pleine d'âmes oubliées. Geoffroi d'Eauze laissait faire ces simagrées auxquelles il n'apportait pas plus de crédit qu'à celles de l'Église. Il n'avait pas le sens de la prière : Dieu était satisfait quand il était en accord avec lui-même.

Blanche préférait Satan parce qu'il ne lui interdisait pas d'avoir du plaisir, de rêver à une autre vie. À mesure qu'Eauze se rétablissait, la jeune femme passait de plus en plus de temps avec lui. Elle s'allongeait à côté de lui, le frôlant, haletante de désir. Lui ne bronchait pas. Celui qui s'était fait une gloire de pouvoir éreinter trois femmes en une nuit restait de glace : il pensait à Eugénie, devenue l'inaccessible comtesse d'Anjou.

L'été 1354 fut chaud et sec. Eauze faisait péniblement sa promenade dans le parc, aidé par Blanche qui ne le quittait pas. À l'automne, il put se déplacer seul et retrouva son énorme appétit. Son corps, plus que son esprit, entendit alors les propos enflammés de celle qui l'avait sauvé.

– Mon doux seigneur, laissez-vous aller. Je suis là pour vous servir. Je vous en supplie, ne me rejetez pas.

Et il ne la rejeta plus. Blanche était au paradis. Après les déconvenues de son mariage, elle avait enfin un homme à la hauteur de ses désirs, un homme qui la laissait épuisée, mais ravie de plonger dans le sommeil.

Les conjurés des Lys surveillaient l'agité de Navarre qui changeait d'avis d'un instant à l'autre et se relayaient à la cour d'Évreux. Ils étaient aussi présents à la cour de France et avaient assisté à la réconciliation des deux rois et au divertissement qui avait clôturé les fêtes.

Le gros Jean d'Harcourt en voulait au petit roi de lui avoir menti. Mainemarres, en tant qu'ancien ami de Raoul de Brienne, avait réussi à se faire admettre dans l'entourage du soupçonneux Navarrais qui savait si bien multiplier les fausses pistes pour égarer tout le monde. Un garde ivrogne lui avait appris qu'Eugénie, accusée de trahison, avait été enfermée dans une cellule humide des caves du château. Une servante l'assura que la comtesse d'Anjou avait été donnée à deux bordeliers qui avaient pour mission de la livrer au Valois.

Aussitôt, Jean d'Harcourt avait dépêché ses hommes sur la route de Paris où ils furent arrêtés par la peste. Ils retrouvèrent les roulottes de Beau le Pottier, mais elles étaient vides depuis longtemps. Les traces d'Eugénie se perdaient à Meulan où la maladie avait fait de nombreuses victimes. *C'est une catastrophe*, écrivait-il à Pleisson et à Varonne. *Si la comtesse a succombé à la peste, nous n'avons plus aucun espoir d'arriver à nos fins*.

Varonne demanda à ses astrologues d'examiner le ciel d'Eugénie. Le cardinal connaissait sa date de naissance pour avoir vu l'acte conservé au monastère de Saint-Germain-en-Laye et entendu la confession de Jourdan d'Espagne quelques années plus tôt. Il ignorait l'heure exacte, ce qui laissait une certaine imprécision aux révélations du ciel. Une certitude ressortait cependant des recherches astrologiques : elle était vivante ! La conjonction de Mercure et de Saturne indiquait une longue vie, seul le feu de la purification pouvait lui être fatal.

Aussitôt, le cardinal demanda à Jean d'Harcourt d'enquêter sur les bûchers allumés dans la région de Meulan pendant la dernière épidémie de peste. Il en dénombra trois. Des Juifs avaient été brûlés, quelques sorcières, mais il fut impossible d'en savoir plus. *Prions le ciel qu'Eugénie ait échappé aux flammes des dévots,* s'exclamait Jean d'Harcourt dans une lettre à Varonne. *Mes hommes restent sur le terrain et continuent de poser des questions. L'ennui, c'est qu'ils n'ont jamais vu la comtesse et peuvent la croiser sans la reconnaître.*

À Melun, au château des reines, la vieille Jeanne comprenait, au comportement de Blanche, que le chevalier d'Eauze était plus qu'un protégé, qu'une sorte d'animal à sauver avant de lui rendre la liberté. La jeune veuve ne se mettait plus en colère et avait des bontés coupables envers le personnel.

Elle s'absentait tous les jours, et oubliait parfois de rentrer le soir. Jeanne pensa qu'il était temps d'alerter le beau Charles de Navarre.

Elle lui envoya un billet pour l'avertir du comportement de sa sœur. Charles entra dans une de ces colères dont on ne savait si elles étaient sincères ou feintes. Il jura de faire pendre Eauze qu'il croyait mort depuis longtemps et enfermer sa sœur dans un couvent.

– Elle a le cul de ma grand-mère qui était chaude putain ! s'écria-t-il en guettant l'effet de ses paroles. Qu'on selle les chevaux, qu'on prépare une escorte, je pars aussitôt pour Melun mettre de l'ordre dans cette famille de ribauds !

Mainemarres, qui espérait retrouver Eugénie par l'intermédiaire de Geoffroi d'Eauze, chercha à tempérer les velléités du roi.

– Sire, votre sœur vit comme une recluse et elle n'a pas encore vingt-cinq ans. N'oubliez pas que c'est elle qui vous a arrangé avec le roi de France et vous a permis d'obtenir de si belles positions autour de Paris.

Mainemarres, grand et maigre, dominait Charles de deux têtes et semblait être le maître qui donne une leçon à son élève. Navarre, probablement parce qu'il était toujours le plus petit, voulait avoir le dernier mot.

– Ma sœur ne pense qu'à ses fesses et voilà qu'elle se fait monter par ce félon ! Préparez mon cheval et mon escorte.

Charles le Mauvais était rancunier, surtout quand il avait été injuste. Il éprouvait aussi pour sa sœur une affection perverse qui le rendait jaloux comme un amant éconduit.

– Eauze a assez abusé de ma bonté. Je vais le faire pendre sur-le-champ.

Jacques de Mainemarres s'était concilié Blanche de Navarre dont il connaissait l'hostilité aux Valois, mais il ne lui accordait aucune confiance car elle avait, comme son frère, le goût de la trahison et du mensonge. Il réussit à se faire admettre dans l'escorte du roi.

Le voyage fut éreintant, car Charles, excellent cavalier, était si léger qu'il ne fatiguait que peu ses chevaux. Ils contournèrent Paris par Étampes où ils passèrent la nuit. Le lendemain, ils étaient à Melun en fin de matinée.

Charles, qui aimait les effets de théâtre et surtout montrer sa puissance, entra dans le château des reines comme s'il était chez lui, ce qui vexa la vieille Jeanne. Il demanda à voir Blanche qui n'était pas là. Jeanne lui indiqua la maison où la jeune femme passait ses journées avec son amant. Bien encadré par de solides chevaliers, le petit roi, qui était poltron, s'annonça en faisant sonner les fers de ses chaussures sur les dalles de l'entrée. Les domestiques s'affolèrent en voyant arriver un aussi important personnage : le ménage n'était pas fait, leur maîtresse était encore au lit. Navarre se fit indiquer la chambre par une lingère tremblante qui ne savait pas si elle devait répondre.

Le Mauvais avait fait tellement de bruit que Blanche fut avertie au moment où il entra dans la cour de la maison. Eauze voulut fuir car sa condition de modeste chevalier ne l'autorisait pas à croiser le fer avec son ancien maître.

– Surtout pas ! dit Blanche. Je me charge de tout. Ne bouge pas.

Elle passa une longue robe de chambre et marcha vers son frère. Il faisait froid dans cette maison où l'on n'allumait du feu que dans deux pièces.

Blanche frissonna, prit son air le plus sérieux avant de paraître devant son frère. Elle marqua sa surprise et se jeta dans ses bras.

– Mon cher, quel bonheur de vous voir ici, ce matin. Je ne m'attendais pas à une aussi agréable visite !

Charles fut désarmé. Il espérait de sa sœur une belle rebuffade dont il aurait pu se tirer avec brio. Pourtant, devant ses hommes, il devait se montrer déterminé.

– Vous abritez ici mon ennemi que je croyais mort. Je vous prie de me le livrer sinon j'irai le chercher moi-même.

Blanche restait au milieu du couloir et empêchait Charles d'avancer. Elle lui prit la main.

– Nous verrons cela plus tard. Venez, nous avons à parler avant tout.

– D'abord, faire pendre ce larron !

– Mon frère, vous ne pendrez personne. Vous êtes chez moi et vous allez m'écouter. M. d'Eauze ne cesse de se lamenter et de réclamer votre pardon. Vous devez vous montrer magnanime. S'il vous a fait du tort, c'était par ignorance, car il nie avoir voulu vous nuire. Il souhaite se radouber avec vous !

– Pas question !

– Sire, insista Mainemarres, nous ne devons pas nous tromper d'ennemi et nous ne serons jamais de trop pour vous servir. Ce chevalier est d'une force prodigieuse et peut vaincre une escouade à lui seul. Conditionnez votre pardon, mais ne le refusez point. Qu'il le gagne sur le champ de bataille !

Le rusé Mainemarres venait d'offrir au roi le moyen de se tirer d'affaire sans perdre la face. Il ajouta :

– Et puis, n'oubliez pas que la comtesse d'Anjou vous a échappé. En conservant son mari dans votre cour, vous pouvez espérer la retrouver !

Ce dernier argument fut le plus convaincant. Charles de Navarre regrettait de ne pas avoir fait pendre Eugénie et avait, à son tour, dépêché ses meilleurs espions sur le terrain. Il gonfla sa poitrine, vraiment étroite même si elle était bien proportionnée à sa taille, et déclara :

– Soit, je vais me montrer une fois de plus d'une bonté qui frise la faiblesse, mais tant pis ! Je préfère cela à perdre un bon combattant. Il est vrai, M. d'Eauze sait se battre et sa force est exceptionnelle. Je considère qu'en affrontant l'ours, il a été puni. Il devra montrer sa loyauté dans mon camp !

Blanche lui sauta de nouveau au cou, l'embrassa avec effusion.

– Mon frère, vous ne le regretterez pas, comme vous n'avez jamais eu à regretter ma collaboration. J'ai, comme vous le savez, quelques pouvoirs de femme qui peuvent, si c'est nécessaire, amener l'ennemi dans le collet qui l'étranglera. Venez. Mon hôte souhaite vous saluer et faire amende honorable.

Charles se laissa emmener dans le couloir jusqu'à la chambre où il trouva Eauze au lit. Par un de ces élans dont il était coutumier, feints dans leur exagération mais qui avaient aussi une part de sincérité, il sauta au cou du convalescent à la manière d'un enfant. Il aimait comme il haïssait, passant d'un extrême à l'autre, intraitable quand il s'agissait de régler des comptes, mais aussi capable d'embrasser sincèrement celui qu'il allait faire pendre le lendemain.

– C'est vrai que je t'aime ! dit-il. Je t'en ai voulu à cause de l'amitié que je te porte. Tu m'as rendu très malheureux.

Eauze savait qu'il ne devait pas s'y fier et surtout ne pas oublier qu'à la première occasion, son ami le ferait tuer.

– Sire, vous m'en voyez très peiné. Mon bras reste à votre service et je brûle d'avoir l'occasion de vous montrer mon dévouement.

Blanche, qui avait gagné la partie, envoya son majordome ordonner aux cuisiniers de préparer les plats que son frère préférait : terrine d'anguille et esturgeons de Seine en gelée.

Navarre resta jusqu'au lendemain. Blanche en fut contrariée car elle ne pouvait plus consacrer tout son temps à son malade. Il partit avant le jour pour rejoindre le dauphin Charles à Vincennes. L'idée d'un nouveau complot s'était formée dans son esprit qui ne manquait pas d'imagination.

6.

Durant l'été et l'automne 1355, le Prince Noir lança une offensive en Languedoc. Il s'engagea dans l'Armagnac à la tête de ses chevaliers, ravagea Langon, Bazas, Castelnaud. Les châteaux se rendaient, les prévôtés donnaient les clefs des villes pour éviter le massacre. Au début, l'Anglais se montra généreux, puis il profita de sa supériorité pour amasser du butin, incendier les manses et les monastères, piller les villes. Le Prince Noir, ne trouvant aucune réelle résistance, poursuivit sa chevauchée en Languedoc, mit le siège devant Carcassonne dont les bourgeois défendirent chaque maison, chaque rue avec acharnement, mais sans résultat. En novembre, Narbonne subit le même sort.

De Paris, des troupes commandées par le maréchal Jean de Clermont, un proche de Jean II, prirent la direction du sud. Guy de Rincourt était à la tête d'une garnison de mille cavaliers, cinq mille hommes de pied. L'armée arriva en novembre dans le Midi et se joignit à celle du connétable de Bourbon qui venait de Beaucaire. Ils réussirent à dissuader les Anglais de poursuivre leurs ravages et sauvèrent ainsi les villes qui n'avaient pas encore été attaquées. Le Prince Noir abandonna les places conquises qu'il avait ruinées, puis se dirigea vers Bordeaux, ce qui ne l'empêcha pas de flâner, de laisser ses hommes piller les châteaux et les petites villes qui se trouvaient sur leur route. Les Français engagèrent la poursuite, mais le Prince Noir refusa l'affrontement.

Ses batailles, en refluant vers l'ouest, traversèrent la Gascogne à la fin du mois de novembre. Il pleuvait ; le froid commençait à s'installer. Pendant les journées minuscules, la lumière restait si faible que, de la cour d'Aignan, on ne voyait pas la colline des Pies à une centaine de brasses.

Eude d'Aignan n'aimait pas cette saison humide des premiers frimas. Son corps voûté ressentait toutes les douleurs de ses vieilles articulations. L'hiver arrivait et, une fois de plus, la récolte n'avait pas été suffisante. Depuis longtemps, l'argent du cheval de Matthieu, qu'il avait vendu, était dépensé. Il faudrait pourtant tenir jusqu'au printemps suivant avec de faibles réserves de blé que les charançons gâteraient si on ne les brassait pas constamment, des pois, des fèves et des châtaignes sèches, « los sacots », comme on les appelait en langue d'oc. Ces châtaignes fournissaient une farine sucrée qui convenait à toutes sortes de préparations et tenait l'estomac, mais le pays n'était pas aussi favorable à ces arbres bénis du ciel que les régions sans craie des montagnes du Sud ou les collines d'Aquitaine. Quand il était enfant et que les routes étaient encore sûres, des convois allaient acheter le précieux fruit à Lourdes ou au-delà de Montauban, dans le Rouergue. Depuis que les Anglais et les voleurs infestaient le pays, il fallait se débrouiller avec ce qu'on avait chez soi.

La mort de dame Éliabelle avait beaucoup affecté Eude d'Aignan. Les servantes ne savaient pas préparer correctement sa soupe de navets et leurs bouillies d'avoine n'avaient pas le goût délicat de celles de son épouse. Il s'ennuyait, surtout ; sa tristesse imprégnait les vieux murs.

Jean, son fils, ne s'était pas mieux consolé de l'absence de sa mère. Les jeunes vachers s'en méfiaient car, ne redoutant plus les réprimandes d'Éliabelle, il n'hésitait pas à se servir de son bâton. Seul Matthieu osait lui tenir tête.

À la mort de son jeune frère, quand Matthieu revint à Aignan avec le cheval que lui avait donné sa mère, l'adolescent ne rêvait que de prendre les armes, se battre contre les Anglais, contre les routiers, contre n'importe qui, mais il voulait se battre, prouver qu'il était bien vivant et ne se laisserait dominer par personne. Comme lui, son ami Johanet Tisserant rêvait de chevalerie, de batailles et d'exploits. Les deux garçons s'entraînaient avec des armes en bois et ne manquaient pas une occasion de participer aux bagarres qui opposaient les jeunes gens des hameaux voisins. Un lièvre volé, une fille convoitée et c'était l'aubaine d'en découdre, de donner des coups, d'exprimer cette force nouvelle qui remplissait leurs jeunes corps d'ardeurs inconnues.

Matthieu ne pardonnait pas à son oncle d'avoir vendu son cheval et quand il sut que les Anglais ruinaient le Languedoc, il décida de partir à la rencontre de l'armée française, mais comment s'y faire accepter ? C'était l'automne, les travaux des champs le retenaient tard le soir et le sortaient du lit tôt avant l'aube. Pourtant, un matin, il dit à son ami Johanet :

– On ne va quand même pas laisser les Anglais nous massacrer !

Après la mort de Perrine, Johanet avait encore cinq jeunes frères et sœurs. Sa mère avait été blessée à une jambe par un coup de pied de mule et marchait difficilement. Son père buvait beaucoup de gnôle et, le soir venu, s'endormait sur un coin de la table. Les derniers des enfants, deux fillettes sales et pouilleuses, montraient, par leur mine de plâtre et leurs visages déjà ridés, qu'elles ne mangeaient pas tous les jours à leur faim. Johanet travaillait dur pour nourrir tout le monde. Il était particulièrement costaud, presque aussi large et aussi puissant que Matthieu, et il redoutait qu'une fois parti, ses frères n'aient plus rien à manger.

– Écoute, insistait Matthieu, chez moi c'est pareil, mon oncle est perclus de douleurs, mais je ne le supporte plus. Il faut que je parte !

Johanet pensait à sa mère, à ses frères et sœurs livrés à un ivrogne. Comment accepter de se désolidariser de cette misère pour aller tenter l'aventure ?

– Tu n'es pas noble, d'accord ! constatait Matthieu, mais cela ne se voit pas sur ton visage. Tu as aussi belle tournure que beaucoup de petits barons. Si tu sais te battre, tu gagneras ta bannière sur le champ de bataille. Comment crois-tu que mes ancêtres sont devenus nobles ? On dit, dans ma famille que Louis Ier d'Eauze a battu, en 729, une armée de Sarrasins. Il en a tué à lui seul plus de cinquante. C'était un paysan, mais tellement costaud qu'il a été anobli et qu'il a eu un fief à protéger. Parce que les chevaliers ont pour obligation de défendre les faibles. Regarde mon oncle qui est noble ! En a-t-il l'allure ? Il se dit trop pauvre pour devenir chevalier, moi je pense qu'il n'en a jamais eu envie. L'argent ne donne pas le courage !

Quand les troupes du Prince Noir, poursuivies par l'armée française, passèrent à quelques lieues d'Aignan, Matthieu d'Eauze n'y tint plus. Cette fois, il ne laisserait pas passer l'occasion. Il alla trouver son ami. Le jour se levait, très clair sur les collines figées.

– C'est le moment. Viens, on va aller voir l'armée en campagne. Il n'y a rien à faire aujourd'hui, profitons-en !

Johanet se trouvait dans la grange où était entreposé le foin pour la vache, l'âne et les chèvres. Assis sur un tabouret, il tressait des tiges d'ail en pensant à Éliette, la fille du charron de Bonnelieue. Éliette avait seize ans et toute la beauté d'une reine. Matthieu et Johanet se l'étaient disputée pendant l'été, mais finalement la jeune fille avait préféré Johanet. Sa mère lui avait enseigné la méfiance envers les nobles qui ne se mariaient qu'entre eux, car bien sûr, Éliette ne pouvait fréquenter un jeune homme qu'en prévision du mariage. Johanet ne savait pas ce qu'il voulait, le bonheur de serrer la jeune fille dans ses bras, de promener ses lèvres sur ses joues lui suffisait.

– Viens, insista Matthieu. On dit qu'il y a plus de cinq mille chevaliers et dix mille hommes de pied, tu te rends compte ? Ça doit faire une belle armée.

– Non, je ne veux pas venir. Je sais que je n'aurai plus la force de faire demi-tour. Ma mère a besoin de moi !

Johanet pensait à Éliette qui l'attendrait vers la mi-journée au bord de la rivière où elle emmenait ses chèvres brouter les dernières feuilles des noisetiers.

– Eh bien, fais comme tu veux ! s'écria Matthieu en colère et s'éloignant d'un pas rapide.

Il avait conscience de suivre son destin, comme Johanet suivait le sien. Le sang noble n'avait pas la même consistance que le sang de vilain. Johanet était un excellent garçon, mais il n'imaginait pas sortir de sa condition. C'était un laboureur et malgré des dispositions certaines, il ne serait jamais un homme d'épée.

Finalement, Matthieu était heureux de fuir seul. Il pouvait plus facilement se laisser aller à ses envies. Johanet avec sa raison de grande personne, son bon sens, l'aurait empêché de commettre les folies dont il rêvait depuis longtemps. Sa vie ne pourrait pas se passer ici, dans le château délabré, à ressasser, comme son oncle, ses origines illustres. Il quittait Aignan en se disant qu'il n'y reviendrait qu'armé chevalier et détenteur d'un fief. À presque quinze ans, il se sentait capable des plus grands exploits. Né pour la guerre, il n'avait vécu que pour cet instant. Il courait en sifflant dans la campagne qui se réveillait. Le soleil faisait fondre le givre, le jeune homme n'avait pas froid. Il se dirigeait vers Eauze, par une habitude contractée au fil des années. Souvent, ses pas le conduisaient au château de ses ancêtres qui avait été pris et détruit par des pillards en 1352. Le donjon avait été éventré ; il n'en restait que des pans de mur où les villageois venaient chercher les pierres de leurs propres constructions. La ville d'Eauze repliée sur elle-même à l'intérieur de ses murailles toujours plus hautes se passait fort bien de son seigneur. Les bourgeois avaient appris à se battre et n'avaient plus besoin de la vieille forteresse pour assurer leur sécurité.

Chaque fois qu'il en avait le temps, Matthieu d'Eauze venait s'asseoir sur le bord du fossé comblé à l'endroit même où se trouvait autrefois le pont-levis. Les colonnes de pierre, les tours de garde existaient toujours, les poutres et les planches avaient été volées au fil des hivers. Le jeune homme passait là de longues heures à penser aux siens, à ses ancêtres, et surtout à son père. Il lui en voulait de ne pas être revenu le chercher et redoutait qu'il ne fût mort. Il aurait voulu le retrouver, s'expliquer, se mettre en colère car sa nature était belliqueuse, et se réconcilier aussitôt avec lui.

Ce jour-là, il ne s'arrêta pas. Il demanda aux vilains s'ils avaient vu l'armée du roi de France. Les vilains secouèrent la tête avec effroi : aux premiers bruits de la longue cohorte en marche, ils iraient se cacher à l'écart, car même française, l'armée restait un ramassis de pillards, de violeurs qui ne laissaient rien intact sur leur passage.

Le jeune homme erra une partie de la journée quand, du sommet d'une colline, il vit plusieurs cavaliers chevaucher vers lui. Il se montra, inconscient du danger. Les cavaliers arrivèrent à sa hauteur, arrêtèrent leurs chevaux, curieux de ce jeune garçon à la carrure peu ordinaire. Son visage était encore celui d'un enfant, pas un poil de barbe ne poussait sur ses joues qui avaient gardé une rougeur poupine, mais ses épaules étaient déjà celles d'un homme robuste.

– Que cherches-tu ? lui demanda un des cavaliers en langue d'oïl.

Matthieu, qui ne connaissait que la langue d'oc, ne comprit pas. Sa tante lui avait appris à lire et à compter, mais seulement le strict nécessaire.

– Qui es-tu ? demanda un autre cavalier dans la langue du pays.

Ce cavalier, Matthieu le regarda longuement. Sa tête lui disait quelque chose. Il ne savait pas où il l'avait vue, mais les traits de cet homme étaient gravés dans sa mémoire, ce front haut, ces joues creuses, ce nez assez fort un peu aquilin et surtout ces yeux fixes qui entraient en lui, comme pour chercher les pensées les plus secrètes.

– Je suis Matthieu d'Eauze, fils de Geoffroi d'Eauze. Je veux devenir soldat, puis chevalier.

L'homme mit pied à terre, fixant curieusement le jeune garçon qui en était agacé. Il portait sous sa cotte de mailles une chemise blanche dont les bouts dépassaient au col et à la ceinture. Il demanda dans la langue du pays qu'il parlait sans accent :

– Les Anglais ont-ils causé beaucoup de ravages ?

– Les Anglais et les malfaiteurs ! Je voudrais être chevalier pour leur faire la guerre et les chasser de nos terres !

– Tu veux vraiment être chevalier ?

– Mon sang est noble. Il me semble que je vous ai déjà vu.

– Tu m'as l'air bien solide. Dis-moi, Matthieu qui vit dans la ferme d'Aignan, connais-tu Valence et son château ?

Matthieu fronça ses sourcils noirs déjà épais. Comment cet étranger savait-il qu'il vivait à la ferme d'Aignan ?

– Je connais le château de Valence qui appartient à Guy de Rincourt et c'est mon ennemi, puisqu'il a détruit le château d'Eauze. Rincourt est parti pour Paris. On dit qu'il a fui sa femme qu'il ne supportait plus.

– Tu as la langue bien pendue, jeune Eauze. Je suis Guy de Rincourt. Regarde, c'est moi qui commande ces hommes que tu vois en dessous de nous.

Matthieu vit le long serpent de chevaux et d'hommes qui avançait sur la petite route entre les collines, près de la rivière.

– Ainsi tu ne m'aimes pas. Je te comprends, mais tu ne sais pas tout. Allez, rentre chez toi, la nuit arrive et les chemins ne sont pas sûrs.

Matthieu d'Eauze se planta devant l'homme qu'il avait appris à détester tout au long de son enfance. Maintenant, il hésitait et avait envie de s'enfuir malgré la tentation.

Guy de Rincourt eut un léger sourire. Il pensa à Eugénie qui avait disparu : Matthieu serait le meilleur moyen pour la ramener vers lui. Et puis, le garçon était déjà plus grand que lui, quelques années d'apprentissage en feraient sûrement un très bon chevalier.

– Mon oncle a vendu mon cheval, mon cousin est une sombre brute sans cervelle, poursuivit Matthieu comme s'il se parlait à lui-même. Ma tante qui aurait pu me retenir est morte l'autre année.

– Alors, viens. Tu serviras le roi de France !

Le jeune garçon n'eut pas la force de dire non à celui qu'il avait cessé de détester à l'instant où il l'avait vu à la tête d'une aussi imposante armée.

Il avait rendez-vous avec son destin…

[illegible]

[illegible]

[illegible]

[illegible]

[illegible]

[illegible]

[illegible]

7.

Eugénie et François d'Auxerre poursuivaient leur route par petites étapes. François n'était pas pressé. Il allait commettre un acte profondément symbolique qui lui vaudrait d'être écartelé, tenaillé, mais la torture et la mort ne l'effrayaient pas. Il donnerait sa vie pour la gloire de Dieu, pour une nouvelle humanité, et serait ainsi un martyr, le pilier d'une Église renaissante.

À Carpentras, ils apprirent qu'Innocent VI était à la cour de l'empereur d'Allemagne, reçu en grande pompe par cet ennemi avoué de Jean II. Le dauphin Charles devait rencontrer Sa Sainteté au mois de septembre ; le Saint-Père qui ne faisait confiance à personne pour négocier les grandes affaires des États passerait par Paris en novembre. Il n'y resterait que quelques jours, puis regagnerait Avignon avant les grands froids.

– Eh bien, nous irons à Paris ! décida stoïquement François.

En l'absence du Saint-Père, Eugénie ne pouvait s'installer à Sainduc en toute sécurité, mais son errance avec ce jeune illuminé avait assez duré. Elle décida pourtant de le suivre jusqu'à Vézelay pour rejoindre Pleisson, car ses amis devaient être inquiets sur son sort. Si elle ne leur avait fait aucun signe, c'était pour ne pas alerter les espions de Navarre et du Valois qui devaient la chercher activement. Il était temps de reprendre la lutte.

– Nous passerons par le Morvan! précisa-t-elle.

François était anxieux. Jusque-là, le jeune moine s'était cru insensible aux faiblesses humaines, totalement détaché des plaisirs de ce monde, et il découvrait que son indifférence cachait des serpents. Il avait voulu faire ce voyage du sacrifice en compagnie d'une femme pour montrer la force de sa foi et sa détermination, mais pourquoi Dieu, qui l'accompagnait partout, avait-il choisi Eugénie qui était la tentation même? Elle se contentait de vivre à côté de lui sans jamais prononcer un mot plus haut que l'autre, mais chacun de ses gestes, chacune de ses paroles était une provocation. Il lui arrivait, en effet, pour se sentir moins seule, de parler en marchant. Un jour, François lui dit son âge.

– Six ans de moins que moi! précisa Eugénie. Vous êtes encore un enfant.

Malgré lui, la curiosité le poussait à poser des questions alors qu'il aurait dû n'avoir de pensées que pour Dieu et pour l'acte qu'il allait commettre.

– Comment se fait-il que vous connaissiez parfaitement la langue d'oc? lui demanda-t-il un soir.

– Je suis de Gascogne! Je vous ai dit que mon père était troubadour, chanteur et musicien.

François d'Auxerre se concentra sur une prière, mais les mots, les phrases traversaient son esprit sans s'y arrêter, il n'entendait que cette voix de femme qui le harcelait.

– Et votre mère?

Eugénie sourit et regarda longuement le jeune homme qui se tenait devant elle. Ils se trouvaient dans une auberge au bord d'une rivière au courant rapide et rageur. Ce soir, le rémouleur n'avait pas envie d'aller marcher dans les rues en poussant sa meule.

– Ma mère ? fit Eugénie, le regard perdu sur les collines que l'automne faisait flamber de couleurs vives. Ma mère, je ne peux pas vous en parler.

Le mystère qui entourait sa compagne piquait la curiosité du jeune moine. Il l'avait bien observée et avait compris que l'élégance de ses pas, sa stature droite et un peu hautaine, sa manière de parler indiquaient sa haute origine. C'était bien là la question.

– Votre secret doit être de la plus grande importance pour qu'une dame de votre condition accepte de se cacher en compagnie d'un moine insignifiant. Car vous vous cachez, n'est-ce pas ?

Elle ne répondit pas, refusant une fois de plus de se dévoiler. François était persuadé qu'Eugénie ne s'était pas trouvée sur son chemin par hasard, Dieu envoyait la dernière épreuve à son serviteur avant d'en faire un saint.

Sa nature de femme le hantait. Pendant ses lunes, Eugénie devait se laver. Il sortait de la pièce, mais au retour, une curieuse odeur flottait dans l'air. Il restait des heures les yeux ouverts dans le noir, sans pouvoir trouver la paix. Dans la journée, quand ils cheminaient à côté de leur mule, le jeune religieux prenait un plaisir coupable à la regarder marcher ; ses yeux s'arrêtaient longuement sur la poitrine qui pointait et bougeait à chaque pas. Il se découvrait homme de chair avec des envies que l'ascétisme n'avait pas vaincues.

Il devait réagir. Un soir, il demanda à Eugénie de sortir, sa présence le distrayait dans sa prière. Elle alla porter à boire à leur mule qui, faute de place dans l'écurie, devrait rester dans la cour de l'auberge. Elle resta un long moment avec l'animal. La nuit était tombée, calme dans cette région du Massif central désertée depuis la peste. Il faisait assez frais, elle décida de rentrer.

François d'Auxerre était à genoux devant la croix, le torse nu. Il se frappait le dos avec un fouet aux lanières cloutées. De larges blessures, d'où coulait le sang, entaillaient sa peau. Il ne broncha pas quand la porte s'ouvrit. Les lanières s'abattirent sur son épaule. Eugénie se précipita vers le flagellant, lui arracha le fouet des mains.

– Arrête ! Jamais Dieu n'a demandé à ses enfants de se faire du mal pour rien !

– Ce n'est pas du mal pour rien. En contraignant le corps, en l'obligeant à supporter la douleur, c'est l'âme que l'on renforce. Le corps cesse d'imposer ses désirs et redevient ce qu'il ne devrait jamais cesser d'être, le support de l'âme. La douleur le remet à sa place !

– Que veux-tu de plus ? Tu vis dans la stricte observance des principes de ta religion, tu es un homme de Dieu loin de toute tentation !

– Qu'en savez-vous ? demanda François.

Les sages avaient raison de considérer la femme comme un être impur, comme le messager du diable sur cette terre ! Eugénie n'avait rien fait, rien dit de particulier, pourtant elle hantait le jeune religieux, elle ne cessait d'occuper ses rêves, de remplir son corps de désirs. Il s'était cru très fort, et voilà qu'il cédait au mal chaque jour un peu plus !

– Nous allons faire des étapes plus longues, nous ne nous arrêterons pas dans les villes. Tant pis si on nous repère. Nous devons arriver à Paris le plus tôt possible.

– Tu veux toujours tuer le pape ?

– Je vous ai tout dit. Vous pouvez me faire arrêter et pendre sur-le-champ. Vous, vous gardez votre secret.

Eugénie prit un morceau de tissu qu'elle mouilla dans la cruche posée sur la table et se mit à éponger le sang sur le dos de François qui eut comme un geste pour l'écarter, un léger mouvement des épaules et des bras, puis se laissa faire.

– J'ai confiance en toi. Mais tu vas tuer le pape, c'est pour cela que je ne peux pas te parler. Ils vont te passer à la question et je ne voudrais pas me trouver mêlée à cela. Parce que mes ennemis ne doivent pas savoir que je suis encore vivante.

Il se leva. Il était grand et bien fait. Eugénie eut envie de le prendre dans ses bras.

– Tu n'es qu'un jeune homme ! ajouta-t-elle. Presque un enfant. Je me demande si, dans dix ans, tu ferais la même chose qu'aujourd'hui. Le temps, l'âge donnent de la sagesse.

– N'est-ce pas une action sage que de tuer le chef de l'Église dévoyée, de s'en prendre à ces suppôts de Satan qui profitent des paroles saintes, du sacrifice de Jésus, pour s'enrichir, pour dominer les pauvres ? C'est pour tous les hommes que je vais agir, surtout pour les miséreux que l'on doit enfin écouter.

– Tu es généreux, François. Tu mérites de vivre heureux.

– Mon bonheur, c'est de donner ma vie pour ma foi.

Elle n'insista pas. Ils soupèrent sans un mot, puis François se coucha sur le plancher, laissant à Eugénie la paillasse. Quand il eut soufflé la torche qui crépitait et sentait mauvais, quand il n'y eut dans la pièce que la lumière de la petite lampe à huile que l'on allumait chaque soir au-dessus du lit, elle dit :

– Viens près de moi. Ce n'est pas un péché d'éprouver le besoin de sentir près de soi un être généreux.

L'argument dut le convaincre. Il s'allongea près d'Eugénie qui le sentit alors tout tremblant.

– N'aie pas peur. J'ai simplement envie que tu saches qu'il n'y a entre nous aucune équivoque.

Il ne répondit pas. Il fit semblant de dormir mais resta éveillé toute la nuit, n'osant pas bouger, respirant à peine, comme un oiseau de mer qui bute contre une falaise et n'a pas assez de force pour s'élever et la franchir.

Ce fut elle qui bougea la première et se leva sans un mot, sans regarder François qui fermait les yeux. Elle prit le pot d'aisance et alla dans un coin de la pièce où la lumière de la petite lampe n'arrivait pas. François se leva sur les coudes et se mit à genoux, murmurant une prière. Eugénie apporta le pot près de la paillasse. Depuis qu'ils étaient ensemble, ces contraintes corporelles ne les gênaient pas. Au début, François était si proche de Dieu qu'il les ignorait. Ce matin-là, elles le rendaient enragé.

– Vous ne pouvez pas attendre que je sorte !

Eugénie comprit qu'il était irrité contre lui-même. Ils rangèrent leurs affaires en silence, descendirent dans la salle commune où des marchands buvaient du bouillon avant de partir. L'arrivée d'Eugénie faisait toujours le même effet sur ces voyageurs habitués aux servantes et aux ribaudes, nombreuses dans ces lieux de passage. Sa beauté, mais surtout sa dignité, les étonnaient. Tout son être dégageait une impression de grandeur, de supériorité, de noblesse qui la rendait étrangère à ce genre d'établissement.

Il avait fait froid, les gens marchaient très vite dans les rues étroites et sombres. Eugénie et François détachèrent leur mule du tilleul et se dirigèrent vers la porte qu'on avait oublié d'ouvrir malgré les appels des marchands à l'extérieur. L'endroit était paisible ; la maréchaussée faisait l'économie de gardes. Les herses étaient abaissées le soir et personne ne s'en occupait jusqu'au lendemain. Ce manque de surveillance ne dérangeait pas les habitants qui se sentaient en sécurité.

Le rémouleur et sa compagne attendaient avec d'autres en retenant leur mule qui avait envie de se dégourdir les pattes et de brouter le long du chemin quand des rats se mirent à courir entre les jambes des gens. Les mules et les chevaux tenus par la bride piaffaient. Consternée, Eugénie prit la main de François et la serra si fort qu'il en fit la grimace.

– Ils sont là ! dit-elle. Tu vois qu'ils sont là !

Enfin, la porte s'ouvrit et tout le monde se rua à l'extérieur des murs, comme si l'air de cette ville était, tout à coup, devenu irrespirable.

– Éloignons-nous ! fit François en tirant la mule par la bride.

Eugénie se taisait. L'avertissement des rats n'était jamais gratuit. Elle pensait que François allait mourir, mais ne savait pas comment lui en parler.

– N'ayez aucune crainte pour moi ! dit-il. Je ne crois pas ces sornettes !

Alors Eugénie se précipita sur lui, martelant ses épaules de ses petits poings.

– Mais tu ne comprends pas que c'est moi qui transporte la peste ? cria-t-elle. Tu ne comprends pas que je suis maudite !

– Prions. Dieu est toujours vainqueur !

Ils s'étaient éloignés de la ville et marchèrent longtemps en silence. Tout à coup, Eugénie s'écria :

– Tu veux connaître le nom de ma mère ? Eh bien, je vais te le dire ! Je suis la comtesse d'Anjou, la fille de la reine Clémence, la sœur du véritable roi de France qui vit à Sienne et je fuis devant des rats pour ne pas être brûlée vive comme sorcière !

François se tourna, les mains posées sur l'encolure de la mule.

– J'étais à la tête des conjurés des Lys pour chasser Jean II l'usurpateur, poursuivit-elle. Le roi de Navarre m'a sauvée des griffes du Valois pour me donner à un bordelier. J'ai réussi à fuir, depuis, je n'existe plus !

Elle s'assit sur une grosse pierre et, pour la première fois, éclata en sanglots. Elle s'abandonnait au découragement, consciente d'être exclue du monde, prisonnière de sa fuite, isolée.

– Je dois retrouver mes amis, les rassurer car ils me croient sûrement morte, et j'accompagne un illuminé qui veut assassiner le pape !

François s'accroupit devant elle et prit son visage entre ses mains. Malgré son désespoir, elle sentit la douceur de sa peau. Tout à coup, il n'était plus le Fraticelle qui rêvait de redresser l'Église, mais seulement un jeune homme ordinaire qui exprimait dans son regard des sentiments tout aussi ordinaires.

– Nous allons pousser notre vieille mule et je vous jure que je vous aiderai. Les Fraticelles sont contre l'injustice de l'Église mais ils veulent aussi des princes aux mains propres. Votre combat sera le mien.

– Tu ne dois pas risquer ta vie pour une cause qui t'est étrangère.

Elle laissa tomber sa tête sur l'épaule du garçon qui la retint ainsi un long moment.

– Il est temps de repartir si nous ne voulons pas passer la nuit au bord de ce chemin ! dit François en se redressant.

Deux jours plus tard, ils arrivèrent à Vézelay. On fermait les portes. Eugénie se présenta comme une amie du seigneur de Pleisson. Les gardes observèrent cette femme aux vêtements de servante, la mule, le curieux jeune homme qui l'accompagnait. Ils étaient perplexes, la belle avait tout de la souillon en cavale avec un clerc amoureux, pourtant, elle parlait avec l'assurance et la hauteur d'une dame :

– Allez avertir monseigneur de Pleisson, Étienne de Pleisson, seigneur de Vézelay et autres lieux. Dites-lui que je lui apporte des oignons de lys qui viennent de Sienne.

Eugénie guettait la moindre réaction sur le visage de l'homme qui lui faisait face, mais il ne broncha pas.

– Je vous en prie, faites vite. S'il savait que vous m'avez laissée dehors cette nuit, il vous punirait sévèrement.

Les gardes hésitaient encore. Déranger le chevalier de Pleisson à cette heure pouvait leur attirer des ennuis, mais laisser dehors un marchand apportant des fleurs de Sienne pouvait aussi contrarier le maître car sa passion des plantes ne connaissait pas de limites.

– Attendez-nous ici.

Quelques instants plus tard, un homme arriva, descendit de cheval et la salua. Portant un manteau de loutre ouvert sur le devant, la tête coiffée d'une bonnette en velours de Rome, c'était bien le seigneur des lieux entouré de sa garde.

Quand on était venu l'avertir, Pleisson était en train de deviser aimablement avec des seigneurs de la région invités à souper. Il prit juste le temps de s'excuser et on entendit les pas de son cheval sur les pavés de la cour.

Ses valets allumèrent des torches car la nuit était très sombre. Les portes de la ville étaient restées ouvertes un peu plus tard que d'habitude, la coutume voulant qu'on les ferme au coucher du soleil. Ce soir, on avait fait exception pour des oignons de lys ! Les soldats de la maréchaussée en riaient sous cape.

Ils furent étonnés de voir Étienne de Pleisson s'empresser auprès de cette souillon, lui parler avec une certaine familiarité, car ce n'était pas dans ses manières. Ce chevalier habitué à fréquenter les plantes était plutôt silencieux et solitaire.

– Eugénie ! dit-il sans cacher sa surprise. Nous vous avons tant cherchée ! Nous avons eu peur que la peste ne vous ait emportée à Meulan.

– Rassurez-vous, la peste ne veut pas de moi ! C'est elle qui m'a délivrée.

– Vous m'apeurez ! s'exclama Pleisson. Vous parlez de la mal-mort comme d'une amie !

Pleisson salua ensuite François, qu'Eugénie lui présenta comme un moine franciscain.

– Sans lui, je serais morte depuis longtemps ! Vous pouvez lui faire confiance. Comment va mon frère de Sienne ?

– Il est en Italie en train de réunir l'armée la plus importante de tous les temps !

– Et le Valois, qu'a-t-il fait ?

– Rien, c'est ce qui m'étonne. On a craint pour nos vies après l'assassinat de son amant et puis non, il a pardonné à tout le monde.

– Nous devons surtout nous méfier de Navarre ! Ce traître voulait m'en faire porter la responsabilité ! Jamais je ne le lui pardonnerai !

Se tournant vers ses gens, Pleisson ordonna :

– Qu'on conduise ces deux voyageurs au château, qu'on leur donne chambre et bons lits. Qu'on leur apporte de l'eau pour se laver et des vêtements propres. Qu'on m'avertisse quand ils seront prêts !

Puis, se tournant vers Eugénie, il ajouta :

– Nous bavarderons après le souper.

Les gardes purent enfin fermer les portes et regagner leur domicile. Il faisait très frais, presque froid, et ils n'avaient pas envie de rester plus longtemps à cet endroit venté.

Au château, les chambrières s'activaient pour préparer des lits, remplissaient deux cuves d'eau tiède, les lingères cherchaient des vêtements convenant aux invités. Elles rouspétaient aussi, ne comprenant pas que le maître fasse autant d'honneur à un moine, fort bel homme d'ailleurs, et à une femme qui malgré son air supérieur et sa démarche élégante n'était autre qu'une fille de ferme. Enfin, quand Eugénie et François furent prêts, on vint les chercher pour le souper. François demanda qu'on l'excuse :

– Je me passerai de manger. Je veux prier…

Eugénie parut au souper vêtue d'une robe grenat à cotte ajustée, tassier et barbier bouclés par-derrière, un hennin tronqué rose. Étienne de Pleisson l'accueillit debout, et la conduisit à la place d'honneur. Une vingtaine de personnes étaient réunies autour de l'imposante table de chêne, des chevaliers et de hauts bourgeois de la région. Veuf depuis plus de dix ans, Pleisson avait toujours refusé de se remarier, considérant qu'il n'était d'autre femme à sa convenance. Cet homme d'une quarantaine d'années était encore très vigoureux, d'une résistance surprenante, mais on ne lui connaissait aucune maîtresse, ce qui étonnait. Il présenta à Eugénie sa fille, Aude, âgée de seize ans, à qui il vouait un amour profond.

Le souper fut plaisant. Les musiciens jouèrent de la mandore, de la vielle à archer ; Eugénie pensa à son père qui se produisait de la même manière dans les cours nobles. L'état de troubadour était celui d'un domestique un peu particulier à qui on avait le droit de botter les fesses s'il ne jouait pas comme on le souhaitait, mais qui avait le privilège d'ouvrir les portes du rêve et des sentiments. Les larmes lui montèrent aux yeux quand elle entendit une complainte chantée en langue d'oc que son père lui avait fredonnée tant de fois.

À la fin du souper, Étienne de Pleisson demanda à Eugénie de le suivre dans sa serre faite d'une armature de bois qui soutenait des panneaux de verre. Cette construction lui avait coûté une fortune, il avait dû vendre deux manses pour la financer, mais il ne le regrettait pas :

– Le froid sévit une partie de l'année dans notre Morvan. Par ce système et parfois en faisant du feu quand il gèle trop fort, je peux conserver des plantes qui viennent de Constantinople et d'Afrique.

Il avait fait allumer des torches et invita Eugénie à le suivre dans l'allée principale longue de dix brasses. Il demanda qu'on les laisse seuls et put enfin parler :

– Les Anglais nous donnent un sérieux coup de main. Le Prince Noir a ravagé le Midi pendant que son père envoyait des troupes en Picardie pour narguer le Valois qui n'a plus un sou vaillant. Les armées n'ont pas été payées depuis plusieurs mois et renâclent. Le Navarrais est allé en Avignon où il a poursuivi son œuvre de destruction.

– On m'a dit que le pape était auprès de l'empereur à la cour de Luxembourg et qu'il allait passer par Paris…

– Il n'est pas certain qu'il passe par Paris. Mes dernières informations ne vont pas dans ce sens. Le pape est peu précis sur ses intentions. Il change si souvent d'avis que nous ne pouvons pas compter sur lui. Navarre, le félon, nous a beaucoup aidés en devenant l'ami du dauphin qui s'est rendu à Metz pour rencontrer l'empereur. Cet imbécile d'Innocent VI s'en est mêlé et a fait capoter l'affaire en empêchant Charles de poursuivre son voyage jusqu'au Luxembourg où l'empereur, qui est avec nous, devait le faire emprisonner.

Eugénie pensait à François qui devait assassiner le pape. En le faisant, il aurait peut-être rendu service à sa cause. Étienne poursuivit :

– Notre faction avance. De nouveaux groupes de soldats passent les Alpes et convergent vers Paris où ils rejoignent ceux qui sont déjà arrivés. Cinquante mille hommes sont rassemblés à Sienne et attendent l'ordre d'intervenir. Nous devons être très discrets. Rincourt, l'intendant des armées, a toute la confiance du roi et nous fait surveiller par ses espions.

– Je ne veux pas qu'on touche à cet homme ! s'écria Eugénie dans un élan spontané qui la surprit elle-même.

– Rassurez-vous, nous sommes des gens d'honneur ! Nous savons qu'il vous a sauvée du billot et des griffes de La Cerda.

– Et le dauphin ? Que fera-t-on de lui ?

– Nous devons nous en méfier. Si son père n'a pas plus de cervelle qu'un moineau, lui sait réfléchir et prendre les bonnes décisions. Il pourrait être un grand roi. Navarre travaille à le neutraliser. Les deux compères passent leurs journées en banquets et joyeuse compagnie. Enfin, nos amis vont être heureux de vous retrouver. Nous partirons dans deux jours pour Chartres.

– Pour Chartres ?

– Oui. Nous nous réunissons chaque fois dans un lieu différent pour égarer les espions du Valois. Nous écrivons des lettres contenant de faux renseignements car elles sont souvent lues avant d'arriver à destination.

– Avez-vous des nouvelles récentes de mon frère ? Apprend-il son métier de roi ?

– Varonne suit cela de très près. La tâche ne sera pas aussi aisée que nous l'espérions. Jean le Premier est bien un Capétien, il en présente toutes les fâcheuses caractéristiques !

– C'est bien ce que je redoute ! dit Eugénie en soupirant.

– Ne vous tracassez pas ! Votre frère ne sera pas seul pour gouverner !

Ils firent quelques pas en direction du château. Eugénie osa enfin poser la question qui occupait ses pensées depuis le début de la soirée.

– A-t-on des nouvelles du chevalier d'Eauze, mon époux que le Navarrais fit arrêter en même temps que moi ?

Pleisson s'arrêta devant Eugénie, posant sur elle son regard étonné.

– Comment ? Vous n'avez pas su ? Pourtant les chansonniers ne se sont pas privés de mettre l'exploit en vers et de le chanter sur toutes les places ! Eauze s'est battu contre dix hommes armés et vêtus de fer, puis il a vaincu un ours !

Il attendit une réaction d'Eugénie qui ne vint pas, et rectifia :

– La réalité est un peu moindre. Votre époux s'est en effet battu contre un ours, mais il n'a pas eu le dessus. On l'a cru mort, mais il s'est remis et s'est réconcilié avec son tortionnaire.

Cette nouvelle lui faisait un bien immense, mais elle n'en montra rien.

– Il faudra l'éloigner de Navarre. Geoffroi n'a aucune méchanceté et ne doit pas subir les revers de la guerre sans merci que je compte mener contre cet odieux petit roi !

Ils revinrent au château où les domestiques finissaient de débarrasser la grande salle à manger. Étienne croisa les musiciens qu'il remercia de nouveau. Il demanda à Picard, son écuyer, de réveiller ses coursiers pour qu'ils soient prêts à partir au plus vite pour la Normandie, Paris et d'autres grandes villes de langue d'oïl.

Enfin, il accompagnait Eugénie jusqu'à sa chambre quand les servantes qui pliaient les grands draps étendus sur les tables poussèrent des cris. Des chiens qui dormaient près de la cheminée se ruèrent sous la table en grognant. Trois énormes rats noirs couraient sur le plancher. Un chien réussit à en saisir un et le broya d'un coup de mâchoire. Le petit animal, dont les pattes frémissaient encore, tomba devant les pieds d'Étienne de Pleisson qui le saisit avec dégoût par le bout de la queue.

– Les rats de la mal-mort ! murmura-t-il.

Il regardait Eugénie et pensait à ce qu'elle lui avait dit en arrivant. Il lança le rat dans les flammes où son corps se mit à grésiller, se recroqueviller sur les braises.

– Qu'est-ce que cela signifie ? demanda-t-il en se tournant de nouveau vers Eugénie.

– Je ne sais pas ! dit-elle. Le malheur nous poursuit !

Les rats avaient disparu et les chiens de nouveau calmes s'étaient couchés sur les pierres chaudes de l'âtre. Sans un mot, Étienne reconduisit Eugénie jusqu'à la porte de sa chambre. La vue des rats l'avait assombri ; il redoutait que la terrible maladie, qui avait épargné sa maison, ne revienne prendre sa fille.

Eugénie congédia les servantes qui l'aidaient à se déshabiller. Seule, elle resta longtemps assise sur le rebord du lit, attendant que le silence soit retombé sur l'immense bâtisse pour sortir en retenant ses pas jusqu'à la porte voisine qui était restée ouverte.

François était en prière, le dos couvert de sang. Il s'était encore flagellé, ce qui irritait Eugénie car elle ne concevait pas que la douleur puisse purifier. Il lui semblait au contraire que l'amour, le bonheur rendaient les hommes meilleurs. Il tourna lentement la tête et elle vit ses yeux rouges à la lueur de la torche posée à côté de lui.

– J'ai entendu les cris des servantes… Ce sont les rats, n'est-ce pas ?

– Je suis la fille du diable ! dit-elle. Je ne peux apporter que la mort et la pourriture. Il faut que je meure.

Il secoua négativement la tête. Il avait prié pendant des heures pour retrouver le bonheur de la communion avec Dieu, mais c'était l'image d'Eugénie qui restait présente dans ses pensées. La douleur de son dos, les clous des lanières déchirant ses muscles ne l'avaient pas chassée.

– Qu'est-ce que vous allez faire ? demanda-t-il.

– Nous partons pour Chartres dans deux jours. C'est plus de temps qu'il n'en faut à la peste pour faire ses premières victimes.

La force manquait à François pour prier encore. Ce qu'il avait cru juste et nécessaire lui semblait tout à coup futile. Il se retrouvait seul en face de l'absurde de la vie. Dieu lui avait tourné le dos, mais il n'arrivait pas à comprendre les arguments du diable. Il espéra être la première victime de la peste.

– Viens, dit Eugénie en approchant la cruche d'eau. Je vais te nettoyer. Je sais bien que tu as l'esprit pur et que tu voudrais transformer la boue en or. Mais c'est l'inverse qui se passe et les hommes n'y peuvent pas grand-chose.

Elle avait avec lui des mots et des gestes de mère. Cela ne le choquait pas, bien au contraire car il éprouvait le besoin de se laisser aller. Eugénie posa la chemise sur la peau mouillée du jeune homme et l'emmena vers le lit, comme elle l'aurait fait avec son propre enfant, puis s'allongea à côté de lui.

– J'ai pour toi une grande affection, dit-elle. Ta pureté m'éclaire. Mais tu t'es laissé abuser. Tu n'es pas un homme à tuer le pape. D'ailleurs, cela ne sert à rien de tuer. Si tu veux changer le monde, tu ne peux le faire que par ton exemple, par tes paroles, tes prêches. Ce que les puissants redoutent, c'est la vérité, celle qui étale leurs faiblesses au grand jour !

Le lendemain, la peste avait déjà frappé au château. Un palefrenier et deux femmes de cuisine agonisaient. La peur se lisait sur tous les visages. Étienne de Pleisson reçut Eugénie et François avec un air désespéré.

– Notre ville a pourtant tellement payé ! Faut-il encore des cadavres, encore de la pourriture, encore des larmes ?

Ils se rendirent tous à la chapelle pour entendre la messe. Étienne de Pleisson, seigneur réputé pour sa générosité, alla ensuite à l'église de la ville avec tout le personnel du château. Il donnait le bras à sa fille, aussi grande que lui, brune, le visage long, un air de tristesse dans le regard. La foule se pressait dans la nef trop petite. Plusieurs cas de peste avaient été signalés et l'on murmurait que la faucheuse était dans les murs. La veille, à la tombée de la nuit, on l'avait vue à la porte qui demandait humblement la permission d'entrer.

Le curé, tout en rondeur et en graisse, calomnia les pécheurs, ceux qui ne respectaient pas le vendredi saint, ceux qui ne faisaient pas carême et oubliaient de payer le denier du culte. François serrait les dents devant cette semonce indigne de Jésus. Eugénie pensait à Benoît mort dans ses bras, puis à Renaud et enfin à Matthieu qui devait avoir de solides épaules, qui rêvait sûrement de devenir chevalier…

Le ciel était gris ; le froid saisissait, un temps peu favorable à la peste. Pourtant, des dizaines de cas furent signalés avant le soir. La ville était frappée de stupeur. Des gens erraient dans la rue, sonnés par la brutalité de l'attaque, perdus. Beaucoup se cachaient, d'autres agonisaient chez eux, n'osant pas appeler au secours car les malades étaient achevés par les gardes pour éviter la contagion.

Des familles entières fuyaient. Elles avaient survécu à la première épidémie en se réfugiant dans la forêt voisine, alors elles quittaient la sécurité de la cité au risque de se faire détrousser et massacrer une fois dehors.

Des gens réputés pour leur sérieux assuraient avoir vu la faucheuse sur son cheval pie se promener dans les rues. Comme il n'y avait plus de Juifs, de bossus ou de simples d'esprit, on s'en prit aux étrangers.

Au château, le départ pour Chartres fut retardé. Étienne de Pleisson ne pouvait pas quitter sa ville en proie à la maladie quand il ordonnait aux habitants de rester chez eux. François s'était proposé pour aider les mourants. Au mépris de sa vie, il les approchait, leur parlait doucement, les rassurait : la vie continuerait après leur souffrance, dans le jardin d'Éden qui les attendait.

Le froid qui s'intensifiait sur le Morvan fut-il salutaire ? Les odeurs des cadavres étaient plus supportables et l'on put enterrer les victimes dans les sépultures familiales. Au bout de dix jours de peur, la faucheuse partit ailleurs. Pleisson soufflait : il avait eu si peur pour sa fille qu'il fit dire plusieurs messes. Quelques jours plus tard, quand la vie fut redevenue normale, il fit seller ses chevaux.

François avait décidé de passer l'hiver au monastère franciscain de Vézelay tout acquis aux idées fraticelles, remettant à plus tard le meurtre du pape. Il était là, près des chevaux qu'on harnachait, au milieu des hommes d'armes, tenant sa mule par la bride. Au moment de partir, Eugénie s'approcha de lui et le serra dans ses bras.

Enfin, elle monta sur son cheval. François regarda longtemps la route où les cavaliers avaient disparu. Le monde lui semblait vide et il se demandait si, dans cet immense désert, il retrouverait le chemin de Dieu.

Quatre jours plus tard, Étienne et Eugénie arrivaient à Chartres. Dans la grande plaine de Beauce, ils avaient suivi la direction indiquée par les hautes flèches de la cathédrale dressées sur l'horizon. La ville était riche de ses blés qu'elle vendait sur le marché parisien, du vin et des laines du Mans, d'Angers, qui transitaient vers la capitale.

Le château du comte de Chartres se trouvait en dehors de la ville, sur un promontoire naturel, mais une passerelle fortifiée permettait de passer de l'un à l'autre. Elle était très bien défendue par de hauts murs dont le chemin de ronde permettait de surveiller la plaine alentour. La population et le comte Jules de Chartres pouvaient soutenir un siège d'un an ou plus, tant les réserves étaient abondantes et la prévôté bien organisée.

Les conjurés des Lys arrivèrent presque en même temps : le gros d'Harcourt, le comte d'Étampes, le sire de la Ferté, les sires de Clères, Graville, Mainemarres, le vieux sire de Biville que l'on disait un peu gâteux et bien d'autres. Étienne de Pleisson les salua fraternellement. La conjuration, vieille de tant d'années, avait tissé des liens solides. Tous s'inclinèrent devant Eugénie qui représentait la continuité dynastique même si elle n'avait que de lointains liens de sang avec les Capétiens. Elle était indispensable pour diriger son frère dont on disait que la découverte de sa haute naissance lui avait tourné la tête.

Le comte de Chartres invita ses hôtes à un grand banquet où il trônait à côté d'Eugénie qui s'efforçait de sourire. François lui manquait. Au milieu de ces chaleureux chevaliers, elle ne pouvait détacher ses pensées du jeune moine au cœur pur. Elle le sentait près d'elle, si présent malgré la distance qui les séparait. Le reverrait-elle un jour ?

À la fin du repas qui dura tard dans la nuit, Jules de Chartres, un homme aux cheveux roux, au large visage, à l'abondante barbe couleur de rouille, invita ses amis à se rendre au grand cabinet, une pièce tout en longueur aux cloisons lambrissées. Une table ouvragée, des fauteuils la remplissaient au point qu'on s'y trouvait pressé contre les murs. Il invita Eugénie à s'asseoir et fit signe aux hommes de prendre place. Il resta debout pendant que les valets disposaient des candélabres à huit branches et allumaient les chandelles, puis il demanda à Quentin, son homme de confiance, de rester près de la porte fermée pour s'assurer qu'aucun curieux ne tendrait l'oreille. Enfin, il s'adressa à ses amis :

– Mes seigneurs, la comtesse d'Anjou a enfin pu nous rejoindre ! Désormais, rien ne nous arrêtera !

– Ma place est ici ! dit Eugénie en souriant. Je me réjouis de vous retrouver pour aller à la victoire avec vous !

– Nous avons pensé, poursuivit d'Harcourt en s'adressant à Eugénie, utiliser contre le Valois ses propres armes. Quel a été l'argument de son père pour monter sur le trône ? L'absence d'héritier mâle des fils de Philippe IV, le Bel. Pour cela, il n'a pas hésité à faire empoisonner un enfantelet. De même, nous allons le priver de ses fils.

Il se tut un instant, promenant son regard sur l'assistance. Eugénie lui sourit. Pleisson lui avait parlé de ce projet qu'elle approuvait.

– Parfait ! dit-elle. Mais comment pensez-vous capturer le dauphin et ses frères ?

– La chose se fera au cours d'une chasse en forêt d'Évreux que donnera Charles de Navarre.

– Comment ? s'insurgea Eugénie. Vous allez accorder votre confiance à ce fourbe qui voulait me remettre au Valois ? Non, ce n'est pas possible !

– Son intérêt rejoint le nôtre, c'est la meilleure garantie de sa coopération ! fit Mainemarres de sa voix grave. Le petit roi veut profiter des Lys pour se débarrasser des Valois. Nous pouvons l'utiliser…

– Jamais je n'accorderai ma confiance à ce pervers !

– Sans lui rien n'est possible ! insista Mainemarres. Il a su se faire un ami du dauphin Charles qui se méfie de tout le monde tant il se sait entouré d'ennemis.

Eugénie réfléchit un long moment. Mainemarres, d'Harcourt, Pleisson et les autres ne la quittaient pas des yeux. Elle se rendit à leur raison :

– Ce qu'il faut, précisa-t-elle, c'est impliquer Navarre de sorte qu'il ne puisse pas nous échapper par une de ces pirouettes dont il est coutumier, le ligoter en lui laissant croire que c'est lui qui mène le jeu. Il doit être le premier mis en cause. Vous avez refusé, comme lui d'ailleurs, l'hommage au Valois. Dites-lui qu'il propose, au nom de tous les barons normands, la paix au dauphin, qui est duc de Normandie depuis peu, et à ses frères qui sont suzerains normands. Le dauphin sera alors tenu de donner un banquet en son château de Rouen, celui de la réconciliation. Nous les cueillerons comme lièvres en leur gîte et Navarre ne pourra pas se défiler.

Étienne de Pleisson applaudit. Jean d'Harcourt soufflant et suant se rendit à cet avis après avoir parlementé avec ses amis.

– Dès demain, nous ferons savoir au dauphin et à ses frères que nous sommes prêts à ployer le genou devant eux, déclara-t-il.

8.

Le jour se levait, froid, figé. Les collines dévastées par les Anglais ne montraient que manses calcinées dont les charpentes fumaient, vergers détruits à coups de hache, des routes et des chemins fermés par des éboulements de rochers. Parfois, surgis des buissons où ils se terraient en tremblant, des hommes se dressaient, lançaient autour d'eux un regard hébété, comme perdus sur leurs terres. Ils avaient fui les hordes de barbares qui cassaient tout sur leur passage, égorgeaient, massacraient à coups de masse d'arme. Le bétail avait été saigné et cuit sur de grands feux allumés avec tout ce qui brûlait, portes, cloisons, charpentes, charrettes et meubles.

Le Prince Noir ne voulait pas multiplier les dépenses pour une guerre d'intimidation, aussi avait-il ordonné à ses hommes de se servir sur le pays. Agen se trouvait sur la route de cette bande d'enragés. Les Anglais s'étaient massés sur les hauteurs voisines avant la nuit qui tombait si tôt en ce mois de novembre. Les portes fermées, les habitants renforçaient leurs défenses.

À moins d'une lieue, venant d'Astaffort, l'armée française s'était mise en route avant l'aube. Les hommes, fatigués par de longues étapes, mal nourris, commençaient à trouver long et ennuyeux leur périple dans le Midi. Ils avaient traversé d'immenses contrées dévastées. Les Anglais fuyaient à leur approche, abandonnaient les places occupées comme Narbonne, reprise sans la moindre résistance, Carcassonne, vidée de ses habitants. « Ces hommes, constatait le général de Clermont, nous ne les voyons que de dos ! »

À Agen, l'affrontement aurait peut-être lieu, à moins que l'ennemi ne détale une fois de plus. Le comte de Pau, qui commandait la longue file de chevaliers et la multitude d'hommes de pied, comprenait que ses troupes avaient besoin de combats et forçait la marche. Il avait pensé contourner la ville pour bloquer l'ennemi et l'obliger à se battre puis, apprenant qu'il se préparait au siège, le capitaine français avait pris au plus court. Cette fois, les Anglais ne lui échapperaient pas !

Il ordonna qu'on forçât l'allure malgré les piétons qui rouspétaient. Depuis deux semaines, ils parcouraient quinze lieues par jour et leurs semelles étaient usées. Pourtant, la perspective d'une victoire les réjouissait : si l'ennemi fuyait, c'était qu'il se savait en infériorité !

À cause d'une parenté, mais surtout de caractères identiques, Guy de Rincourt et le comte de Pau étaient proches. Les deux hommes avaient cheminé côte à côte pendant ces journées de poursuite stérile.

Matthieu, qui les accompagnait, étonnait les vieux soudards par son habileté à cheval.

– Qu'est-ce que tu nous racontes ? Tu ne vas pas nous faire croire que tu n'as pas appris à monter ?

– J'en prends sainte Jésabelle, la patronne du fief d'Eauze où je suis né, à témoin : je n'ai chevauché que le bel animal que ma mère m'a offert et seulement pendant quelques jours parce que mon oncle l'a vendu tant il avait peur des voleurs ! répondait Matthieu. Mais j'ai tellement chevauché dans ma tête que rien de cet art ne m'est étranger.

De telles paroles attendrissaient les bons chevaliers de langue d'oïl qui ne comprenaient pas toujours ce que disait le jeune Méridional. Sa taille déjà impressionnante, son agilité sur n'importe quel cheval aussi fougueux soit-il, son courage et sa dextérité à manier l'épée les laissaient pantois car le jeune Eauze, bien que noble, n'était rien de plus qu'un laboureur, un vacher ayant grandi dans une ferme. Rincourt l'écoutait, souvent ravi, parfois agacé par son succès auprès des vieilles lances.

Ce matin, après quelques heures d'un repos agité, Matthieu d'Eauze chevauchait près de son protecteur, sur le côté de la longue file d'hommes bardés de fer. Le soleil montait au-dessus des landes rases, l'armée venait de traverser une zone de marais où la glace avait gêné les premiers chevaux car elle se brisait brutalement sous leurs sabots et les déséquilibrait. Rincourt était grave. Il doutait que l'ennemi soit mis en pièces avant la fin de la journée. Pour lui, aucune bataille n'était facile et il fallait se méfier des hommes du Prince Noir réputés pour leur ruse. S'ils avaient fui les places fortes conquises, c'était par stratégie, non par peur.

Matthieu, bouillant d'impatience, ne quittait pas des yeux les fumées noires qui montaient sur l'horizon. Né pour faire la guerre, le jeune garçon oubliait qu'il n'avait que quinze ans, qu'il n'était qu'écuyer, et savait déjà qu'il désobéirait aux ordres de Rincourt en se lançant dans la mêlée à la première occasion. Il s'était tant battu en rêve qu'il croyait avoir l'expérience d'une vieille lance ! Le heaume qu'il portait était un peu petit et lui pressait les tempes, mais on n'avait pas trouvé plus grand. Sa cotte de mailles serrait sa large poitrine, son vieux bouclier était cabossé mais cela n'avait pas d'importance. Rincourt lui ayant interdit de porter l'épée, privilège des chevaliers, il ne possédait, pour se défendre qu'un couteau à longue lame destinée aux coutiliers qui passaient sous les chevaux pour les éventrer et leur couper les tendons des membres postérieurs.

– Tu resteras en retrait de la bataille, comme il se doit. Je ne veux pas que ce soir, on te compte parmi les morts !

– Je n'ai pas peur de mourir et je ne redoute pas les coups des Anglais !

– Tu parles ainsi parce que tu n'as jamais connu la folie meurtrière qui s'empare des hommes au moment de l'assaut !

Matthieu se tut, mais n'en pensait pas moins. Enfin, des cris vinrent de l'avant : des éclaireurs arrivaient à bride abattue, cette fois, l'engagement aurait bien lieu. Les premières troupes ennemies se trouvaient derrière la colline voisine et gardaient le pont sur la Garonne.

Les piétons accélérèrent le pas. Au sommet de la colline, Matthieu d'Eauze vit le grand fleuve, très large, le pont fortifié de tourelles sur chaque rive, les troupes anglaises massées des deux côtés et les machines de siège, principalement des bouches à feu, qui se mettaient en place sous les murs. Le soleil haut dans le ciel faisait scintiller l'eau et l'acier.

Le comte de Pau rassembla ses lieutenants et tint conseil. Il fut décidé d'attaquer de front, de faire céder la défense du pont et de traverser en force, les troupes ennemies étant inférieures en nombre et disséminées autour de la ville.

Quelques instants plus tard, poussant des hurlements stridents, les cavaliers lançaient leurs chevaux. Les hommes de pied couraient sur l'ennemi par les bordures pour s'infiltrer dans ses rangs. Rincourt avait ordonné à Matthieu de rester avec les chariots des domestiques, charpentiers, forgerons, cuisiniers et bordeliers. Le jeune garçon en était cruellement mortifié et quand le chevalier se fut éloigné, il piqua sa monture en brandissant son couteau trop court face aux lourdes épées. Les Anglais firent donner leurs archers qui, le genou en terre, arrosaient les assaillants de flèches meurtrières. Ce ne fut pas d'une grande efficacité, car la troupe lancée ne perdit que quelques chevaux dont le poitrail, le cou et la tête étaient mal protégés. Très vite un terrible corps à corps opposa les belligérants à l'entrée du pont. Matthieu put, d'un geste rapide, voler une épée à un homme au sol et se lança dans la mêlée. Rincourt l'aperçut, lui ordonna d'aller se mettre à l'abri.

– Jamais ! hurla l'adolescent.

Il leva son arme qui s'abattit avec force sur le casque d'un ennemi. Une ivresse puissante poussait ses gestes et plus il ferraillait, plus cette ivresse l'incitait à prendre des risques, à pousser son cheval de l'avant. Rincourt ne pensa plus qu'à le protéger. Le jeune garçon put remarquer combien le chevalier blanc était efficace, combien ses gestes portaient avec précision et puissance. Tout à coup, la nuit se fit dans sa tête. Il ne vit pas son agresseur, ne sentit pas le coup qui l'avait dépêché au bas de sa monture entre les jambes des chevaux. Rincourt sauta à terre au risque de se faire piétiner et releva

Matthieu qui gémissait. Une large blessure entaillait son crâne. Des flots de sang bouillonnaient hors du vieux casque qui s'était ouvert par le milieu.

– Vite, quelqu'un pour m'aider ! cria Rincourt en tentant de soulever le grand corps de l'adolescent.

L'engagement dura peu. Les Français prirent rapidement l'avantage et libérèrent le pont. Les hommes de pied se pressaient pour passer le fleuve. Rincourt, qui avait pu charger le blessé sur son cheval, sortit de la cohue. Le comte de Pau, en retrait avec son état-major pour avoir une vue d'ensemble sur l'état de la bataille, l'aperçut.

– Que se passe-t-il ? demanda le général en chef. Votre protégé ne devait-il pas rester à l'arrière ?

– Il n'a écouté que sa tête de mule ! hurla Rincourt. Qu'on trouve tout de suite un médecin.

En retrait des combats dont le bruit éclatait dans l'air limpide, Guy de Rincourt allongea Matthieu sur le sol. Le visage couvert de sang, le garçon ne montrait plus aucun signe de vie. Deux médecins dépêchés par le comte de Pau arrivèrent de l'arrière où ils se tenaient prêts à soigner les blessés importants ; les autres, piétaille et chevaliers ordinaires, restaient sur place où, piétinés, ils mouraient sans secours.

Les deux hommes en robe grise, chapeau de toile rouge, tentèrent d'ôter le casque, mais le fer était tellement tordu qu'il fallut appeler un forgeron. Celui-ci armé de longues tenailles réussit à décabosser la tôle, découper le heaume et dégager la tête. Les médecins sondèrent la blessure, puis se concertèrent car ils n'étaient pas du même avis. Pour l'un, Matthieu était condamné, pour l'autre il avait quelques chances de s'en sortir. Ils décidèrent cependant de nettoyer la plaie, d'enlever les morceaux d'os qui se trouvaient mélangés aux chairs écrasées et de suturer les artères. Ils posèrent sur la plaie béante un emplâtre d'argile blanche et demandèrent qu'on allongeât le blessé dans un endroit fermé, sans courant d'air. Les seuls chariots bâchés étaient ceux où les ribaudes exerçaient leur métier. Rincourt y fit conduire Matthieu qui fut entouré d'une nuée de filles compatissantes. Il n'avait pas retrouvé ses esprits, son pouls était toujours très faible. Comme les médecins manifestaient leur intention de partir, Rincourt saisit l'un d'eux par le haut de sa robe et le menaça :

– Vous allez rester avec lui, vous entendez ! Ce garçon m'est très cher. S'il meurt, je ne donne pas cher de votre vie !

– Que dites-vous, monseigneur ? Je soigne, Dieu seul a le pouvoir de guérir !

– Occupez-vous de lui ! Le moindre manquement vous sera reproché !

Rincourt monta sur son cheval et rejoignit la bataille animé par une rage de tuer que l'homme d'expérience réussit à contenir : trop de véhémence au combat était souvent fatale !

Il franchit le pont dans un galop rapide. Les Français avaient l'avantage. Les Anglais, pour qui cette bataille n'était pas essentielle, cédaient. Le comte de Pau dit à Rincourt :

– Regardez ces couards ! Ils détalent comme des lapins !

– Ils ne veulent pas perdre trop d'hommes ! rectifia Rincourt. Ils ont seulement envie de ravager le pays, leur but n'est pas de nous affronter.

Rincourt avait raison. Avant la nuit, les Anglais avaient levé le camp, ne laissant derrière eux que quelques prisonniers que l'on exécutait car ils n'avaient aucune valeur, des centaines de morts qui serviraient de pâture aux corbeaux, aux renards, aux loups, et des chevaux mutilés qui tentaient de s'enfuir, leurs entrailles répandues sur le sol.

Guy de Rincourt retourna à l'arrière. Les médecins lui avaient obéi et veillaient le blessé qui avait ouvert les yeux puis remué les lèvres comme pour parler, mais il était aussitôt retombé dans un coma bien proche de la mort.

– Il est très faible ! insista un des médecins. Nous ne devons pas attendre de miracle. C'en serait un s'il tenait jusqu'au jour prochain.

– Il faut qu'il tienne ! cria Rincourt. Vous entendez, il faut qu'il tienne. Trouvez les bonnes potions, allez chercher un sorcier, n'importe quoi, mais il faut qu'il tienne !

– Nous ne connaissons pas de sorciers ! s'offusqua l'homme. Nous ne l'avons pas laissé seul un instant ! Nous voulons bien le veiller toute la nuit et plus encore s'il le faut, mais de grâce, cessez de nous menacer.

– Je veux que ce garçon vive parce que j'y tiens autant que s'il était mon fils ! hurla Rincourt.

La nuit tombait. Les troupes étaient entrées dans Agen où les habitants les accueillaient comme des sauveurs. On faisait la fête. Rincourt, assis près du blessé qui gisait sur un lit de peaux au milieu des filles follieuses, attendait. Le sang ne coulait plus, les médecins avaient couvert la blessure d'un pansement de tissu grossier. Matthieu fermait les yeux. Son visage éclairé par une petite lampe à huile avait les traits de sa mère. C'était elle que Rincourt voyait, les mêmes longs cils noirs, le nez de petite taille, le menton qu'aucune barbe ne durcissait.

Quand il avait su qu'Eugénie était en danger à la cour de Navarre, il avait voulu la faire capturer, mais ses hommes étaient arrivés trop tard. Quand il vit Eauze affronter l'ours lors de la réconciliation des deux rois, il fit habilement questionner les proches de Navarre, dont le perfide Jean Bouvier qui était de toutes les forfaitures, de toutes les trahisons, mais ne put rien apprendre. On la disait morte de la peste, il ne voulait pas le croire.

Dans la nuit, les médecins s'absentèrent pour aller se restaurer et dormir un peu. Rincourt resta seul en présence du blessé. Alors il posa sa main sur le front humide et brûlant du jeune homme. Il se sentait si proche de lui. Courageux, Matthieu avait l'âme d'un chevalier.

La nuit passa ainsi. Rincourt ne s'abandonna pas un instant à la moindre somnolence. Quand le soleil se leva, celui qui n'aurait pas dû survivre respirait encore. Son pouls était certainement faible, mais pas plus que la veille. Avec la lumière du jour, l'espoir renaissait.

Déjà les dizeniers criaient l'ordre de lever le camp. Agen n'avait été qu'un intermède dans le retour vers Paris. Les grands froids allaient bientôt commencer et il fallait se hâter de regagner un lieu plus hospitalier que ce Midi ruiné.

Un des deux médecins arriva en compagnie du comte de Pau qui venait prendre des nouvelles du protégé de son cousin. Le médecin examina le blessé.

– Il est résistant ! constata-t-il. Nous allons essayer de lui faire absorber un peu d'eau.

Il appuya sur le menton, ouvrant légèrement les lèvres du jeune homme, glissa entre les dents une pipette de métal reliée à un entonnoir dans lequel il vida quelques gouttes d'une eau mélangée à du miel. Il avait posé sa main sur le cou et sentit la pomme d'Adam se soulever.

– Il a bu ! dit-il. C'est déjà une victoire. Il faut le faire boire ainsi souvent, deux fois l'heure et si Dieu le veut…

Il ne termina pas sa phrase qui l'engageait dans une voie incertaine. Les valets attelaient le chariot. L'armée s'en allait et ne pouvait pas se retarder pour un blessé.

– Ce n'est pas bon ! dit le médecin, je vais rester avec lui.

Le voyage vers Paris sembla interminable à Guy de Rincourt. Il chevauchait à côté du chariot dans lequel Matthieu d'Eauze luttait contre la mort au rythme des cahots, des nombreux arrêts. Le médecin, maître Grenoult, ne le quittait pas. Au fil des jours, cet homme d'une cinquantaine d'années, dont une épaule était plus haute que l'autre et qui, compte tenu de son âge, aurait été mieux au coin d'un bon feu pour passer la mauvaise saison que sur les routes défoncées, s'était pris d'affection pour son blessé toujours inconscient.

– Vous comprenez, dit-il à Rincourt, il s'accroche tellement au peu de vie qui lui reste que ce serait un péché de ne pas l'aider.

Il avait confectionné un petit appareil qui lui permettait de nourrir Matthieu de bouillies de blé. Le tuyau surmonté d'un entonnoir avec lequel il le faisait boire au début présentait l'inconvénient de laisser le liquide pénétrer dans le conduit des poumons. L'astucieux médecin avait donc ajouté un embout en bois parfaitement poli qui permettait de passer à côté de la trachée-artère et d'introduire le tuyau dans l'œsophage. Matthieu avait perdu beaucoup de poids, son visage était très amaigri, mais il continuait de vivre dans ce sommeil prolongé depuis deux semaines. Sa blessure se cicatrisait sans complications. Grenoult avait enduit la plaie de nombreux onguents dont il avait le secret. Le cœur tenait bon, le corps se défendait, mais l'esprit ne revenait pas.

Arrivé à Paris, à la fin du mois de décembre, Rincourt ne voulut pas loger au palais comme il l'avait fait jusque-là afin de ne pas être surveillé par une foule de courtisans qui cherchaient toujours la faille à exploiter pour desservir les favoris du roi. Beaucoup, qui n'avaient pas oublié Geoffroi d'Eauze, le compagnon de Charles de Navarre à la cour, et le paria affrontant un ours devant cette cour, n'auraient pas tardé à faire le lien entre le géant et le jeune homme qui lui ressemblait. Il loua une maison – elles ne manquaient pas depuis la première épidémie de peste – rue Saint-Germain-l'Auxerrois près du quai de la Saulnerie, un peu à l'écart des lieux fréquentés par la cour où il installa le jeune blessé.

Il alla ensuite se présenter à Jean II qui le reçut presque aussitôt dans le petit cabinet qu'occupait autrefois son père pour les audiences privées. Le souverain avait eu de nombreux rapports sur l'équipée en Languedoc et attendait l'avis de son intendant des armées, car les autres généraux, pour se faire valoir, lui avaient présenté la campagne comme un franc succès, ce dont il doutait.

Rincourt trouva son maître fatigué, les traits tirés. Sa longue figure triangulaire se resserrait sous les tempes et les joues creuses avaient perdu leurs belles couleurs. Jean II ne s'était jamais complètement remis de la disparition de M. d'Espagne qu'il aimait sincèrement. Lui aussi n'était pas exempt de contradictions et cet homme, parfois sanguinaire et haineux, pouvait se montrer généreux, mais avec excès. Ainsi ses largesses destinées à magnifier sa grandeur trahissaient-elles souvent un esprit faible, un manque de détermination et d'idées bien arrêtées.

Rincourt lui rapporta la tactique anglaise dans le Midi, celle de la terre brûlée, du harcèlement. Le souverain précisa qu'Édouard III avait agi de même dans le Nord en envoyant des troupes le narguer en Picardie avant de fuir devant son armée.

– Beaucoup de mes généraux veulent me convaincre que les Anglais ont peur de nous et que nous allons les mettre hors du pays sans sortir nos épées des fourreaux ! dit le Valois qui prenait le temps de réfléchir quand une chimère n'occupait pas son esprit.

– Je crois que tout cela n'était qu'une mise en jambes, Majesté. Les vraies batailles auront lieu la saison prochaine et nous devrons être prêts.

Le roi frotta son menton pointu comme il le faisait lorsqu'il était embarrassé et cherchait ses mots. Il se leva de son siège, alla à la fenêtre, inspira profondément.

– Je suis assailli de toutes parts. Mon ignoble gendre continue de me trahir. En Avignon, il s'est arrangé avec les Anglais, mais ce n'est pas là le plus grave. Tout le monde sait que Charles change d'avis dix fois par heure. Non, le plus grave n'est pas là.

Il revint s'asseoir. Sa taille était un peu au-dessus de la moyenne, mais sa maigreur, la longueur de ses jambes le faisaient paraître plus grand encore. Lorsqu'il s'asseyait, il penchait le buste en avant comme un bossu. Il leva ses yeux pers sur Rincourt qui baissa la tête. Tous les deux pensaient à la même chose, mais cette fois, Jean II osa aborder le sujet qu'il évitait depuis plusieurs mois.

– Le plus grave est caché. Mes ennemis travaillent dans l'ombre. Les conspirateurs des Lys n'ont pas abdiqué. La mort de Brienne, au lieu de les décourager, leur a donné des ailes. Heureusement que mon cher Charles de La Cerda avait éventé leurs desseins, sinon l'échauffourée de Noël se serait mal terminée pour moi. Il l'a payé de sa vie ! Mais vous, que saviez-vous ?

– M. d'Espagne m'avait seulement demandé de rassembler des troupes dans le palais sans rien me dire de plus.

Le roi pinça les lèvres et changea de sujet.

– Voilà qu'ils ont décidé de capturer le dauphin et ses deux frères, toute ma descendance mâle, pour m'isoler. Charles IV de Luxembourg, qui fut mon beau-frère, est de leur côté et leur fournit finances. Toutes les cours d'Europe sont contre moi. Il est temps que je coupe la mauvaise herbe à la racine.

Guy de Rincourt connaissait bien le roi et sa manière de louvoyer avant d'aborder le sujet d'une colère longuement mûrie.

– Une femme inspire cette armée de l'ombre. Elle était à côté du chiffonnier qui se dit roi de France, son soi-disant demi-frère. Cette comtesse d'Anjou que j'ai accueillie à la cour a donné le premier coup à mon ami.

Rincourt baissa la tête pour cacher sa vive curiosité. Ce que ses espions n'avaient pas pu savoir, ceux du Valois l'avaient-ils découvert ?

– Cette femme, poursuivit Jean II, a été capturée par mon gendre de Navarre qui n'a trouvé d'autre moyen pour me la livrer que de la confier à un bordelier. Vous comprenez que le perfide a voulu que la belle s'échappe une nouvelle fois !

Il promena son regard soupçonneux sur son interlocuteur, puis explosa :

– Elle était à la tête des émeutiers de Noël qui avaient pour but de me capturer dans mon sommeil. Vous avez su les arrêter à temps, ce qui vous a valu ma clémence, mais cette femme, on m'a rapporté que vous l'épargnâtes, en la laissant filer avec les hommes de Navarre !

Rincourt était coincé. S'il mentait, le roi s'en apercevrait et le ferait arrêter sur-le-champ. La vérité ne le servait pas plus, puisque le souverain avait déjà tout décidé.

– Sire, elle m'a glissé entre les mains…

– Que dis-tu, félon ? Tu l'as sauvée quand ma justice a condamné Brienne, tu lui as même donné des leçons d'épée pour qu'elle se défende de ses ennemis !

Rincourt savait que sa vie ne tenait qu'à un fil, mais il lui restait une chance : lui seul pouvait équiper l'armée avec très peu d'argent.

– Sire, je n'ai jamais été préoccupé par autre chose que le désir de vous servir.

– Tu as eu un enfant avec cette femme et tu me l'as caché ! C'est dire que tu es son complice ! Tu vois que je suis bien renseigné !

– Sire, je vous remets mon épée ! dit Rincourt en sortant son arme de son fourreau.

Ce geste de soumission suffit à calmer la colère du roi. Rincourt venait de sauver sa tête, mais il redoutait que ce ne soit au prix d'un de ces carnages dont raffolait le Valois quand il s'érigeait en justicier suprême.

– Sachez que si je ne vous ai jamais parlé de cela auparavant, c'est que le temps vous a donné raison ! ajouta Jean II d'une voix plus calme. Je ne nie pas que lorsque j'appris votre façon de faire, j'eus envie de vous faire arrêter et décapiter sur-le-champ. L'indispensable travail que vous faites a retardé ma décision et c'est chose heureuse. En laissant courir ces comploteurs, vous m'avez donné l'occasion de les détruire d'un coup d'éclat dont ils ne se relèveront pas. Grâce à vous, je tiens la conjuration des Lys !

Le regard de Jean II se mit à briller. Rincourt comprit qu'il avait déjà tout manigancé et qu'Eugénie se trouverait parmi ses victimes, ce qu'il ne pouvait accepter.

– Majesté, je vous demande la grâce d'être à votre côté pour cette opération.

– Nous verrons cela quand l'heure sera venue !

En janvier 1356, le froid figea la capitale. Le vent du nord fit descendre les températures tellement bas que la Seine charriait de gros morceaux de glace, gênant les bateaux à fond plat qui assuraient l'approvisionnement de la capitale. La farine manquait. Il fallait acheminer les sacs par chars, cela prenait du temps et coûtait cher en escortes. Le vin avait gelé dans les chais, on en débitait les blocs à la hache. Le bois surtout était rare, des tourbières situées en amont et dans des vallées voisines de la ville fournissaient un mauvais combustible qui faisait beaucoup de fumée et chauffait très peu. Les Parisiens grelottaient.

Rincourt, qui avait aussi des difficultés à se fournir en fagots, n'allumait du feu que dans la chambre où se trouvait Matthieu. Depuis deux mois, le jeune homme n'avait pas repris conscience. Le docteur Grenoult, admirable de dévouement, le nourrissait plusieurs fois par jour. Deux servantes s'occupaient du blessé, changeaient ses draps souvent souillés, le lavaient avec du linge en laine.

– Je désespère qu'il ne se réveille jamais ! dit le docteur Grenoult. Quel beau miracle, cette jeune vie ! Un vieillard à sa place sentirait atrocement mauvais, lui sent la bonne odeur du printemps qui va bientôt revenir.

Guy de Rincourt s'était attaché à ce médecin dont il avait vanté les mérites aux courtisans. Habile chirurgien, bon arracheur de dents, Grenoult avait eu la chance de soigner et surtout de guérir plusieurs personnes en vue au palais, ce qui lui valait une clientèle aussi inespérée que riche.

Il priait chaque jour pour que le blessé retrouvât son âme. Ce n'était pas pour se concilier de nouveaux patients, mais pour Rincourt qu'il appréciait aussi. Les deux hommes, également silencieux et secrets, passaient de longues heures au chevet du malade, tous les deux absorbés dans leurs pensées. Le chevalier priait souvent l'homme de science de partager son repas, alors Grenoult se laissait aller à de rares confidences. Il parlait de sa famille, de son père également médecin, de sa mère qui avait eu quatorze enfants, de sa vie d'homme seul qui n'avait jamais cherché à se marier. Le grand nombre de ses frères et sœurs l'avait dégoûté à tout jamais de fonder une famille. Rincourt évoquait la mère de Matthieu qu'il aimait et pour qui il était toujours prêt à risquer sa tête.

Un soir, à la fin du mois de février, Rincourt et le docteur Grenoult étaient au chevet de Matthieu. La blessure guérie depuis longtemps s'était refermée et il ne restait entre les cheveux noirs qu'une large bande de peau rouge que le médecin protégeait encore avec des bandelettes d'un tissu léger. Absorbés par leurs pensées, les deux hommes ne prêtaient pas attention au malade inerte sur son lit. Tout à coup, ils virent une main se soulever, s'ouvrir dans l'air puis retomber. Ils crurent que c'était une illusion, un tour que leur jouait leur esprit, mais la main se souleva de nouveau, les doigts s'ouvrirent, se fermèrent puis la main se posa sur le drap. Ils se regardèrent étonnés, incrédules. Cette fois, les deux mains s'agitèrent, puis les bras, puis la tête bougea sur l'oreiller.

Le malade ouvrit enfin les yeux, regarda autour de lui, d'abord le médecin, puis Rincourt. Grenoult se signa et se mit à genoux pour remercier Dieu d'avoir fait un miracle.

– Enfin ! dit Rincourt. Enfin, tu reviens !

Matthieu remua les lèvres comme s'il voulait dire quelque chose, poussa plusieurs grognements, fit de curieux bruits de gorge, mais ne réussit pas à prononcer un seul mot. Grenoult voulut le calmer :

– Pose ta tête, allonge-toi. Tu as tout ton temps. Ne cherche pas à parler, c'est trop tôt. Dans un petit moment, on t'apportera à dîner, tu vas essayer de manger seul.

Mais le garçon s'obstinait. Son âme dictait des pensées que ses lèvres, sa langue, son souffle n'arrivaient pas à formuler. Il avait le sentiment d'être emprisonné dans une cage de verre et il avait beau remuer les mains, serrer les poings, la cage refusait de se briser.

Une servante apporta à manger l'habituelle bouillie, mais le médecin lui commanda du pain et de la viande pour le blessé qui ressuscitait. Alors, Matthieu, ignorant le couteau posé sur le plateau à côté du plat, prit la viande par l'os et la porta à sa bouche. Il mangeait, c'était l'essentiel. Dans les jours prochains, il réapprendrait les gestes humains… Il avala prestement tout ce qui était devant lui, but la sauce et deux verres de vin qui allumèrent un sourire sur son visage, puis il s'endormit.

Il se réveilla douze heures plus tard. Le lit était mouillé de son urine et, quand il voulut se mettre sur ses jambes, l'équilibre lui manqua. Grenoult et Rincourt l'aidèrent en le soutenant chacun par une épaule, mais le jeune homme ne savait plus rien faire de ses membres. Il était redevenu un nourrisson incapable de marcher, qui prend maladroitement ce qu'on lui tend et prononce des bruits à la place des mots.

Le mois de mars revint. Avec les premiers signes du printemps, la trêve des armées allait bientôt prendre fin. Rincourt et les nombreux lieutenants du roi devaient préparer les garnisons, vérifier les équipements et surtout trouver de l'argent pour payer les fournisseurs. L'impôt ne rentrait pas. Le peuple n'acceptait plus de payer les fêtes dispendieuses de la cour. Dreux, Caen, Bayeux renvoyèrent les agents du roi. À Arras, les habitants en colère massacrèrent une quinzaine de bourgeois. Les États généraux réunis par le roi imaginèrent un nouveau système d'imposition, plombé une fois de plus par Étienne Marcel et ses commerçants. La question subsistait : où trouver de quoi financer la guerre ?

Guy de Rincourt consacrait le temps que lui laissait l'ordonnance de l'armée à Matthieu d'Eauze. Le jeune homme avait retrouvé les mouvements de son corps, mais il avait dû réapprendre à marcher, ce qui lui avait demandé plus d'une semaine. Il n'arrivait toujours pas à parler. Il répétait les mots que l'on prononçait devant lui sans en comprendre le sens. Avec beaucoup de patience, le docteur Grenoult lui apprit le nom des objets, des différentes parties de son corps. Matthieu s'appliquait et progressait lentement.

Grenoult, dont la clientèle ne cessait de croître, acheta une maison voisine de celle de Rincourt où il aménagea son cabinet. Fin mars, Matthieu put enfin parcourir seul les dix brasses qui séparaient les deux habitations.

Depuis qu'il s'alimentait seul, son corps s'était de nouveau étoffé. Rincourt, qui espérait lui faire retrouver la mémoire, lui apprit à se battre à l'épée. Ce jeune homme parlait comme un enfantelet de deux ans, mais avait gardé l'instinct du combat. Il récupéra rapidement son agilité, ses passes préférées, et progressa si vite que le chevalier blanc en fut émerveillé.

Grenoult expliquait :

– Quand un homme est aussi gravement blessé, l'âme prend le chemin du ciel. C'est très loin et il lui faut beaucoup de temps pour revenir.

Mais il ne désespérait pas, le bon médecin : il demanda aux serviteurs de brûler chaque soir de l'encens dans la chambre où le jeune homme allait dormir. Il consulta les anciens livres de médecine, lui prépara des tas de potions à base de vif-argent, de poudre de momie et de toile d'araignée qui n'eurent d'autre effet que de faire vomir le convalescent.

Pourtant Matthieu progressait. Il arrivait à prononcer à peu près correctement les mots usuels pour ses besoins quotidiens, Rincourt tentait de réveiller des souvenirs en lui parlant d'Aignan, de leur rencontre en Gascogne, de son avenir de chevalier…

– Je t'apprendrai trois passes qui te rendront invincible. Elles sont dans la famille depuis la première croisade. C'est un infidèle de Jérusalem qui les a apprises à mon ancêtre. Les Arabes sont de bons guerriers !

En parlant ainsi, Guy de Rincourt pensait à Eugénie et son regard prenait une tournure particulière que Matthieu ne comprenait pas. Lui aussi avait les yeux brillants à l'idée de s'entraîner aux armes. Son accident n'avait pas détruit son goût de la guerre, au contraire, il l'avait raffermi.

9.

Geoffroi d'Eauze s'ennuyait. La maison de Melun et le parc boisé étaient trop petits pour son grand corps. L'exercice que lui proposait avec beaucoup d'assiduité Blanche de Navarre ne lui suffisait plus. Il tournait en rond. La jeune reine s'en apercevait, et cela l'irritait fortement, car elle ne supportait pas que son chevalier ne se plie pas à ses caprices.

L'inactivité, depuis qu'il n'était plus proche de ce pantin à ressort qu'était Charles le Mauvais, lui pesait. N'étant plus constamment projeté dans l'avenir, il regardait son passé et avait mal. Comment avait-il pu rester aussi longtemps à la cour de Navarre, comme un gros bourdon qui tourne autour d'une fleur vénéneuse ? Il apprit que le petit roi avait fait pendre Bessonac, son fidèle serviteur, et se mit en colère. Blanche chercha à le calmer : Bessonac n'était qu'un valet, elle lui en donnerait un plus jeune ! Il refusa :

– C'était mon ami ! hurla-t-il.

– Tu ne m'aimes plus ! s'écria alors la jeune femme faisant mine de déchirer ses vêtements. Tu es ailleurs, tu me rejettes, moi qui t'ai sauvé !

L'envie de cette petite reine si jeune et si belle lui avait passé. Il ne restait en lui qu'Eugénie, si distante, si noble, si forte aussi. Qu'était-elle devenue ? Blanche lui avait dit qu'après avoir quitté le château d'Évreux avec un bordelier, elle était probablement morte de la peste à Meulan, mais Eauze refusait de le croire. La Gascogne et son fils lui manquaient. Il voulait revoir sa parentèle, ses amis, ceux avec qui il aimait chasser le loup ou courir le cerf, retrouver ses chevaliers qui frappaient fort sur la table, buvaient sans retenue et racontaient leurs histoires sans se préoccuper des commandements de Dieu ou des menaces du diable, qui s'emportaient volontiers mais avaient l'amitié franche et fidèle. L'entourage des rois était peuplé de serpents qui s'épiaient et se détestaient. Eauze n'était pas fait pour ce monde superficiel qui dépensait le bon argent du peuple en fêtes et en parures inutiles. Son séjour à la cour d'Évreux et à Melun lui avait nettement indiqué son attachement profond pour les humains, quelle que soit leur condition. Il aimait les armes et la violence, il aimait les batailles, mais respectait les champs de blé et ne pillait pas les greniers. Il avait profité des servantes et des filles que son état de chevalier rendait serviles, il devait y avoir dans les fermes et les échoppes de Gascogne des enfants à la solide constitution qui grandiraient sans jamais savoir que le sang d'Eauze coulait dans leurs veines, mais cela n'était que broutilles. Eauze ne savait pas mentir.

Il avait été flatté des faveurs de Blanche de Navarre. À son tour, il se hissait au niveau des amants. Le petit noble égalait son beau-père, Renaud d'Aignan. Lui qui ignorait la magie des mots et la séduction de la musique plaisait à une sœur et femme de roi ! Mais avec le temps, ce privilège, qui le rehaussait au niveau d'Eugénie, cessa de lui plaire. Ainsi se dépouillait-il de sa vanité pour ne garder que l'essentiel : sa vie ratée, beaucoup d'années perdues pour une fausse amitié et des amours qui ne survivraient pas au temps.

Blanche, peut-être sincère, peut-être par caprice, ne cessait de pleurer, de lui faire des reproches et de s'accrocher à lui à mesure qu'il s'échappait. L'arrière-petite-fille de Philippe le Bel partageait avec son frère une grande générosité de paroles. Elle promettait beaucoup, donnait peu, sauf à Geoffroi d'Eauze qu'elle avait couvert d'or. Elle lui avait donné des terres avec actes notariés, une fortune suffisante pour qu'il envisage son départ en Gascogne. Ainsi, en voulant le retenir, Blanche lui avait-elle fourni le moyen de s'en aller !

Charles de Navarre depuis leur réconciliation ne cessait de lui demander de le rejoindre, lui promettant une grande fête pour leurs retrouvailles, mais Eauze se méfiait : il connaissait trop bien le petit roi pour lui faire confiance.

À la fin du mois de mars, un coursier de la cour d'Évreux lui annonça une nouvelle qu'il n'attendait plus. Sa femme était vivante ! Charles de Navarre l'avait rencontrée à une réunion de chevaliers normands et s'était réjoui de la trouver en parfaite santé. Elle serait présente au banquet que le dauphin donnerait le 6 avril en son château de Bouvreuil près de Rouen. Le fils du roi fêterait avec ses frères l'hommage des comtes normands. *Je me languis de toi,* écrivait Navarre, *viens à ce banquet. Tous les barons seront là ainsi que la comtesse d'Anjou !*

Que se préparait-il au château de Bouvreuil chez le dauphin Charles ? Le rassemblement des barons qui, un mois plus tôt, juraient la perte des Valois, semblait bizarre à Eauze. La présence de Navarre était l'assurance d'une nouvelle trahison. Eugénie n'était qu'un appât agité devant lui pour le décider.

Il n'avait pas l'intention de tomber dans le piège. Le dernier jour du mois, il fit préparer des chevaux pour aller chasser en forêt. Blanche, qui d'ordinaire se mettait en colère chaque fois qu'il voulait se dégourdir les jambes, fut, ce jour-là, tout sourires.

– Allez, mon ami. Je m'en vais rester à vous attendre. Je vous ferai préparer un bain bien chaud avec des herbes…

Eauze gagna la forêt et, quand il fut assez loin de la ville, ordonna à ses hommes de courir devant pour débusquer le dix-cors repéré la veille. Il ne garda avec lui que deux frères qui le servaient depuis le début, Jacques et Paul Leclert. Ils ne remplaçaient pas Bessonac, mais leur franchise incitait le chevalier à leur faire confiance. Blanche de Navarre les avait pris à son service parce qu'ils étaient beaux. Blonds, bien faits mais de petite taille, ils avaient quelques airs du roi de Navarre. Leur famille avait été entièrement anéantie par la peste. Comme ils ne trouvaient plus de bras pour travailler leurs terres, ces jeunes nobles avaient été contraints de vendre leurs biens à des usuriers qui profitaient de la situation pour constituer d'immenses domaines. Ils avaient séjourné à Vierzon, puis à Orléans, mais l'ambition les poussait vers Paris. Les deux frères s'étaient attachés à Eauze, autant pour sa force que pour sa générosité naturelle. Blanche accepta que son amant en fît ses écuyers.

Quand les piqueurs et les maîtres-chiens se furent éloignés, Geoffroi dit à ses deux compagnons :

– Je me languis de cette vie. J'ai hâte de rentrer chez moi en Gascogne, mais avant, je veux me divertir un peu. Si nous allions faire un petit tour à Paris ?

Jacques et Paul Leclert se regardèrent, visiblement tentés. Pourquoi pas ? Ils seraient à Paris en milieu d'après-midi, ils souperaient dans la capitale, iraient voir les filles et rentreraient le lendemain. Eauze avait compris leurs intentions :

– Et demain, nous dirons que nous nous étions trop éloignés pour rentrer, que nous avons été surpris par la nuit et que nous avons couché dans une auberge !

Cela leur plaisait. Ils imaginaient la soirée avec leur maître : le vin ne manquerait pas, les filles non plus et quelque bagarre pourrait agrémenter la sortie. À côté du géant, ce genre de distraction était toujours apprécié.

Les trois compères piquèrent leurs chevaux et arrivèrent à Paris trois heures plus tard. Ils entrèrent dans une ville grouillante de miséreux, cherchèrent une auberge entre le palais de la Cité et le Louvre. Le soir, ils soupèrent, vidèrent moult cruches du vin de Nogent. Jacques et Paul voulurent des filles pour passer la nuit, le cabaretier leur en trouva. Ils furent étonnés que Geoffroi d'Eauze préférât rester seul. Le lendemain, vers midi les deux frères, heureux mais sans un sou, parlèrent de rentrer. Eauze refusa :

– Mes gentillets, je vous ai dit que je voulais rentrer chez moi en Gascogne. Je ne retournerai jamais à Melun.

Les deux frères se regardèrent comme ils le faisaient quand ils devaient prendre une décision commune. D'un même geste, ils poussèrent l'un et l'autre la mèche blonde qui agaçait leur front.

– Alors, nous restons avec vous !

– Je n'en attendais pas moins de vous, mais je ne peux pas vous demander de me suivre. Cela peut être dangereux.

Jacques et Paul se regardèrent de nouveau. Ils voulaient bien partager la vie aventureuse du géant, mais pas être pendus. Pourtant, l'escapade les tentait.

– Nous acceptons les risques !

– Vous êtes de véritables amis. Ensemble, nous ferons fortune ou nous périrons, j'en fais le serment. À nous la belle vie ! Allons nous promener du côté du palais royal. Nous avons tout notre temps, nous nous mettrons en route demain à la première heure !

Enfin Eauze retrouvait la liberté. Il remplit ses poumons de l'air frais et malodorant du fleuve. Il renaissait. Les gens se retournaient sur son passage, mais il en avait l'habitude et n'y prêtait plus attention : les frères Leclert l'escortaient, fiers d'être les compagnons du colosse.

Ils déambulèrent toute la journée sans but, mais ne manquant pas de se faire remarquer. Le soir, ils soupèrent dans une auberge proche du palais. Un homme les aborda. Les joues rouges, pratiquement imberbe, il était très jeune et ressemblait plus à un moine qu'à un chevalier. Il se présenta :

– Pierre Letanneur. Je suis le frère, du côté de la bonne, du prévôt des marchands de Paris, Étienne Marcel.

Eauze le salua et l'invita à boire un gobelet. Letanneur, dont le regard toujours baissé indiquait un manque de franchise, éveilla très vite la méfiance des deux Leclert.

– Mon demi-frère, Étienne Marcel, le plus puissant bourgeois de Paris et maître de la prévôté, a besoin d'hommes de votre taille pour conduire son armée.

– Une armée de bourgeois ? s'exclama Eauze. Vous voulez parler de la maréchaussée ? L'armée ne peut être que noble !

Letanneur se mit à rire et se versa un autre gobelet de vin qu'il but d'un trait.

– Non, dit-il en secouant la tête. Nous recrutons une véritable armée. Tout va mal à Paris. Le roi Jean ne va pas garder son trône bien longtemps. Les troubles en Normandie ont empêché les marchandises de remonter le fleuve et cela nous a coûté cher. Le peuple gronde, car il a faim. Dans les campagnes, les vilains sont près de se soulever. Nous avons obtenu que les États généraux surveillent les dépenses de la cour. Ce n'est qu'un premier pas vers un gouvernement du peuple !

– Un gouvernement du peuple ? s'étonna Paul Leclert. C'est impossible !

– Non, cela se fait depuis longtemps ! Déjà en Grèce, puis à Rome et, de nos jours, en Italie. On l'appelle la république. Nous voulons l'instaurer et faire cesser les gaspillages…

Eauze pensait à tous ces misérables qu'il avait vus dans les rues de Paris, ces malheureux sur le bord des routes, ces mendiants bossus, déformés par les maladies, qui allaient d'une ferme à l'autre pour un morceau de pain rassis. Oui, c'était justice de mieux partager les richesses.

– Qu'est-ce que vous nous proposez ?

– De venir avec nous. Nous avons besoin de gens décidés. La révolte se prépare. Des centaines de petits nobles nous rejoignent chaque jour…

Des bruits de lames qui se croisent dominèrent les voix. Letanneur regarda autour de lui et se mélangea aux buveurs qui se tassaient au fond de la salle. Des gardes en cotte de mailles, bassinet sur la tête, l'épée au clair, entrèrent dans la pièce.

– Personne ne bouge ! cria l'un d'eux en se tournant vers Eauze, menaçant.

Le chevalier et les frères Leclert se levèrent de leur table, prêts à faire front.

– Non, mes seigneurs, nous serions obligés de vous faire violence ! ajouta l'homme. Nous avons ordre de vous prendre. N'opposez aucune résistance et tout se passera bien.

– Où nous conduisez-vous ?

– À Saint-Germain-en-Laye chez notre maître qui se languit de vous !

– Quel est-il ? s'écria Eauze. Qui n'ose pas se nommer n'est pas digne de porter épée !

– Mais notre maître ose puisqu'il est roi et votre ami. C'est Charles de Navarre.

Tout en parlant, les gardes avaient entouré Eauze et ses deux amis. Les lames pointées vers eux, ils les poussaient à l'extérieur de la taverne.

– Surtout soyez raisonnable ! Il ne vous arrivera rien.

Eauze et les frères Leclert furent enfermés dans un chariot grillagé. Le voyage dans la nuit dura longtemps. Eauze était sombre. Les frères Leclert assis l'un près de l'autre en face du chevalier rongeaient leur peur. Pourquoi n'avaient-ils pas fui quand c'était le moment ? Charles le Mauvais, Charles le Cruel, allait les faire pendre !

Après deux heures sur les chemins cahoteux, le chariot entra dans une cour. La porte s'ouvrit, un homme bardé de fer levant la torche à la hauteur de son visage demanda aux prisonniers de sortir. Des gardes s'emparèrent des frères Leclert, d'autres prièrent Eauze de les suivre.

– Le maître vous attend.

Le géant fut conduit dans une vaste salle éclairée de torches murales. Des chevaliers debout le dévisagèrent. Au fond de la pièce, près d'un grand feu, le petit roi de Navarre trônait sur une estrade. Quand il vit Eauze, son visage s'éclaira, il se leva, tendit les bras.

– Mon ami, mon très cher ami, voilà que tu as enfin décidé de me rejoindre. Quel bonheur !

Eauze ne broncha pas quand le petit jeune homme se serra contre lui, sa tête blonde posée au bas de sa poitrine, comme un enfant qui demande une caresse.

– Je me languissais de toi depuis que nous nous sommes retrouvés à Melun. Pourquoi as-tu tant tardé à me rejoindre ?

Chacun put voir les larmes noyer les yeux de Charles et rouler sur ses joues.

– Je t'ai attendu chaque jour ! Franchement, j'ai cru que tu m'en voulais encore ! Dis-moi que ce n'est pas vrai !

Il avait une voix suppliante aussi gracile que celle d'un garçonnet. Bonasse, Eauze se laissa prendre et posa sa large main sur l'épaule du petit roi.

– Dis-le ! insista Charles. Si tu y tiens, je peux encore te demander pardon à genoux !

– Vous avez enfermé ma femme et vous avez pendu Bessonac !

– Ce fut une ignoble méprise ! Je n'en ai jamais donné l'ordre. Mes hommes ont voulu faire du zèle. Allez, je te donne les quatre hommes qui ont fait le coup. Tu pourras les occire comme tu l'entends !

– Cela ne me ramènera pas mon ami.

– Nous avons assez parlé. Tu vas suivre mes gardes qui vont te conduire à tes appartements, je t'attends pour le souper et pour quelques amusements comme autrefois.

Sans se méfier, Eauze suivit les hommes d'armes qui le conduisirent vers un escalier taillé dans la pierre.

– Où m'emmenez-vous ? Je croyais que…

– Avancez et ne posez pas de questions.

Ils le conduisirent dans une cave humide. Leurs torches éclairaient de minuscules niches creusées dans le rocher. Un homme de la taille d'Eauze ne pouvait y entrer que recroquevillé. Ce qu'on racontait était donc vrai ! Navarre enfermait ses ennemis dans ces trous où il les laissait mourir. Le chevalier eut un geste de recul.

– Vous n'allez pas m'enfermer là-dedans ? Ce ne sont pas les ordres du roi !

– Si, ce sont les ordres du roi.

– Mais je suis trop grand, trop large !

– On va tasser !

Dans un geste désespéré Eauze voulut se débarrasser des gardiens, mais il fut piqué par le fer des lances et poussé sans ménagement dans une niche.

Outre le plaisir qu'il éprouvait à enfermer dans une de ses oubliettes un homme trois fois plus lourd que lui, Charles de Navarre voulait faire de son ancien ami une monnaie d'échange avec la comtesse d'Anjou qu'il avait retrouvée en compagnie des conjurés des Lys. Il avait mesuré combien Eugénie le détestait et savait qu'elle n'accepterait pas de laisser souffrir son mari. Cette carte maîtresse en main, il rendit visite au dauphin pour le prier d'accepter l'hommage de ses amis normands. Les deux cousins arrêtèrent les modalités du banquet qui serait donné au château de Bouvreuil un peu au sud de Rouen, le 6 avril 1356. La réconciliation des Valois et des grands barons du royaume s'annonçait comme une belle victoire pour les fils de Jean II. Charles de Navarre, poussé par Mainemarres, ne cessait de pérorer et de chanter sur tous les tons qu'il était à l'origine de ce grand acte de paix, début d'une ère de prospérité.

Quelques jours avant la fête, il accueillit Eugénie à Évreux avec une de ses volte-face coutumières :

– Madame, j'ai été abusé par mes conseillers ! Je me languissais de vous ! Mais vous êtes sauve, c'est l'essentiel !

Eugénie ne baissa pas les yeux, mais se força à sourire. Le félon, qui croyait tromper tout le monde, avait mordu à l'appât, il ne fallait surtout pas éveiller sa méfiance avant qu'il ne fût ferré pour de bon.

– Sire, je n'ai cherché qu'à vous servir, mais oublions cela !

D'Harcourt, Pleisson et les autres mesuraient la perfidie de ce langage, mais souriaient. Le tricheur était tombé dans le piège qu'il pensait leur tendre : une fois le dauphin et ses frères capturés, il serait tenu pour responsable du guet-apens, associé aux conjurés des Lys et obligé de faire cause commune avec eux.

– Madame la comtesse, ajouta le petit roi, permettez-moi de vous rendre votre épée en gage de notre nouvelle amitié ! Cette épée à laquelle vous sembliez beaucoup tenir !

Un écuyer de Navarre apporta l'arme dans son fourreau. Eugénie la prit dans ses mains, la fixa à sa ceinture. Une vague chaude déferlait dans sa poitrine, mais elle réussit à ne pas montrer son trouble.

– Sire, je vous remercie du fond du cœur !

Jean II, tenu au courant par ses espions, attendait patiemment. L'occasion était trop belle pour se débarrasser de ses ennemis rassemblés en une même salle !

Le 3 avril au matin, quand il apprit la date du banquet, il sombra dans une terrible colère. Il cassait tout sur son passage, s'en prenait aux domestiques qui ne sellaient pas son cheval assez vite, aux servantes qui tardaient à lui apporter son manteau. Il avait envoyé un coursier chercher Rincourt qu'il maudissait d'habiter si loin du palais. Il fit appeler Chaillouel, Lalemand, Pierrinet le Buffle et Crepi, hommes de sa garde rapprochée, leur ordonnant de prendre vingt sergents et les meilleurs chevaux. Le maréchal d'Audrehem, Philippe d'Orléans, frère du roi, puis Jean et Charles d'Artois, Jean de Tancarville arrivèrent enfin.

Le roi les tança vertement d'avoir perdu un temps aussi précieux. Personne ne répondit, pas même Philippe d'Orléans qui n'avait guère l'habitude de se gêner avec son frère. Le visage du souverain était rouge, presque cramoisi, sa barbiche noire tremblait. Il fut le premier équipé de pied en cap et sauta sur son cheval avec une énergie qu'on ne lui connaissait pas.

– Tancarville, hurla-t-il, vous restez ici. Fermez les portes de la ville jusqu'à mon retour et disposez les corps d'armée disponibles autour du palais royal. Vous noierez dans le sang toutes les insurrections qui ne pourront venir que de mes ennemis !

Il fit faire demi-tour à son cheval.

– Allons ! C'est la couronne de France que nous allons défendre.

Quand tout le monde fut en selle, il cria :

– Dites et faites dire que je pars à la chasse en forêt de Gisors où l'on m'a signalé un cerf exceptionnel.

La troupe d'une vingtaine d'hommes partit. Le roi en tête donnait la cadence et, au train qu'il menait, il faudrait changer les chevaux avant d'arriver à Gisors. Rincourt était particulièrement sombre. Le souverain le soupçonna encore de le trahir.

– Les félons, murmurait-il, ils croient que je vais les laisser faire ! Ils me prennent pour un faible ! Et ce pauvre Charles qui s'est laissé abuser par des beaux parleurs !

Il ne cessait de maugréer et de piquer son cheval dont l'écume blanche qui moussait à ses naseaux montrait qu'il serait vite à bout de forces. Derrière, les autres tentaient de suivre. Le soleil sortait parfois entre les nuages qui couraient. Dans les champs, les vilains préparaient la saison. Beaucoup bêchaient les parcelles qui accueilleraient les cultures maraîchères, les choux si précieux durant ces derniers hivers de disette, les fèves, les pois et les racines, carottes, crosnes, raves de toutes sortes. Dans les vignes, le long de la Seine, les tailles de printemps se poursuivaient. Les sarments étaient rassemblés en fagots sans en laisser perdre une brindille tant le combustible manquait. Les vergers s'étalaient sur les collines, pommiers, poiriers, cerisiers, pruniers dont les fruits servaient à faire un alcool recherché.

Ils arrivèrent de nuit à Gisors, couchèrent dans une auberge, comme n'importe quel autre voyageur, entassés dans des chambres peu confortables. L'aubergiste ne sut que le lendemain qu'il avait eu l'honneur de recevoir le roi de France, quand la troupe s'en était allée avec des chevaux fatigués qui ne purent tenir la cadence de la veille. Jean II refusa qu'on s'arrêtât pour manger ou souffler.

– Cet imbécile de Charles ! répétait-il en parlant du dauphin. Rassembler tous nos ennemis pour leur offrir à banqueter ! Cela s'appelle se jeter dans la gueule du loup !

Le groupe entra dans les faubourgs de Rouen à la vesprée. Les chevaux étaient exténués, les hommes aussi, seul le roi semblait encore plein d'énergie. Il ne voulut pas passer au plus court en traversant la ville, il en fit le tour pour n'ameuter personne et entra dans le château par la poterne qui n'était pas gardée : qui aurait osé pénétrer dans la demeure du dauphin alors qu'il se trouvait en compagnie de toute la noblesse de Normandie ?

Le roi descendit de cheval, toujours aussi déterminé et, sans attendre les autres, se précipita dans l'entrée dont la porte était ouverte, sans le moindre domestique pour surveiller les arrivants. Audrehem et Rincourt rattrapèrent le souverain qui grimpait l'escalier.

Dans la vaste salle ronde dont les murs étaient superbement décorés de rameaux de buis et de laurier, de genévrier et de pin, les seuls arbres verts en cette saison, on avait disposé des bouquets de jacinthes, de violettes et de rameaux fleuris de prunelliers. Des centaines de cierges éclairaient la pièce aux petites fenêtres. Quatre longues tables étaient disposées et les convives s'étaient déjà assis. On venait de corner l'eau, les échansons allaient des uns aux autres avec leur aiguière, laissant couler un filet liquide sur les doigts des convives. Cette ancienne habitude de certaines maisons nobles s'était généralisée avec la peste.

À la table d'honneur se trouvaient Eugénie et les principaux chefs de la conjuration des Lys qui avaient accepté de rendre hommage aux Valois. Vêtu d'un drap bleu marbré de Bruxelles, le dauphin portait un chaperon orné de pierreries en forme de feuilles. À sa gauche, une place vide, celle de Jean d'Harcourt qui avait été appelé par un valet, car un coursier venait de lui apporter des nouvelles de son oncle, Godefroi. À sa droite, Charles de Navarre souriait : il avait tout manigancé. Remuant comme à son habitude il ne cessait de parler, de féliciter son voisin : « Mon cher cousin, quel bonheur de se retrouver ici pour une paix dont nos peuples ont tant besoin ! » susurrait-il en lançant de temps à autre un regard complice à la comtesse d'Anjou. Elle était la seule femme de l'assistance, vêtue en homme avec un surcot au col fourré et portant un chaperon rouge et bleu à large bordure et rubans dorés. Le dauphin était satisfait : sans la reddition de celle qui avait conduit une armée contre le palais royal, le jour de Noël, la soumission des Normands n'aurait pas été complète. Les ennemis des Valois avaient enfin décidé de cesser la lutte, Charles réussissait là où son père avait échoué !

– On vous crut morte ! dit-il, magnanime. Vous avez fort bien fait de disparaître. Mon père, dans ses accès de colère, perd tout jugement !

Eugénie lui adressa son meilleur sourire, mais son regard plein de la lumière des cierges était celui du chasseur qui observe sa proie. Le fils aîné de Jean II n'était pas un homme de guerre. Il pouvait à peine jouer à la paume : son bras droit le faisait atrocement souffrir au moindre effort. Cette incapacité aux activités violentes lui laissait le temps de la réflexion, ce qui faisait de lui un jeune prince qui ne décidait rien à la légère. Il savait que ce banquet était un ramassis de crabes, mais croyait franchement à la loyauté de ses anciens ennemis, raison pour laquelle il avait fait venir ses deux frères encore adolescents. Il ne se doutait pas un instant que le sort des Valois se jouait en son propre château. Ses espions avaient été moins clairvoyants que ceux de son père.

Tout était prêt : dans un château voisin, les hommes d'armes et leurs chevaux attendaient les fils du roi pour les séquestrer en un endroit secret ; à Paris, les factions de mercenaires sous les ordres de Pleisson convergeaient vers l'île de la Cité et prenaient position autour du palais royal. Charles de Navarre se réjouissait de participer à ce brillant jeu de menteur d'où il ne manquerait pas de récolter quelque bénéfice.

Les écuyers tranchants se placèrent derrière chaque convive. Il ne manquait que Jean d'Harcourt : son oncle, qui venait d'apprendre que le roi s'invitait à la fête, lui faisait dire de le rejoindre au plus vite hors de Rouen, mais comme il ne pouvait pas s'absenter à un moment aussi important pour la cause des Lys et aussi parce que la perspective d'un bon repas avait toujours attiré cette montagne de graisse, le comte dit au coursier qu'il se rendrait auprès de son oncle après le souper. Il remonta en soufflant le long escalier et vint prendre sa place à la gauche du dauphin. Il échangea un rapide regard avec Eugénie comme pour lui signifier que le motif de son retard n'avait rien à voir avec ce qui se préparait.

On apportait le premier plat de poisson, car on était en carême, quand un grand bruit monta de l'escalier, suivi d'une voix criarde qui menaçait. Tout le monde se tourna vers la porte. Le maréchal d'Audrehem apparut et s'écria :

– Que nul ne bouge s'il ne veut mourir de cette épée !

Il n'avait pas lancé sa menace qu'une dizaine d'hommes entrèrent à leur tour et poussèrent dans un coin les écuyers, les porteurs d'eau et de vin, les sauciers, sous les cris de protestation des chevaliers. Eugénie reconnut tout de suite Guy de Rincourt car il ne portait pas de heaume mais un simple bassinet. Profitant de la pagaille, il se détacha des autres, s'approcha d'elle et l'obligea à se lever. Audrehem avait ordonné aux convives de rester assis, mais soit qu'il fût dans la combine de Rincourt, soit qu'il n'eût rien vu, il ne fit aucune remarque.

– Madame, fuyez ! dit Rincourt à l'oreille d'Eugénie. Fuyez tout de suite, sinon je ne réponds pas de votre vie.

Eugénie comprit à l'intonation qu'elle ne devait pas perdre de temps.

– Fuyez dans le petit bois près des écuries. Personne ne pensera à vous y chercher. Je vous retrouverai quand tout cela sera fini.

Elle se glissa au milieu des valets qui se tassaient comme des moutons devant un précipice, se faufila pour sortir de la pièce. Le dauphin commençait à montrer sa mauvaise humeur. Qui se permettait d'entrer ainsi chez lui sans s'annoncer ? Il était prêt à se lever pour chasser les importuns quand le roi entra, rouge de colère. Charles de Navarre avait pâli. Il regardait autour de lui comme pour chercher le moyen de s'échapper, mais c'était trop tard. Le roi alla directement vers lui, le prit par le surcot et le souleva tant il était léger.

– Maudit traître ! cria-t-il. Par l'âme de mon père, je ne serai en paix tant que tu vivras !

Colin Double, un écuyer du roi de Navarre, voyant son maître malmené et n'ayant probablement pas reconnu Jean II, menaça l'agresseur de son couteau à trancher. Un des gardes lui retourna le bras.

– Mettez-moi tout ce monde en prison ! cria le roi.

Il se tourna vers Jean d'Harcourt dont le visage dégoulinait de sauce et lui assena un terrible coup de masse d'armes sur l'épaule.

– Toi aussi, en prison !

Les hommes du roi avaient investi la pièce, les valets s'étaient retirés vers les cuisines. Le dauphin qui ne comprenait pas ce qui se passait ne cessait de répéter : « Sire, mon père, je vous en supplie… » Mais le Valois n'entendait rien. Son visage rouge, sous la ventaille levée du heaume qu'il n'avait pas pris le temps de délacer, son regard de braise indiquaient qu'il n'en resterait pas là. Charles de Navarre avait retrouvé son aplomb :

– Qui vous a informé de si mal façon, mon père ? demanda-t-il. Jamais je n'ai pensé trahison contre vous, ni contre monseigneur votre fils !

– Je sais ce que je fais ! hurla Jean II qui éprouvait même en pareille situation le besoin de se justifier. C'est à ma couronne qu'ils en veulent ! Ils vont être servis ! En prison et qu'on aille chercher un bourreau.

Navarre savait combien les colères de son beau-père pouvaient être meurtrières et cette fois, c'était lui la proie.

– Je suis roi ! D'un moindre royaume que vous, mais je suis roi quand même ! dit-il d'une voix qui avait perdu son assurance.

Jean II ne lui laissa pas le temps de plaider sa cause. Il ordonna qu'on enferme tous les hommes qu'il désignait, Jean d'Harcourt, Mainemarres, le comte de Chartres, Maubué et tous les autres conjurés des Lys. Il ne manquait qu'Étienne de Pleisson, Itteville et le cardinal de Varonne, retenus ailleurs.

Le roi allait d'une table à l'autre, montrant du doigt ceux que les gardes emmenaient. Quand il eut fait le tour des quatre tables, il se tourna, regarda ce qu'il restait de convives.

– Il y avait une femme ! hurla-t-il. Qu'on la trouve ! Qu'on fouille tous les buissons de Rouen et toutes les maisons s'il le faut, mais qu'on la trouve !

Le dauphin s'approcha de lui :

– Sire, mon père, je suis déshonoré. Que va-t-on dire de moi ? Je prie ces chevaliers à ma table et vous les traitez en ennemis ! Je vous conjure par Dieu de changer d'avis !

– Je ne ferai rien de tout ce que vous dites, Charles. Ce sont des traîtres. Vous ne savez pas ce que je sais.

– Sire, insista le dauphin qui cherchait à gagner du temps, voulez-vous qu'on vous serve à manger ?

Les gardes, les chevaliers, ceux qui, depuis deux jours n'avaient pris aucun repos, louchaient vers les plats. Le roi aussi s'aperçut qu'il n'avait rien mangé depuis la veille au matin. Il demanda qu'on délace son heaume et s'assit devant les restes refroidis d'un cygne. Ce fut le signal, tout le monde se jeta sur les mets entamés, pendant qu'on enfermait dans deux chambres et sous bonne garde les conjurés que le roi avait désignés.

Rincourt avait pensé que la nourriture ferait tomber la colère de Jean II, ce fut le contraire qui se passa. Le souverain vida un gobelet de vin, s'essuya les lèvres et la barbiche avec la nappe blanche, puis ordonna à son homme à tout faire, le roi des ribauds, Friquet de Fricamp :

– Trouve un bourreau et des charrettes pour conduire les condamnés.

– Un prêtre aussi ?

– Non, ils doivent aller en enfer !

Le dauphin s'insurgea :

– Sire, ces hommes sont de grande noblesse et ne peuvent être exécutés sans un procès.

Il pensait à Brienne dont la mort avait dressé les cours d'Europe contre son père. Jean y pensait aussi et se disait que ce jour-là, il aurait dû faire décapiter tous les conjurés dont ses espions lui avaient donné la liste.

– Il n'y a pas de pardon possible. Les laisser un jour de plus en vie met en péril notre couronne. Charles, le comprenez-vous ?

– Mais enfin, Sire, mon père, vous ne pouvez pas faire décapiter le roi de Navarre, il est roi et mérite un traitement de roi. Il est votre gendre…

– Et puis, Sire, ajouta Audrehem qui avait l'habitude de manœuvrer le roi, si vous tuez Charles, il reste Philippe qui cherchera à le venger, alors qu'en le gardant en prison et en lui faisant croire qu'il sera exécuté le lendemain, vous le maintiendrez dans une terreur constante…

– C'est vrai, cela peut s'envisager.

Tout à coup, le roi se dressa :

– Et la femme ? A-t-on trouvé la femme ?

Tout le monde se regarda. Dans la précipitation, on avait oublié de la faire chercher malgré l'ordre du roi. Rincourt mentit :

– Sire, les recherches continuent. Elle est aux abois.

– Parfait ! dit le roi. Vous m'en répondrez sur votre tête. Et le bourreau ? Où est le bourreau ?

Friquet de Fricamp n'en avait pas trouvé. Comme il fallait aller très vite, il dénicha un condamné dans une prison voisine, un certain Pierre Bétrouve, que l'on devait pendre le lendemain. Il manquait de bras et d'épaule pour décoller les solides barons normands, mais on s'en contenterait.

Le roi était pressé. Sa faim apaisée, il se leva et demanda qu'on prépare les charrettes pour les condamnés. La nuit tombait. On disposa des torches dans la cour en dessous du donjon où avait été enfermé le roi de Navarre. Ses gardiens le forcèrent à se rapprocher de la fenêtre pour qu'il assiste au spectacle.

Enfin, le bourreau, vraiment maigrichon, roula le billot au milieu de la cour et eut toutes les peines à le dresser. On lui présenta des haches qu'il jugea insuffisamment aiguisées. Les meules à eau se mirent à tourner. Quand l'homme qui tremblait fut satisfait, la première charrette arriva. Il n'y avait pas plus de dix brasses à parcourir mais le roi redoutait les tentatives d'évasion dans la nuit complice. Debout, sur son cheval, le heaume délacé sur la tête, la ventaille levée, il ordonna :

– Qu'on le délivre !

Près de lui, les chevaliers de sa garde se demandèrent ce que signifiait cette parole. Rincourt pensait à

Eugénie qui devait encore être dans les lieux. Une fois de plus, il avait mis sa tête en jeu en ne demandant pas qu'on la recherche. Pour l'instant, le roi n'y pensait pas. Quand il aurait son content de sang, il serait plus clément.

Le triste spectacle commença. Les gardes firent signe à Jean d'Harcourt de descendre de la première charrette. Énorme, il suait malgré sa pâleur. On dut l'aider tant ses pas étaient mal assurés. Il marcha, dépoitraillé, vers le petit bourreau qui se demandait comment il allait décoller une tête aussi bien accrochée. Quand le condamné arriva au billot, il se tourna vers le roi. On crut qu'il allait parler, mais il resta muet. Il avait appris depuis son plus jeune âge qu'un chevalier de haute race ne tremblait pas devant la hache. Il se mit à genoux et posa sa tête sur le billot.

– Qu'on le délivre ! répéta le roi.

Pierre Bétrouve leva sa hache trop lourde pour ses maigres bras et le fer s'abattit, faisant une large entaille dans la graisse du cou. D'Harcourt poussa un soupir contenu, le même que Brienne quelques années plus tôt. La hache se leva de nouveau et s'abattit de travers. Le sang giclait autour du billot, éclaboussant le bourreau qui s'acharnait. Il fallut huit coups de hache pour décoller enfin le gros chef qui roula sur les pavés. Un ruisseau de sang coulait en gros bouillons du corps qui bougeait encore.

Les gardes conduisirent le deuxième condamné, Mainemarres qui claquait des dents. Il eut plus de chance, le bourreau qui s'était fait la main l'expédia d'un seul coup. Les chevaliers massés près du roi avaient envie d'applaudir.

Il faisait froid, mais personne ne bronchait. Le roi, toujours immobile sur son cheval, attendait que l'exécution fût finie. Des gardes, improvisés aides du bourreau, tiraient les corps dégoulinants de sang sur un côté de la cour, prenaient les têtes par les cheveux, les entassaient dans un coin, et cela continua ainsi très tard dans la nuit. Enfin, quand ce fut fini, le roi fit faire demi-tour à son cheval, mit pied à terre.

– Mon fils, nous venons de remporter une grande victoire !

Il ne se trompait pas. La conjuration des Lys avait perdu ses principaux chefs ; il restait le cardinal de Varonne, sagement resté à Reims. À Paris, Étienne de Pleisson et ses hommes s'étaient heurtés à une défense bien organisée par Tancarville. Mis en déroute, beaucoup furent tués. Le seigneur de Vézelay eut de la chance et put s'échapper en se faufilant dans les ruelles comme un voleur de bourse. Combien d'années faudrait-il pour réorganiser l'armée secrète qui n'avait plus de généraux ? Désormais, Jean Ier ne pourrait compter que sur lui-même.

– Et la femme ? Sait-on où elle se trouve ? demanda encore le roi en se tournant vers Rincourt.

Audrehem, dont les hommes avaient mis au jour le complot et en qui le roi avait une grande confiance, vint au secours du chevalier blanc :

– On ne l'a point trouvée, Sire, mais les recherches continuent. Il ne faut cependant pas lui donner plus d'importance qu'elle n'en a. Ce n'est qu'une femme et tous ceux qui la servaient sont morts. Seule, elle ne peut plus rien !

– Tu as raison, dit le roi. Tout cela m'a donné faim, retournons manger.

Rincourt poussa un soupir de soulagement. Le roi montra un bel appétit. Il était d'humeur joyeuse et plaisanta sur la folle équipée qui lui avait permis de sauver sa couronne.

On lui prépara une chambre et il alla se reposer quelques heures. Les chevaliers et les écuyers, terrassés de fatigue, s'endormirent dans la salle du banquet sans prendre garde aux valets qui devaient les enjamber pour débarrasser les tables. Un seul ne s'abandonna pas au sommeil : Rincourt qui s'en alla vers les écuries…

10.

Eugénie, profitant de l'affolement général, avait réussi à se faufiler jusqu'à l'escalier, mais elle dut rebrousser chemin : des gardes royaux condamnaient la porte d'entrée. Elle courut au milieu des domestiques et des hommes d'armes, tellement préoccupés par ce qui se passait dans la grande salle que personne ne fit attention à elle. Un deuxième escalier, au bout d'une sorte de cabinet, permettait de descendre au rez-de-chaussée. Aucune ouverture n'éclairait les marches, elle l'emprunta à tâtons, arriva à une petite porte fermée à double tour. Elle remonta jusqu'au petit cabinet d'où elle entendait ce qui se disait, le roi furieux et le dauphin qui parlementait. Elle tremblait pour ses amis. Quand Jean II parla d'aller chercher un bourreau, elle comprit qu'ils étaient perdus.

Une fois le calme revenu, le bruit des roues ferrées sur les pavés précéda les coups sourds de la hache sur le billot et le roi qui ne cessait de répéter : « Qu'on le délivre ! » Elle eut envie de se montrer. Le gros Jean d'Harcourt et la plupart de ses fidèles amis donnaient leur vie sans un mot de protestation, en martyrs. Le Valois gagnait donc. Une fois de plus, Dieu se trouvait du côté des voleurs de couronne, des assassins !

Les heures passèrent, interminables. Parfois des pas se rapprochaient, Eugénie frissonnait, car si l'on venait fouiller cette pièce, elle serait fatalement découverte. La hache cessa ses coups sourds, puis elle entendit le roi parler dans la salle du banquet. Où était Rincourt ?

Enfin, le château s'assoupit. On n'entendait plus que le cri des hulottes dans la forêt voisine. Eugénie se hasarda hors du cabinet. Elle ne pouvait pas s'échapper sans traverser la salle à manger dont elle ouvrit lentement la porte.

Dans la lueur chancelante des candélabres qui s'éteignaient, elle vit chevaliers, gardes, écuyers et domestiques qui dormaient, allongés sur le plancher ou affalés sur les tables. Elle eut peur que l'un d'eux ne donnât l'alerte et attendit un long moment.

Comme personne ne bougeait, Eugénie enjamba des corps inertes et put sortir sans être inquiétée. Dans la cour, personne n'avait songé à emporter les cadavres et les têtes. Du ciel tombait une clarté bleue qui ne laissait voir du carnage qu'un tas informe et menaçant. Des chiens léchaient le sang près du billot et de la hache abandonnée. L'odeur des chairs tranchées vivantes stagnait dans cette petite cour entourée de hauts murs. Eugénie s'éloigna. Les portes étaient restées ouvertes. Pas un garde ne veillait le long de la deuxième enceinte du château. Le pont était abaissé, les herses relevées. Les survivants de la Conjuration auraient pu prendre la place sans trouver la moindre résistance et cueillir le roi dans son sommeil. La jeune femme se rendit aux écuries, détacha un cheval qu'elle ne prit pas le temps de harnacher, lui sauta sur le dos et piqua en direction des douves. Un homme l'attendait là. Elle se laissa glisser de sa monture dont elle découvrit la robe pie. Le froid n'était pas excessif, un peu de vent animait l'ombre.

– Madame…

Rincourt était là, baissant la tête. Quand il leva les yeux, Eugénie vit les larmes rouler sur ses joues. Elle ne savait comment exprimer sa reconnaissance.

– Renoncez, je vous le demande une fois de plus ! fit Rincourt en s'essuyant les yeux avec la manche de son surcot.

– Après ce qui s'est passé ce soir, je ne renoncerai jamais ! dit-elle. Le monstre sera chassé.

– Il y a plus grave ! dit l'homme, beaucoup plus grave !

– Que voulez-vous dire ?

Elle n'osa pas ajouter : « Pourquoi ces larmes ? » comme si elle en devinait tout à coup l'origine.

– Je suis un misérable ! ajouta-t-il. Je n'ai que ce que je mérite.

Un gros soupir souleva sa poitrine. Eugénie resta muette face au désarroi du chevalier qui semblait chercher ses mots. Ce n'était pas dans ses habitudes de se laisser aller, elle eut la certitude qu'un nouveau drame les touchait tous les deux.

– Notre fils ! dit-il, le petit Renaud est mort !

– Quoi ?

Ce mot avait éclaté dans la nuit, un cri d'animal blessé.

– Noyé ! ajouta Rincourt.

Elle se pressa contre lui. Il passa son bras sur son épaule et la garda serrée un long moment.

– Vous pouvez aller, madame. Désormais plus aucun lien ne nous rattache l'un à l'autre.

– Si ! dit Eugénie, le chagrin qui ne nous quittera jamais.

Sans rien ajouter, elle se détacha de Rincourt, monta sur son cheval et s'éloigna au grand galop. Les larmes de Rincourt étaient autant de braises qui lui dévoraient le ventre.

Au château de Quevilly, à l'est de Rouen, Itteville et ses hommes attendaient qu'on leur amène les prisonniers. Pour les rejoindre, Eugénie devait parcourir un peu plus d'une lieue dans une zone infestée de brigands. Elle piqua son cheval qui, fort heureusement, appartenait à la maison du dauphin et n'avait pas dépensé ses forces pendant la journée. Elle était bonne cavalière et put se tenir en croupe sans selle, les mains accrochées aux poils de la crinière. L'animal docile obéissait à la moindre pression de ses jambes, à la moindre inflexion de son corps.

Elle traversa les faubourgs, puis une forêt extrêmement dense. À la sortie, des hommes tentèrent de l'arrêter. L'un d'eux sauta au col du cheval qui se cabra, fit un écart et put s'échapper en profitant de l'ombre. Eugénie arriva enfin au Grand-Quevilly qu'elle contourna. Le castelet où le dauphin et ses frères devaient être enfermés se trouvait en dehors des murs. Mal défendu, il était peu surveillé par les autorités locales. Une horrible croyance planait sur cette construction ancienne dont le donjon en ruine rappelait un passé guerrier. On y avait brûlé, pendant la peste, une dizaine de sorcières dont les âmes maudites hantaient le lieu. Un prêtre de la maison d'Harcourt avait exorcisé l'endroit et y avait passé tout un mois sans le moindre ennui, raison pour laquelle on avait décidé d'y garder le dauphin et ses frères.

Eugénie arriva en trombe dans la cour. Les gardiens qui se trouvaient sur le chemin de ronde se précipitèrent, comprenant qu'un événement imprévu avait contrarié leurs projets. Eugénie descendit de cheval.

– Tout est perdu ! dit-elle. Les lys ne fleuriront plus.

Le chevalier d'Itteville qui commandait la petite garnison arriva. C'était un tout petit homme décidé portant un chapeau étroit sans bord. Il n'était pas très vieux, mais ses cheveux avaient blanchi dès sa vingt-cinquième année.

– Que se qui se passe-t-il ?

– Nous avons été trahis. Le roi a fait arrêter et exécuter nos amis. Jean d'Harcourt et les autres sont morts, la tête sur le billot. Navarre et les siens sont en prison. Jean II savait tout. Il ne nous reste plus qu'à fuir.

– Que n'y suis-je allé ? regretta-t-il. Je serais avec eux. Ma place était là-bas !

Eugénie s'effondra. Les coups sourds de la hache sur le billot, les râles des suppliciés et la mort du petit Renaud avaient eu raison de ses forces. Itteville la prit dans ses bras et l'emporta à l'intérieur. Il fit réanimer le feu qu'on avait délaissé et demanda qu'on apporte du bouillon chaud.

Eugénie murmurait des mots sans suite. Un écuyer aux grosses mains boudinées passait un linge humide sur son front avec la délicatesse d'une nourrice.

Le feu répandait une agréable chaleur, Eugénie sanglotait. Les hommes, tous rudes soldats habitués à vivre durement, respectaient le chagrin de cette femme d'apparence si forte. Elle s'agitait, à demi inconsciente, la sueur perlait à son front. L'écuyer aux grosses mains n'osait plus l'éponger et se tenait à côté d'elle, à genoux, son linge au bout des doigts.

Le lendemain matin, Eugénie était malade. Une forte fièvre allumait son regard. Du sang giclait dans ses pensées, des têtes roulaient autour d'elle, une voix rayée répétait : « Qu'on le délivre ! » Et le petit Renaud sombrait dans les eaux froides du Tréport.

Elle refusa qu'on aille chercher un médecin. À mesure qu'elle émergeait de ses cauchemars, une silhouette se précisait devant elle, celle de cet homme qui l'avait sauvée, cet homme qui voulait se battre pour que la paix revienne dans le royaume et qui pleurait. Elle se dressa sur les coudes, décidée à faire face à la réalité.

– Madame, dit Itteville dont les mèches blanches dépassaient de son chapeau étroit, nous ne pouvons nous attarder ici. Il suffit que l'un des nôtres ait été questionné pour que le roi vienne nous quérir et vous serez la première à poser la tête sur le billot.

Il avait raison. Ils étaient restés trop longtemps dans ce castelet à mauvaise réputation pour que les gardes de la ville n'aient pas repéré leur présence. Le coup de force du roi au château de Bouvreuil était dans toutes les conversations.

– Nous partons tout de suite ! décida Eugénie.

Dans la cour, les chevaux étaient prêts ; les chevaliers avaient revêtu leurs habits de guerre, cotte de mailles, bassinet sur la tête, chausses de fer, car ils redoutaient d'être attaqués. Eugénie se prépara rapidement, se mouilla le visage avec de l'eau froide. Dans la cour, on avait harnaché son cheval pie, un animal de petite taille qui lui avait fait si bonne impression la veille.

– Nous passerons par Reims, précisa-t-elle. Varonne sera averti et je veux m'entretenir avec lui de la suite à donner au massacre. Nous ne changeons rien au programme. Jean Ier et moi entrerons au mois de juin par la Provence avec le gros des troupes. Vous devrez nous préparer le terrain en disposant ce qui nous reste d'effectifs aux endroits difficiles…

Elle parlait ainsi, mais ses pensées étaient ailleurs et, sous son apparente détermination, la douleur l'écrasait.

Le groupe partit dans le matin brumeux. Le soleil ressemblait à une coupe blanche à travers un tapis laineux. Les oiseaux célébraient le printemps ; les vilains étaient déjà dans les champs.

Eugénie fuyait sa peine dans l'action. Elle roulait vers un destin qui l'avait happée et occultait le reste. La mort de Renaud, au lieu de l'anéantir, la poussait à agir. Elle galopait en tête. Son cheval, pris la veille dans l'écurie du dauphin, était exactement à sa taille. Parfait pour son corps de femme, le dos pas trop large mais assez pour assurer une bonne assise, il lui obéissait à la moindre sollicitation.

Deux jours plus tard, le groupe arrivait à Reims, dominé par son immense cathédrale. La ville des rois, entourée de vignes aux vins réputés, montrait son opulence par ses hautes murailles crénelées, ses nombreuses tours de garde reliées par un chemin de ronde et les flèches des palais des riches négociants. La peste avait pourtant fait ses ravages en rendant de bonnes terres aux friches. Les vignes qui n'étaient plus taillées couraient en longues lianes sur les aubépines et les jeunes arbres. La main-d'œuvre faisait cruellement défaut.

Eugénie et ses hommes entrèrent dans la ville. Le cardinal de Varonne, averti par un coursier, les attendait à la porte de l'archevêché qui occupait une petite colline en dessous de laquelle se tassaient les maisons. Informé du massacre de ses amis, il montrait une mine fermée. Cet homme très sanguin réagissait au froid ou à la tiédeur de l'air par la couleur de son visage qui allait du rouge grenat au rouge léger. Son nez ample et écrasé sur un visage gras aux lèvres épaisses, ses yeux globuleux aux lourdes paupières montraient le prélat tranquille qui passe beaucoup de temps à table et s'est affranchi des exercices du corps. On disait qu'il dormait douze heures par jour et ne faisait rien le reste du temps. Eugénie et ses amis savaient qu'au contraire, cet homme d'apparence molle et inoffensive était un être déterminé qui voyait tout à travers ses paupières mi-closes, qui comprenait tout, même ce qui ne se disait pas. Il avait des espions chez le pape et dans la plupart des cours européennes, de sorte que même le roi ne pouvait pas le faire décapiter sur un coup de colère.

Il accueillit ses amis dans son cabinet de méditation, dont on remarquait tout de suite le grand lit au fond de la pièce. « C'est ainsi, disait-il à ses visiteurs qui regardaient ce meuble insolite en un lieu de travail, je ne peux réfléchir qu'allongé. D'autres se reposent quand ils dorment, moi, je travaille ! » Cela faisait sourire les ambassadeurs, les envoyés du pape ou du roi qui comprenaient vite que ce paresseux, ce perpétuel endormi ne se laissait jamais abuser par un beau parleur.

– Ce qui s'est passé est un terrible coup pour nous, dit-il en laissant tomber ses paupières fatiguées sur ses prunelles qui gardaient toute leur profondeur. Les morts sont irremplaçables.

– L'homme qui décapite ses barons sans jugement ne mérite que haine ! répliqua Eugénie. Nous les vengerons ! Je vais rejoindre mon frère en Italie et rassembler l'armée promise par les cours d'Europe.

Le cardinal opina, mais ce geste d'acceptation montrait surtout ses doutes.

– La monstruosité du Valois a eu beaucoup d'influence sur les décisions de nos alliés. Le roi de Hongrie s'est mis en colère et a juré de doubler sa participation, mais ce ne sont que des paroles. Le pape restera neutre ; cet indécis n'osera pas choisir son camp de peur de se tromper et d'apparaître aux yeux de la postérité comme le pape qui a servi un usurpateur ou des régicides. Vous avez raison, madame, l'idéal est de rejoindre votre frère qui ne sait rien de ce qui se passe ici, de l'aider dans ses décisions, de rassembler des forces. Nous ne changeons rien, l'armée de Sienne attaquera en juin !

D'avoir parlé si longtemps avait fatigué le cardinal qui poussa un long soupir, se tourna vers la fenêtre éclairée d'un beau soleil d'avril.

– La campagne contre les Anglais va recommencer, poursuivit-il. On ne sait pas ce que va devenir le roi de Navarre, pour l'instant en prison. Souhaitons qu'il y reste le plus longtemps possible. D'ici, je commanderai ce qui reste des troupes des Lys. Dieu m'est témoin que c'est pour la justice !

À cet instant, des rats noirs sortis de sous le lit s'aventurèrent en pleine lumière, entre les pieds des chaises et autour de la robe rouge du cardinal.

– Mais qu'est-ce… On dirait les rats de la peste !

Effarée, Eugénie regardait les petits animaux qui couraient dans tous les sens pour échapper aux coups de balai des domestiques. La malédiction persistait. Que voulait lui exprimer Dieu en la harcelant ainsi ? La punir, parce qu'elle avait manqué à ses obligations les plus ordinaires ? Parce qu'elle avait abandonné ses fils pour voir mourir Benoît dans ses bras, puis le petit Renaud noyé dans les eaux froides du Tréport ? Non, c'était l'inverse : Dieu par la peste montrait sa réprobation, son refus d'un roi de France sanguinaire et injuste.

Le cardinal la rassura :

– Ce n'est rien, madame, simplement de petits animaux qui vivent dans l'ombre. On les croit maléfiques, mais vous êtes ici dans la maison de Dieu !

– En effet, il nous montre notre chemin.

Le lendemain, les premiers cas de peste étaient signalés autour de l'archevêché.

La peste. Encore et toujours la mal-mort. Depuis trois jours, le tocsin sonnait sans cesse, un bruit entêtant, qu'on entendait au plus profond de son sommeil. En 1349, la ville de Reims avait déjà payé un lourd tribut à la maladie. Elle se remettait lentement, et voilà que le mal de l'enfer la frappait de nouveau. Les vignerons avaient quitté leurs coteaux pour se terrer chez eux. Cette fois, la maladie ne sévissait que dans les quartiers pauvres et autour de l'archevêché. La peur faisait autant de victimes que la maladie. Au bout de deux jours, on compta cent trente morts, mais il y en avait sûrement beaucoup plus car on les cachait, on les enterrait de nuit dans son clos pour échapper aux mesures de la prévôté.

Ses effets restaient les mêmes : les prêcheurs surgissaient au coin des rues, sur les places, devant les églises. Personne ne nommait l'épidémie, on n'écrivait rien à son sujet tant on la redoutait. Écrire le mot peste était déjà une manière de l'invoquer, de l'attirer. On évitait même d'y penser et rares furent les témoins de cette deuxième offensive qui en parlèrent dans leurs mémoires ou leurs journaux quotidiens.

La foule se tassait dans les églises. Jamais les confessionnaux ne furent autant fréquentés et les troncs si bien remplis de belles pièces brillantes gardées jusque-là dans le secret d'une cachette. Les prêtres en profitèrent de nouveau pour appeler les paroissiens à une meilleure pratique, à l'observation scrupuleuse des dogmes de l'Église. Qui n'avait pas mangé de la viande interdite en carême ? Quel homme, dans le secret de son âme, n'avait pas espéré s'emparer des biens d'un prélat ou d'une riche personne ? Quelle femme n'avait pas rêvé, quand son mari l'approchait, que c'était un homme plus désirable ? Dieu ne se vengeait pas, il envoyait un nouvel avertissement.

La prévôté sut contenir les foules meurtries qui demandaient encore des victimes, des bûchers et du sang. Il n'y eut que peu de Juifs molestés, peu de sorcières lapidées, la lutte contre les forces infernales s'était organisée autrement.

Eugénie et ses compagnons restèrent enfermés dans l'archevêché où aucun cas de maladie ne fut signalé. Le cardinal de Varonne avait pris ses précautions et fait brûler de l'encens dans tout l'édifice, ce qui lui coûta une fortune mais le tint à l'abri du mal. Des boucs furent de nouveau attachés dans sa chambre et son cabinet de travail où il dormait une partie de la journée. Puis l'épidémie s'essouffla. Après quelques centaines de morts, la peste disparut comme elle était apparue. Le tocsin l'avait effarouchée, cela rassura tout le monde.

Le coursier qu'Eugénie attendait arriva enfin. Varonne avait dépêché ses meilleurs cavaliers en

Gascogne. Ce qu'ils avaient appris était tellement incroyable qu'ils en informèrent le cardinal. Celui-ci prit le parti de dire la vérité à l'intéressée et la fit venir dans son petit cabinet.

– Voilà, dit-il, les hommes que j'ai envoyés à Aignan ont fait diligence et ont rapporté des nouvelles…

Aux précautions que prenait Varonne, Eugénie redouta un nouveau malheur.

– Rassurez-vous, votre Matthieu est bien vivant. C'est, dit-on, le garçon le plus fort du royaume !

Eugénie poussa un petit soupir de soulagement.

– Seulement, il a quitté le domaine.

– Ah bon ?

– Oui, il s'est engagé dans l'armée du roi de France !

– Que dites-vous ?

Elle tituba sur son fauteuil en face du cardinal. Matthieu au service de son ennemi ! Matthieu qu'elle devrait combattre !

– Rassurez-vous ! Il a été blessé pendant la bataille d'Agen contre les Anglais. Il se remet lentement. On dit qu'il a été pris en affection par un chevalier gascon, celui qui s'occupe des armées du roi et qui s'habille de blanc.

– Quoi ?

– M. de Rincourt, je crois qu'il s'appelle.

Eugénie resta un moment abasourdie. Le prélat qui avait compris n'insista pas, mais son regard en disait long sur ses pensées. Ses espions lui avaient appris l'existence et la mort du petit Renaud, le fils d'Eugénie et de ce Rincourt. Il précisa :

– Souvent, les voies du Seigneur nous semblent injustes. Pourtant, il n'agit que pour notre salut !

Les jours qui suivirent, Eugénie voulut écrire à Rincourt, lui dire tout ce qu'elle avait sur le cœur.

Le chevalier blanc l'avait certes sauvée du billot, mais ne s'appropriait-il pas son dernier fils ? Ne cherchait-il pas à l'éloigner d'elle en faisant de Matthieu un soldat du Valois ? Elle n'arrivait cependant pas à exprimer sa révolte. La fureur l'écrasait et bloquait son esprit. Sa plume butait sur les mots, elle renonça et décida d'écrire à Matthieu lui-même, mais de mauvaises nouvelles de Sienne l'en empêchèrent. Étienne de Pleisson l'avertissait que rien n'était prêt pour l'attaque de juin : l'argent de l'empereur n'arrivait pas, sur les cinquante mille hommes promis par le roi de Hongrie, à peine dix mille étaient arrivés. Attaquer dans ces conditions en juin serait suicidaire : *Reportons d'un an*, proposait Pleisson. *La colère du Valois au château de Bouvreuil a scié l'arbre au tronc. Il faut attendre qu'il repousse.*

Varonne fut de cet avis, malgré l'insistance d'Eugénie qui avait hâte d'en finir.

– C'est sagesse que d'attendre, insista-t-il. Après ce qui s'est passé, notre prochaine attaque sera la dernière. Il faut qu'elle soit la bonne !

Eugénie passa l'été à Reims et eut le temps d'écrire à Matthieu. Ce fut Rincourt qui lui répondit : *Matthieu a été gravement blessé et ne doit sa survie qu'au dévouement du médecin qui s'est occupé de lui. Il ne garde aucun souvenir de sa vie à Aignan. Je ne cesse de lui parler de vous et de la grande dame qu'est sa mère.*

Les espions du roi avaient retrouvé la comtesse d'Anjou. Varonne reçut une délégation de Jean II le sommant de lui remettre sa protégée. Le cardinal assura qu'Eugénie s'était enfuie. Dieu ne lui tiendrait pas rigueur de ce mensonge pour la bonne cause.

Eugénie, sous bonne escorte d'une vingtaine de cavaliers, quitta Reims de nuit. À Château-Thierry elle poursuivit en direction de Troyes par des petites routes que connaissaient bien Geordin et Ripolet, hommes de confiance du cardinal. Au moment de partir, Geordin s'étonna du cheval pie d'Eugénie :

– Par les temps qui courent, voici une curieuse monture ! s'exclama-t-il.

– J'ai pris cet animal à Rouen dans l'écurie du dauphin. J'y tiens, il est exactement à ma taille !

Le premier soir, ils s'arrêtèrent à Châlons dans une auberge en bordure de la ville. Les rats firent irruption dans la cour, entre les jambes des chevaux. Surpris, les valets d'écurie s'armèrent de bâtons pour les chasser.

Prétextant la fatigue, Eugénie écourta le souper. Les hostelleries des petites villes n'offraient pas les commodités que l'on trouvait à Paris, Reims ou dans la plupart des grandes villes. Le nombre réduit des chambres obligeait les voyageurs à dormir ensemble, tellement serrés qu'ils devaient garder leur bourse bien cousue dans le revers de leur chemise pour ne pas risquer de se faire détrousser.

Éreintée, Eugénie gagna la chambre avant la fin du souper en compagnie des deux jeunes gardes chargés de la protéger. Ses autres accompagnateurs arrivèrent peu de temps après et se couchèrent sans manières. Alors, des rats se mirent à courir entre les paillasses, déclenchant des clameurs de protestation. Eugénie s'était dressée et regardait ces grands gaillards gesticuler et taper du pied.

– Curieuses bestioles ! dit Geordin, un petit homme tout en largeur et en force.

– La peste nous suit ! répondit Ripolet. D'abord à Reims, et maintenant, ici. Quelqu'un parmi nous attire ces animaux du diable !

Il avait levé les yeux sur Eugénie qui n'osa pas soutenir son regard. Comme les rats avaient disparu, tout le monde se coucha car la fatigue de la journée pesait sur les épaules.

Le lendemain, ils furent sur pied avec le soleil et descendirent se laver le visage dans le bac de la cour. Ils mangèrent un peu de pain, burent du vin et de la gnôle puis allèrent s'occuper des chevaux. Eugénie attendit qu'ils fussent sortis pour se nettoyer rapidement le corps avec l'eau d'une bassine. Elle dégrafa sa robe, sa chemise de laine, et commença à s'asperger la poitrine d'eau froide.

En face d'elle, à la hauteur de la cuvette où elle plongeait ses mains, un rat la regardait et semblait détailler son corps. Elle n'osa pas bouger, puis, prenant sa botte, elle le frappa vivement. L'animal esquiva le coup en se déplaçant de quelques pouces. Eugénie s'écria :

– Mais qu'est-ce que tu me veux ?

Elle lui avait parlé comme à un être humain, comme à l'envoyé du diable. Le rat sembla avoir compris et poussa plusieurs petits cris aigus. Enfin, il s'éloigna, se tourna de nouveau vers Eugénie comme pour lui dire : « À bientôt ! » puis disparut.

Les chevaux étaient prêts, les hommes s'impatientaient dans la cour. Elle les rejoignit. Aux portes de la ville, on parlait de plusieurs cas de peste. Eugénie et ses compagnons s'éloignèrent de Châlons comme s'ils fuyaient un endroit maudit et chevauchèrent une grande partie de la journée. Les rats qui se montraient à chaque halte les exaspéraient.

La deuxième journée fut plus longue que la première. Ils arrivèrent de nuit à Saint-Dizier, s'arrêtèrent dans la première auberge qui put les accueillir et demandèrent à manger. Les rats étaient présents dans la cour et les valets d'écurie leur firent une belle chasse. Les voyageurs étaient excédés. Ils n'avaient rien mangé depuis le matin, mais une fois attablés, l'appétit leur manqua. Eugénie, assise au milieu d'eux, les observait. Cette fois, elle ne pouvait pas en douter : le teint blafard de certains, la peau de leurs joues où se dessinaient des plaques grises, les boutons rouges indiquaient qu'ils étaient malades. Elle n'en dit rien. Ils boudèrent les bonnes sauces de l'aubergiste qui en fut vexé. Enfin, ils allèrent se coucher, se plaignant d'un mal de reins persistant, de douleurs aiguës aux entrailles. Dans la nuit, plusieurs claquaient des dents et se mirent à délirer. Eugénie leur apporta la cruche d'eau, mais ils n'avaient pas soif, ils étaient déjà du côté de la tombe.

À l'aube, sur les dix hommes qui l'accompagnaient, six étaient cloués sur leur paillasse, délirant et vomissant du sang noir qui sentait atrocement mauvais. Parmi les rescapés, Geordin et Ripolet ne se faisaient pas d'illusions. Si on découvrait que la peste avait frappé leur groupe, ils ne pourraient plus sortir de la ville et seraient mis à mort.

– On s'en va sans rien dire à personne ! dit Geordin.

Dans les auberges, la coutume voulait que l'on paie à l'avance la nuit et le repas pour éviter que les clients indélicats n'oublient de régler leur note une fois repus et reposés. Abandonnant leurs camarades à leur terrible sort, Eugénie et les survivants sortirent de la ville sur des chevaux encore fatigués. Quand ils furent assez loin pour ne pas risquer d'être surpris par une patrouille, Geordin arrêta son cheval à l'orée d'une petite forêt. Il avait dû se concerter avec ses camarades car il parla en leur nom :

– Madame, il y a tricherie. Notre accord était de vous emmener sans encombre en Italie, mais personne n'avait mentionné la peste ! Et devant la peste, il n'y a pas d'accord ni de contrat qui tienne !

Il la regardait fixement. Ce petit homme aux larges épaules avait du pouvoir sur les autres qui l'écoutaient. Il parlait peu mais juste, et cela suffisait à asseoir son autorité.

– Moi non plus, je ne savais pas que la peste serait à nos trousses ! répondit Eugénie.

– Oui, mais cela change tout. Votre cheval aurait dû nous avertir. N'est-il pas celui de la faucheuse ?

Il s'éloigna. Eugénie le rattrapa :

– Que va dire le cardinal qui a toute confiance en vous ?

– La peste est œuvre du diable ! Monseigneur comprendra !

– Mais vous n'avez pas le droit ! Je suis la fille de la reine Clémence !

Geordin fit un signe aux autres et ils s'éloignèrent. Ainsi la peur de la peste était-elle capable de faire se renier les hommes les plus forts ! Le bruit des sabots s'éteignit et il ne resta que les collines parées par l'automne de vives couleurs. Une manse se trouvait au bout de la route, une fumée noire sortait de la cheminée. Dans la prairie voisine, des fillettes gardaient un troupeau d'oies. La vie était paisible dans ce coin de campagne qui semblait avoir été oublié par les catastrophes des temps.

Indécise, Eugénie regardait autour d'elle, la peur au ventre. Comment allait-elle se protéger des malandrins ? Où allait-elle passer la nuit prochaine ? Il n'était pas pensable qu'elle aille seule dans une auberge et les forêts étaient infestées de voleurs !

D'un mouvement des talons, elle relança son cheval comme pour échapper aux menaces qui l'entouraient, mais où qu'elle soit, les risques resteraient les mêmes.

Le soir, le ciel se couvrit. Il faisait presque chaud ; l'orage s'annonçait. Eugénie avait évité de passer près des villes pour ne pas attirer l'attention des gardes et des vigies. Elle pensait à François d'Auxerre. Était-il encore à Vézelay ?

Le ciel s'étant couvert de nuages sombres, la nuit tomba plus vite que d'habitude. Eugénie s'arrêta près d'une fontaine pour boire. Le tonnerre grondait, les premières gouttes s'abattaient sur les branches nues des arbres avec un roulement sourd. Aveuglée par la pluie qui ruisselait sur son visage, elle poursuivit au hasard d'un sentier de plus en plus encombré, visiblement abandonné depuis des années. L'orage s'en alla comme il était arrivé, laissant un ciel étoilé. Elle arriva à un village en ruine. L'endroit était désert depuis longtemps, les ronces poussaient dans les rues, des arbres avaient grandi au milieu des habitations sans toiture, là où les hommes avaient vécu.

Elle hésita un instant car son cheval avait frémi, flairant probablement un danger. Elle avança dans la rue principale envahie par les grandes herbes et des lianes qui montaient à l'assaut des murs défoncés. Les rats étaient là, par centaines, grouillant sur les éboulis et surtout devant l'église démolie.

Il n'y avait personne. Eugénie entra dans une maison dont il restait encore la table, les bancs, la cheminée avec du bois couvert de toiles d'araignées. Elle passa à l'écurie. Les rats s'étaient rassemblés à l'entrée et semblaient monter la garde. L'endroit était sinistre, mais tellement désolé qu'il n'intéressait plus les voleurs depuis longtemps. Elle tapota son cheval pour qu'il se couche ; l'animal lui obéit, bien qu'il semblât inquiet. Elle s'assit contre son flanc et, l'épée à la main, tenta de s'endormir.

Des voix d'hommes la réveillèrent. Le jour s'était levé, elle avait dormi d'une traite. Le cheval s'ébroua et se mit sur ses jambes. On parlait encore quelque part. Eugénie, tenant fermement son épée, s'approcha de la porte où les rats grouillaient toujours. Ils s'écartèrent comme pour la laisser passer. Les hommes qui parlaient se trouvaient près des murs écroulés dont on avait pris les pierres pour d'autres constructions. Retenant un âne chargé de sacs, les vilains regardaient dans la direction d'Eugénie. La jeune femme, qui ne craignait pas ces miséreux, se mit en selle. Alors ils tombèrent à genoux, la suppliant de les épargner. Comme elle s'approchait d'eux, ils détalèrent à toutes jambes.

11.

Depuis combien de semaines, de mois, d'années, Geoffroi d'Eauze était-il enfermé dans cette minuscule niche qu'on appelait une oubliette à la cour de Navarre ? Combien d'ennemis du petit roi étaient morts ainsi, recroquevillés, les os soudés par l'impossibilité de bouger ? Ces cages prévues pour des hommes de taille moyenne laissaient un peu de liberté aux plus petits, mais l'énorme corps de Geoffroi d'Eauze y était comprimé, écrasé, détruit.

Marthier, le geôlier qui lui apportait sa cruche d'eau et le pain qui lui permettaient de survivre, était un petit homme bossu et contrefait comme s'il avait lui-même séjourné dans les oubliettes de son maître. Ce n'était pas un mauvais bougre, Eauze avait remarqué son regard franc et plein de pitié, mais ici, personne ne s'avisait de désobéir à Charles le Mauvais qui avait la punition rapide et exemplaire. Un jour, Marthier arriva avec son habituelle cruche d'eau, mais sans le pain qu'il portait ordinairement de la main gauche. Il déverrouilla la porte aux barreaux de fer et l'ouvrit, ce qui laissa le prisonnier indifférent car il était incapable de se libérer seul.

– C'est bien fait pour lui ! dit enfin Marthier en soulevant la cruche et la cassant dans un mouvement de colère. Remarquez, les autres ne valent pas plus cher !

– Qu'est-ce qui se passe ? demanda Eauze d'une voix rauque.

– Le roi Jean II a mis Charles en prison et le menace de le faire exécuter dans les jours qui viennent. On dit que ses biens vont être confisqués. Sa sœur est venue vous chercher.

Eauze voulut bouger, mais n'y parvint pas. Il avait perdu beaucoup de poids, ce qui n'empêchait pas son grand squelette d'être toujours aussi coincé.

– Je vais vous aider à sortir de ce trou.

Il tira sur la main libre du prisonnier qu'il parvint à extirper. Eauze roula au sol, boule informe qui ne réussissait pas à se déplier. Une torche avait été allumée, il se mit les mains devant les yeux en poussant un hurlement.

– Qu'est-ce qui vous arrive ? demanda Marthier. C'est la lumière qui vous fait mal !

– La lumière et tout le reste. Mes jambes sont soudées, tout mon corps n'est que douleur. Je ne peux pas bouger !

Une silhouette blanche arriva, fit le tour du pauvre Eauze recroquevillé, se pencha, voulut se presser contre lui quand il poussa un rugissement.

– Mon ami ! s'écria Blanche, que vous a fait ce monstre ? Je lui avais dit de vous punir, mais pas à ce point ! Enfin, vous aurez compris ce qu'il en coûte de tromper Blanche de Navarre. Cessez de faire le petit garçon. Venez, je vais demander qu'on vous prépare un bain, vous puez pire qu'une charogne. Allons, debout !

Eauze gémissait comme un cheval à qui on a coupé les tendons. Incapable de bouger ses jambes et son torse, il agitait les bras. Son énorme tête aux cheveux collés en plaques épaisses, sa barbe agglutinée en pinceaux lui donnaient l'allure d'un monstre, un ours sans jambes.

– Bon, dit Blanche à Marthier, allez chercher une charrette et des gens pour vous aider, il faut le sortir de là.

Beaucoup de domestiques s'étaient approchés dans l'escalier pour assister à la scène. Ils s'attendaient à voir sortir Eauze comme un énorme diable, cassant tout sur son chemin, au lieu de cela, ils avaient devant eux une espèce de gros insecte renversé sur le dos, incapable de se mouvoir. Ils furent tous volontaires pour aider Blanche. Six hommes forts empoignèrent Eauze pour le porter à l'étage. Le géant ne cessait de grimacer, de s'en prendre aux maladroits qui maltraitaient ses jambes ankylosées, ses muscles raides. Ils le déposèrent dans le salon où le roi de Navarre aimait recevoir ses amis. Blanche se comportait comme chez elle, sachant bien que les majordomes de son frère ne viendraient pas la contrarier.

– Qu'on remplisse une baignoire d'eau tiède. Cet homme empeste.

Quand la cuve fut pleine d'eau fumante, les six serviteurs tentèrent de déshabiller Eauze qui menaçait de les écraser dès qu'il aurait retrouvé l'usage de ses membres. Ils découpèrent ses vêtements, le portèrent dans la cuve où des femmes se mirent à le brosser, le savonner et le récurer. Il se laissa faire. La chaleur de l'eau apaisait la douleur de ses membres qui retrouvaient un peu de mobilité.

– Combien de temps suis-je resté dans cette cage ?

– Un peu plus d'un mois ! dit Blanche qui s'amusait beaucoup de le voir palpé par les jeunes servantes. Si mon frère n'était pas en prison, tu y serais resté des années, jusqu'à ce que tu meures…

Ses yeux s'étaient habitués à la lumière des candélabres et il voyait de nouveau la reine debout à côté de la cuve. Espérait-elle qu'il allait se relever fringant et dispos ? Eauze ne pouvait toujours pas déplier ses jambes. Il fallut le sortir du bain comme un énorme bébé sous les yeux des femmes qui retenaient des rires complices. Quand il fut séché, son corps velu recouvert d'une robe épaisse, Blanche ordonna :

– Qu'on l'apporte sur un lit et qu'on lui donne à manger.

Blanche lui tint compagnie toute la nuit et s'énerva beaucoup qu'il ne puisse pas accomplir ce qu'elle attendait de lui. Avec patience, elle l'aida à déplier ses jambes, les fit manœuvrer lentement. Il grimaçait, retenait des cris de douleur.

– Tu vas t'en tirer parce que tu es encore jeune et robuste, mais il ne faudra pas recommencer !

Elle lui parlait comme si c'était lui le fautif ! Il l'était un peu puisqu'il avait voulu la quitter ; dans les mauvais coups, le frère et la sœur s'entendaient toujours.

– Qu'est-ce que tu vas faire, quand tu seras rétabli ?

– Je vais rejoindre mon suzerain le prince de Galles et me battre à son côté.

– Voilà une sage décision ! Je t'aiderai, mon chevalier. Tu es invincible et le Valois va payer très cher ses audaces et sa trahison envers mon frère qui est son gendre.

Pour Eauze comme pour tous les seigneurs du Sud, la France avait des contours imprécis. La hiérarchie féodale n'avait pas de frontières locales : le vassal était lié au suzerain et celui d'Aquitaine était un Anglais. La détestation des gens du Nord qui avaient détruit les cathares et mis le Midi sous leur coupe en implantant des nobles comme Guy de Rincourt et bien d'autres avait poussé les notables locaux vers le prince d'outre-Manche qui les avait toujours respectés.

– J'ai trop tardé à me rendre à Bordeaux, chez mon prince. Pourvu que ces foutues jambes veuillent remarcher, je saurai me faire pardonner mon retard.

Une semaine passa. Blanche eut la prudence d'emmener son chevalier dans sa maison de Melun. Les nouvelles de son frère n'étaient pas bonnes. Charles de Navarre avait été enfermé dans des forteresses isolées, d'abord à Crèvecœur, ensuite à Arleux, près de Douai. Le petit roi vivait dans la terreur. Jean II faisait construire un échafaud sous ses fenêtres, puis le bruit strident d'une hache que l'on aiguisait traversait les murs de sa prison. Souvent, au lever du jour, des gardes se présentaient avec un prêtre pour lui annoncer que l'heure était venue d'aller devant le bourreau. On l'emmenait dans une arrière-cour où il pouvait voir un billot sanguinolent, puis on le reconduisait dans sa cellule en lui disant que l'exécution était retardée de quelques heures. Il ne mangeait plus, ne dormait plus et dépérissait. Le beau parleur avait perdu sa verve.

Il fallut plus d'un mois à Geoffroi d'Eauze pour retrouver l'usage de ses jambes, toujours un peu lourdes. Il put recommencer à monter à cheval et s'entraîner aux armes.

Le jour du départ, différé de nombreuses fois, arriva enfin. Blanche serra très fort son chevalier contre elle :

– Tout va bien! dit-elle. À Paris les bourgeois s'agitent. Étienne Marcel est avec nous. Les impôts ne rentrent pas et on ne fait pas la guerre avec des navets. Mon jeune frère Philippe est avec le Prince Noir. Rejoins-les, c'est ce que tu as de mieux à faire. Il faut battre ces crapules de Valois!

Blanche avait gardé des déceptions de son mariage avec le vieux Philippe VI une sorte d'animosité contenue contre Jean II qui ne se manifestait qu'en certaines occasions. Son frère aîné qu'elle aimait tendrement était entre ses mains, elle pouvait donner libre cours à sa rancœur.

– Tu vas partir avec une délégation de trente chevaliers de Navarre qui seront sous ton commandement. Vous allez courir à la rencontre de l'armée du Prince Noir, notre ami. Je t'attendrai, nous nous retrouverons à la fin de la saison, la guerre sera finie et le Valois aura perdu son trône.

– À qui ira la couronne de France?

Blanche n'ignorait rien de la politique et de la conjuration des Lys que Jean II avait décapitée.

– Elle reviendra à qui de droit, à celui qu'un collège de juristes et de pairs du royaume aura désigné.

C'était suffisamment vague pour ne pas engager la jeune femme, suffisamment précis pour que Eauze y trouve ce qu'il voulait.

– À bientôt, ma mie. Je redeviens ce que je n'aurais jamais dû cessé d'être, un soldat.

Dix jours plus tard, Eauze et ses amis arrivaient à Bordeaux. Ils rejoignirent aussitôt les troupes du Prince Noir, parties en campagne depuis le mois de mai. Eauze retrouva son vieil ami, le comte de Marmande. Ils avaient le même appétit d'ogre, la même manière de s'insurger pour un rien et le même goût de la bagarre. Jean de Marmande, moins puissant que son vassal, était toujours fier de chevaucher à ses côtés, de raconter ses exploits en tournoi, ses joutes mémorables. Ils conversaient en langue d'oc, Eauze éprouvait un réel plaisir à prononcer des mots, des phrases dans ce parler de son enfance, synonyme de bonheur, de liberté, alors que la langue d'oïl semblait lourde, râpeuse, aussi épaisse que les brumes du Nord.

– En prison, Charles souffre la peur de mourir à chaque instant. Son frère, Philippe, avance en Normandie avec Lancastre. Jean II prépare son armée pour l'arrêter !

Eauze secoua sa grosse tête nue. Sa place naturelle était certes ici, avec son suzerain, mais il souffrait de se trouver aux côtés de Philippe de Navarre pour délivrer son ancien maître. Il gronda :

– Navarre m'a fait endurer tous les supplices, je veux bien me battre, mais plus jamais à ses côtés !

– Son frère est loyal. Philippe va devenir le chef de la maison de Navarre. Charles va être assassiné en prison, c'est en tout cas ce qui se murmure. Philippe est un véritable chevalier et tu peux lui faire confiance !

L'armée du Prince Noir était partie rejoindre celle de son frère Lancastre en Normandie. Le but était de former un mur allant de la basse Seine au Massif central, un front unique qui aurait vite raison du Valois. Il n'était pas question de se surcharger et de retarder la trop lente progression des dix mille hommes et deux mille chevaux en emportant des provisions. Les Anglais avaient l'habitude de se servir sur place. Ainsi les opulentes villes de Charente et du Limousin furent-elles dévastées, pillées, les plus belles femmes violées et le soir, pour chasser la nuit, des quartiers entiers furent brûlés.

Ils remontaient par petites étapes vers la Normandie, saccageant au passage Châteauroux, Bourges, Vierzon. Ils s'arrêtèrent à Romorantin où les habitants et le sire de Boucicaut leur opposèrent une défense farouche. Le Prince Noir, habitué à voir les villes d'importance lui remettre leurs clefs sans bataille, en fut offusqué et mit un point d'honneur à prendre cette petite place. Plusieurs assauts furent repoussés par les assiégés qui montrèrent beaucoup de bravoure. Les Anglais mirent le feu à la ville, puis poursuivirent leur route vers la Touraine. Cette démonstration de force était destinée à démoraliser les troupes françaises.

Jean II disposait de quarante mille hommes, mais au sein de cette armée disparate, mal équipée, plusieurs factions s'affrontaient ; des rivalités rendaient difficiles une cohésion et un commandement efficace.

Guy de Rincourt savait bien qu'il faudrait beaucoup de chance pour éviter la catastrophe. Il chevauchait en compagnie du roi et de ses deux fils, Charles et Philippe, des maréchaux Audrehem et Jean de Clermont. Matthieu, son écuyer, ne le quittait pas. Une barbe naissante salissait son menton. Sa grande jeunesse lui valait l'admiration de beaucoup de chevaliers car c'était un parfait jouteur. Sa blessure aux portes d'Agen lui laissait une large bande de peau claire sans cheveux sur le crâne. Les os s'étaient ressoudés, mais un peu de travers, ce qui lui faisait un front dissymétrique, le sourcil droit plus loin de l'œil que le sourcil gauche qui semblait, au contraire, écrasé sur la paupière.

Jean II avait décidé de rassembler l'ost à Chartres à la fin du mois de juin 1356. Les bannières de ses vassaux avaient traversé les terres de Beauce, ravageant les blés en épis, se nourrissant chez l'habitant. Cela n'avait pas d'importance : Jean II allait enfin guerroyer et montrer sa vaillance au monde. Le créateur de l'ordre de l'Étoile, le preux chevalier n'avait connu que des défaites et rêvait d'une victoire éclatante. L'occasion se présentait : le duc de Lancastre marchait sur Pont-Audemer et poursuivait nonchalamment sa route vers le centre de la Normandie.

Depuis le coup de force de Rouen, le roi tenait Rincourt à l'écart. La comtesse d'Anjou lui avait échappé une fois de plus. Il avait dépêché Jocelyn Lebœuf, son ancien barbier devenu son homme de confiance, à la tête d'une cinquantaine de lansquenets pour la retrouver. Sans résultat.

Si Rincourt n'avait pas été le seul à pouvoir faire des miracles auprès de l'armée qui manquait de tout, il aurait probablement payé de sa tête ce nouvel échec du roi. À Chartres, Jean II dut remettre en ordre les bannières qui s'étaient égaillées dans le pays au hasard des villages et des fermes. Il annonça qu'ils allaient barrer la route à Lancastre qui se rapprochait de Conches. Enfin un peu d'exercice pour ces hommes qui patientaient depuis des semaines ! La lourde armée se mit en marche. Des émissaires rapportèrent que l'ennemi disposait de moins de deux cents chevaliers en armes. Jean II éclata d'un grand rire : enfin, il la tenait, sa victoire !

Il arriva à Conches ; les Anglais avaient incendié la forteresse et s'étaient enfuis. Le roi-chevalier se sentit pousser des ailes. Il décida qu'on les poursuivrait jusqu'à Breteuil. Mais une fois en vue de Breteuil, les éclaireurs lui apprirent que l'ennemi était parti vers Verneuil. « Nous les taillerons à Verneuil ! » s'écria le Français. Les hommes et les chevaux étaient harassés, cela n'avait pas d'importance ! À Verneuil-sur-Avre, les Anglais s'étaient encore enfuis, brûlant et pillant tout ce qui pouvait l'être. Jean II, certain de mettre en pièces ces combattants poltrons, ordonna qu'on leur fît la chasse. L'armée anglaise se trouvait près de Laigle, là où, curieuse coïncidence, M. d'Espagne avait été navré de soixante-dix-sept coups d'épée. Le souverain se lança à ses trousses, mais fit ralentir son cheval en passant devant l'auberge La truie qui file, et pensa à la femme qui avait donné le premier coup à son ami. Il la retrouverait plus tard, il en faisait le serment, mais il devait d'abord écraser les Anglais et les Navarrais !

L'ennemi était enfin en vue, le roi donna l'ordre de se mettre en bataille, mais Audrehem s'interposa. Les hommes étaient trop fatigués, les archers avaient les pieds en sang ; les chevaliers, à chevaucher depuis des jours, avaient les fesses si douloureuses qu'ils ne pouvaient tenir une heure de plus en selle. Contraint, Jean II décida d'attendre.

Une armée entière contre une poignée d'Anglais, cela sembla trop facile au Valois. En homme d'honneur, il proposa au duc de Lancastre une bataille pour le lendemain, avec un nombre égal de combattants de chaque côté. Lancastre répondit qu'il voulait réfléchir. Quand le jour se leva, il était parti.

Les Anglais fuyaient vers le sud. Jean II décida de retourner à Chartres dissoudre l'ost. Pour ne pas laisser dire qu'on avait dépensé beaucoup d'argent pour rien, au retour vers Paris, il voulut reprendre Breteuil.

– Nous allons montrer à ces Anglais ce qu'il en coûte de résister au roi de France ! s'écria-t-il en donnant l'ordre de combler les fossés et de construire un beffroi, une tour de bois, comme cela se faisait dans les anciens sièges.

Pendant plusieurs semaines, terrassiers, charpentiers travaillèrent jour et nuit à construire l'impressionnant assemblage de trois étages qui pouvait accueillir plus de cent chevaliers sur chaque plateforme. Le roi allait des uns aux autres et les encourageait : « Plus tard vous direz : “ J'y étais ! ” Et on vous regardera avec respect et envie ! »

La tour d'assaut était si lourde qu'il fut bien difficile de la déplacer le long des murs. Les ennemis mirent le feu aux mèches de leurs bombardes et l'édifice s'écroula en flammes, tuant les centaines d'hommes qui y avaient pris place. Breteuil se rendit pourtant : les Anglo-Navarrais avaient à faire ailleurs.

On arrivait à la fin août quand on apprit que le Prince Noir avait passé la Loire à Meung. Le Valois fit faire demi-tour à son armée. L'Anglais qui n'avait pu rejoindre son frère Lancastre se vit en grande infériorité et voulut fuir de nouveau vers Bordeaux. Jean II, averti assez tôt de cette manœuvre, pressa ses troupes pour lui couper la route. L'opération réussit près de Poitiers. Le prince anglais et quelques milliers d'hommes se réfugièrent sur une petite colline au bord du Miosson. Entourés par l'armée française, ils n'avaient aucune chance de l'emporter et le fils d'Édouard III accepta de négocier sa reddition. Il accepta tout ce qu'on lui demandait : libérer les prisonniers faits la veille, libérer les places fortes occupées depuis deux mois, signer une trêve de sept ans. Refus de Jean II qui voulait sa bataille et sa victoire.

Pendant ce temps, les Anglais s'activaient. Avec l'énergie du désespoir, ils se mirent aussitôt au travail : ils plantèrent sur les abords de la colline des piquets de bois très pointus à hauteur de l'abdomen des chevaux. Les archers prirent place dans un repli de terrain qu'ils aménagèrent à leur façon.

Jean II, apprenant que les flancs de la colline étaient impraticables par les cavaliers, décréta que la bataille se ferait à pied. Ses capitaines s'y opposèrent, mais le roi ne voulut rien entendre, il ordonna aux lourds combattants de descendre de leurs montures, d'alléger autant qu'ils le pouvaient leurs armures, de couper leurs lances, trop longues pour un combat de piétons. Audrehem et Jean de Clermont étaient du même avis : on courait à la catastrophe.

– Sire, nous perdons tout notre avantage. Même allégés, nos hommes sont trop lourds pour courir.

Le roi obstiné insista :

– Nous nous battrons à pied, comme autrefois. Il n'est de belle bataille qu'à pied !

– Il nous envoie à la mort ! s'emporta Rincourt à l'adresse de Matthieu d'Eauze qui n'avait jamais assisté à pareille opération.

Enfin tout le monde fut prêt. Les lourds chevaliers comme des insectes maladroits se lancèrent à l'assaut. Ils furent accueillis par une pluie de flèches. Le roi avait constitué sa propre escouade. Monté sur son cheval en compagnie de ses fils, il était entouré d'une centaine de barons dont Rincourt et le jeune Matthieu. Les assaillants, commandés par des chefs qui ne s'entendaient pas, avançaient en désordre. Les Anglais se défendaient avec acharnement comme ceux qui n'ont plus rien à perdre et comprirent vite qu'ils pouvaient tirer avantage des discordes françaises. Du haut de leurs chevaux, ils taillèrent en pièces les chevaliers transformés en piétons, pendant que les archers harcelaient les cavaliers qui s'approchaient par les ailes. Le corps à corps eut lieu dans les vignes qui descendaient mollement vers la petite rivière. Les hommes du Prince Noir ne cédèrent pas un pied de terrain. Dominant la mêlée, un géant qui dépassait les autres de deux pieds faisait tournoyer son épée de soixante livres. Il poussait de gros jurons et sa voix rappela à Matthieu quelque chose de profondément enfoui en lui, un souvenir venu d'ailleurs. Il ne voyait que le regard noir par la ventaille ouverte et ce regard le retenait, comme si c'était le sien. Il leva l'épée contre le colosse qui l'évita. Rincourt lui ordonna de s'écarter :

– Écarte-toi ! Celui-là, je m'en charge.

Les deux hommes s'affrontèrent. Une fois de plus, la puissance du chevalier d'Eauze eut raison de son adversaire qui revint à la charge. Ils luttèrent ainsi longtemps, l'un profitant de sa force et de son poids, l'autre de son extraordinaire souplesse. Plus rien n'existait pour eux que ce corps à corps, ce combat véritable. Autour d'eux, les chevaliers français se faisaient massacrer. Il y avait beaucoup de morts, des blessés qui appelaient au secours. Les archers anglais se faufilaient pour récupérer leurs flèches fichées dans les corps car les munitions leur manquaient. Eauze et Rincourt mus par une rage profonde d'en finir se battaient encore quand on annonça la déroute française. La nuit était proche.

– Le roi de France s'est rendu à l'Anglais. Il est prisonnier ! cria quelqu'un.

– Le roi ? s'écria Rincourt, rompant le combat. Viens, ajouta-t-il à l'adresse de Matthieu, et ils firent faire demi-tour à leurs chevaux.

– Voilà que tu fuis comme un lapin ! hurla Eauze. Reviens donc que nous en finissions une bonne fois pour toutes !

– Nous nous retrouverons, sois-en sûr ! répondit Rincourt déjà loin. Tu ne perds rien pour attendre !

Quand il apprit la captivité de Jean II, le cardinal de Varonne se mit en colère et écrivit à son ami Étienne de Pleisson : *Franchement, le Valois est en dessous de tout ! Voilà qu'il se fait battre et capturer par une poignée d'Anglais. Mais cela fait nos affaires : Édouard III est avec nous. Il va vouloir profiter de la situation, nous lui donnerons un peu d'or. Ensuite, le prisonnier pourrait bien succomber à une maladie d'entrailles. A-t-on des nouvelles de la comtesse d'Anjou ? J'ai su par un rescapé de l'expédition que mes deux hommes de confiance, Geordin et Ripolet n'avaient pas résisté à la terreur de la peste et l'avaient abandonnée dans la région de Saint-Dizier avant de périr à leur tour.*

Pleisson répondit qu'il envoyait ses émissaires dans les cours amies afin de récolter les fonds nécessaires pour « délivrer » le Valois. *Le mal d'entrailles l'emportera au printemps prochain. Jusque-là, nous aurons le temps de faire traverser les Alpes aux troupes de notre roi, Jean Ier, et de les disposer autour de Paris,* écrivait le maître de Vézelay. *J'ai appris que le dauphin s'est nommé régent. Cela ne change rien à notre affaire, mais doit nous inciter à la vigilance : le jeune Valois est meilleur politique que son père et aussi retors que son cousin de Navarre.*

J'ai envoyé des hommes sur le terrain pour tenter de retrouver la comtesse d'Anjou, mais les nouvelles ne sont pas bonnes. J'ai pris la liberté de faire part de mon inquiétude au jeune moine, François d'Auxerre, qui s'est retiré au monastère de Vézelay. Je sais toute l'affection qu'il porte à notre amie et il va lui aussi se mettre en campagne pour la retrouver.

12.

Dans un mouvement de colère, Eugénie arrêta son cheval, dégaina son épée et fit face aux villageois montés sur des mules et des ânes. Tous juraient l'avoir vue tendre les bras vers les villes et les maisons où la peste s'était aussitôt déclarée. Ils l'avaient surprise à genoux dans une clairière en train de parler à un homme aux pattes fourchues. N'avait-elle pas abordé des voyageurs en leur tenant des propos lascifs ?

L'épidémie avait repris dans la région de Saint-Dizier jusqu'à Chaumont. Le tocsin sonnait. La femme à la faux était partout à la fois, montée sur son cheval pie qui ne touchait pas le sol et dont les sabots lançaient des éclairs.

– Qu'est-ce que vous me voulez ?

Elle piqua son cheval en direction des vilains qui s'enfuirent en poussant des cris de terreur. Elle ne pouvait pourtant pas entrer dans le village, bien défendu par des hommes en armes qui ne reculeraient pas. Elle s'éloigna, une fois de plus, prisonnière de sa fuite.

À la tombée de la nuit, quand la lumière commença à décliner, elle chercha une ruine. La région n'en manquait pas, elle s'arrêta près d'un château isolé. Là encore, personne ne viendrait la déranger puisqu'il n'y avait rien à voler. À côté d'une montagne de pierres envahies par la végétation, se trouvaient des maisons sans toit, des restes de murs mangés par les ronces. Le treuil d'un puits rouillait au-dessus de monceaux de poutres pourries, preuve qu'il restait peu de vilains dans les parages pour en faire du bois de feu. Les anciennes rues n'étaient plus que des sentiers fréquentés par des chèvres.

Le cheval avançait lentement entre les éboulis. Le soleil s'était couché ; des chauves-souris avaient commencé leur chasse désordonnée. Un peu en dehors des ruines, une fumée montait entre les arbustes d'un bosquet. Son épée à la main, Eugénie se laissa glisser de son cheval et s'approcha discrètement. Un chien aboya, un homme se dressa, grand et robuste, le visage couvert de barbe, un bonnet de laine rouge sur la tête. Il appela son chien qui lui obéit, mais l'animal continuait de grogner. Il découvrit la femme et son cheval qui broutait les grandes herbes poussées entre les cailloux. Il parut rassuré et se mit à rire :

– Qu'est-ce que je vois ? Une belle perdue à cette heure ! Mais c'est le diable qui me l'envoie !

Ce qu'Eugénie redoutait se confirmait. C'était un de ces coureurs de grands chemins, tournant autour des villages, chapardant ce qui se présentait, surtout les volailles, et n'hésitant pas à se servir de sa dague pour ne laisser aucun témoin. La peste, mais surtout la guerre et les compagnies avaient ainsi rejeté sur les routes des hommes jeunes devant se débrouiller pour survivre.

– Que cherches-tu, ma belle ? demanda le vagabond en s'approchant d'Eugénie, le regard plein de sous-entendus.

Sur un feu, posé entre deux fourches de bois, un lapin rôtissait. Le chien s'était assis à côté des flammes et ne se préoccupait que de cette viande qui embaumait.

– Tu veux manger ? D'accord, mais il va falloir que tu sois très gentille. Tu sais, la vie dans les bois, c'est pas toujours marrant. Les belles filles ne courent pas les taillis !

Il tendit les mains vers Eugénie qui souleva son épée pour l'arrêter.

– Fais bien attention ! menaça-t-elle. Je ne suis pas aussi facile que tu le penses !

– Bah, tu n'es qu'une femelle. Quelques baffes bien appliquées te remettront les idées en place !

Il avait un curieux accent, aux intonations lourdes et lentes. Eugénie pointa son épée sur sa poitrine. Il voulut l'écarter d'un mouvement du bras, elle l'évita et le menaça de nouveau.

– Tout doux ! dit-il en riant, car il ne la craignait pas. Tu as faim ? C'est le fumet de ce lapin qui t'a attirée ! D'accord, je vais t'en donner un morceau, mais avant il faut que tu me dises ce que tu fais toute seule dans ce pays infesté de brigands.

Il ne parlait pas comme les vilains dont le langage grossier se limitait à quelques mots. Son odeur de sueur, de crasse arrivait par vagues aux narines d'Eugénie.

– Je suis en voyage. Je n'ai rien de plus à te dire.

Il fronça ses sourcils sombres, tourna autour d'elle, puis s'approcha du cheval.

– Tu n'y touches pas !

– On parle, dans le pays, de la faucheuse d'âmes qui fournit le diable en morts de la peste ! Tu vois, j'écoute les conversations. On parle aussi de son cheval pie. Je me demande…

– Alors, tu devrais avoir peur !

Il éclata d'un grand rire, retourna attiser son feu.

– Non, je n'ai pas peur. Ces sornettes sont destinées aux pauvres gens qu'il faut bien tenir par la terreur. Comment veux-tu que les curés et les nobles dominent un peuple à qui ils arrachent jusqu'au dernier sol ? Mais cela va changer, les pauvres aussi ont parfois des sursauts d'humeur !

– Ils se feront écraser à la première protestation.

– Non. Il y a plus de pauvres que de riches. Tu en tues dix, il en arrive cent, tu en tues cent, il en arrive mille. À ce jeu, les riches ne gagneront pas !

– Qui es-tu pour parler comme ça ?

– Personne. J'ai donné mon âme au diable. Je suis un voleur, un égorgeur. Je serai bientôt pendu, alors j'en profite.

Il considéra enfin que son dîner était cuit et l'écarta des flammes pour le laisser froidir. Eugénie ne se sentait pas en confiance. Ce beau parleur n'avait pas le regard franc ; il semblait répéter des litanies apprises pour amadouer les voyageurs. Enfin, il trancha une cuisse du lapin, la tendit à Eugénie.

– Mange, mais n'oublie pas, je fais payer tout ce que je donne.

– Je ne te crains pas ! répondit calmement Eugénie.

Il attarda son regard sur cette femme particulière. Gardiennes d'oies ou dames de noblesse qu'il avait pu surprendre se comportaient toujours comme des chevreaux que l'on va saigner et il en obtenait tout ce qu'il voulait. Celle-là osait lui tenir tête et cela lui plaisait.

Eugénie mangea lentement pour ne pas trahir sa faim ni sa trop grande solitude. L'homme en face mastiquait en silence sans la quitter des yeux. Il sortit du paquet en tissu posé à côté de lui une bouteille de gnôle et en proposa une gorgée à Eugénie, qui refusa.

– Je préfère ! dit-il. J'ai eu beaucoup de mal à trouver celle-là.

Elle sentait une grosse fatigue alourdir ses membres. Le vagabond but goulûment à la bouteille qu'il posa dans son baluchon et donna les restes du lapin à son chien. Il ajouta des branches au feu, des flammes légères se mirent à crépiter, répandant une lumière mouvante qui se heurtait aux pierres et aux taillis.

– Maintenant, il faut penser au reste. Ma jolie, tu as une dette envers moi.

Il se leva lentement, écouta la nuit et s'approcha d'Eugénie.

– Tu penses bien que je ne vais pas laisser passer une aussi belle occasion. Une princesse toute seule en pleine nuit ! Merci, Satan, tu me combles toujours !

– N'approche pas ! menaça Eugénie en montant le ton.

Elle avait posé son épée et voulut s'en saisir, mais son agresseur, plus rapide, s'empara de l'arme.

– Il ne faudrait pas que tu te prennes pour la reine des enfers ! Là aussi, ce sont les mâles qui commandent ! Maintenant, tu vas me donner ton beau corps. Cela fait si longtemps que…

Eugénie se dressa, menaçant de ses mains ouvertes, prêtes à griffer. Son cheval était trop éloigné pour qu'elle puisse s'en servir comme d'un bouclier le temps de grimper sur son dos. L'homme ne se pressait pas. Il savait que personne ne viendrait porter secours à sa victime et qu'il avait tout le temps d'en apprécier l'aubaine.

– Ce ne sera pas désagréable. Je crois même que je peux te donner du plaisir.

Eugénie recula jusqu'à un arbre, se pencha pour ramasser une branche sèche. Il la laissa faire en riant. Alors, surgis de l'ombre voisine, des rats se mirent à courir devant elle en se faufilant dans les herbes, de plus en plus nombreux.

– Qu'est-ce que c'est ?

Le chien se mit à grogner et attaqua, mais il fut vite encerclé par les bestioles qui s'accrochaient à ses pattes, grimpaient sur son dos. Il les chassait en faisant claquer ses crocs et réussissait parfois à en écraser un entre ses mâchoires. À son tour, le vagabond se mit à trépigner. Il agitait les bras, reculait vers le feu, mais les assaillants ne le lâchaient pas. Alors, il jeta l'épée, poussa un juron et disparut dans la nuit.

Eugénie rejoignit son cheval qu'elle avait oublié d'attacher, le prit par la bride pour ne pas risquer que le fugitif revienne le lui voler. Elle se demanda ce que signifiait cette intervention des animaux de la peste. Cependant, ils s'étaient montrés au bon moment. La jeune femme s'approcha du feu. L'homme n'était sûrement pas très loin et devait continuer à l'épier. Avait-il eu assez peur pour ne pas tenter de revenir à la charge ? Ce n'était pas sûr, pourtant, rien n'était plus dangereux que de partir dans la nuit. Au loin, un loup hurlait…

Elle fit coucher l'animal et se pressa contre lui, l'épée dans l'autre main. Jamais elle n'avait été aussi impatiente de voir arriver le jour.

Elle ne fut pas inquiétée et somnola par instants. Les oiseaux se mirent à piailler dans les taillis, le jour se leva, lumineux. Il faisait frais. L'automne rouillait les feuilles des hêtres.

Eugénie chercha de l'eau pour boire et se nettoyer le visage. Un torrent gargouillait en bordure des ruines du château. Elle se pencha sur le courant entre les herbes et but dans ses mains en forme de coupe, s'aspergea le visage. Depuis combien de jours n'avait-elle pas démêlé ses cheveux attachés à la va-vite avec un lacet de cuir ?

Le cheval s'ébroua. La fugitive se dressa vivement. Trois loups s'étaient approchés à une dizaine de pas et la regardaient, la langue pendante. Le plus proche était un grand mâle aux larges mâchoires, aux crocs puissants. Une sorte de crinière de poils sombres courait sur son dos gris. Le cheval piaffait. Sans la bride qui le retenait, il se serait enfui devant ces prédateurs que son espèce redoutait depuis la nuit des temps. Eugénie approcha sa main de la garde de son épée. Elle aussi ressentait une peur irraisonnée face à l'ennemi de toujours.

Le grand loup se tourna vers les autres, comme pour leur demander leur avis, puis les fauves s'éloignèrent. Elle monta en selle. Son cheval s'était reposé et se mit à courir avec un plaisir qui se sentait dans la légèreté de son galop.

Plusieurs villages ou villes se trouvaient dans les parages : le bruit lancinant du tocsin dominait la campagne. La peste l'avait donc précédée ! Des laboureurs qui s'activaient dans un champ posèrent l'outil et s'enfuirent à son approche. Elle pressa son cheval vers une colline surmontée des bâtiments d'un prieuré et d'une énorme église où elle espérait trouver refuge.

Elle arrivait aux fortifications quand une rangée de cavaliers, l'épée au clair, firent irruption au milieu de la route. Des clercs sortirent des taillis, dressant devant eux de longs crucifix de fer.

– Mes chevaliers, nous la tenons !

Celui qui venait de parler fit un signe à ses compagnons qui se disposèrent de sorte à couper toute possibilité de fuite à Eugénie. Plusieurs épées se pointèrent sur sa gorge. Les prêtres se mirent à psalmodier des litanies d'exorcisation.

Ils la saisirent, l'obligèrent à descendre de cheval. Une fois au sol, deux hommes lui lièrent les mains. Ils se méfiaient cependant, comme s'ils redoutaient une intervention diabolique.

– Vous voyez, mes preux, que le mal peut toujours être vaincu !

Ils l'emmenèrent ; les prêtres ne lui laissèrent pas le temps de protester. L'un d'eux plaqua un crucifix sur son visage, écrasa ses lèvres.

– Le Mauvais ne gagnera jamais !

Eugénie fut transportée à l'intérieur de la ville, bien protégée derrière ses murs, ses tours et un fossé large de quatre brasses. Elle se trouvait à Lormes, entre Chaumont et Langres. La foule s'était assemblée devant la porte et criait sa joie. Des jeunes gens, bassinet sur la tête, ne cessaient de pérorer, de s'adjuger les mérites de cette capture fort périlleuse devant des femmes, des enfants et des vieillards qui criaient leur haine. Les gardes les repoussaient rudement ; tous voulaient voir la faucheuse de près, son cheval, la toucher, la frapper puisqu'elle était la cause de leurs maux. Des bâtons se levaient au-dessus des têtes, une pierre sonna sur le chapeau de fer d'un des hommes d'armes. Ordre fut donné à la foule de se disperser. Il fallut piquer les plus audacieux du bout des lances pour qu'ils obéissent.

Eugénie fut conduite à la prévôté, énorme maison construite sur les ruines d'un ancien prieuré.

– Je veux voir le prévôt. J'ai des révélations à faire !

– Pour le séduire et l'envoyer en enfer comme les autres ? cria un soudard en la poussant sans ménagement dans une cellule sombre.

– Je suis une amie du seigneur d'Itteville, cousin du comte de Chaumont…

L'homme ne répondit pas tellement l'affirmation lui semblait invraisemblable. Il ferma la porte, s'en alla, laissant Eugénie dans une obscurité totale. Elle n'osait pas bouger, de peur de briser ce silence de pierre qui succédait au vacarme du peuple en liesse.

Des pas s'approchèrent dans l'escalier. La lueur chancelante d'une torche palpita sur les murs ocre et gris. La porte s'ouvrit. Sans un mot, des gardes la prirent chacun par un bras et l'emmenèrent. Au sommet de l'escalier, trois hommes l'attendaient. L'un, le seigneur de Lormes, en cotte de mailles, était petit, un peu bossu ; il clignait constamment les yeux et mettait sa main sur son front comme pour se protéger de la lumière des torches. Coiffé d'un ample chaperon rouge et bleu, des boucles en or brillaient à ses oreilles, plusieurs bagues ornaient ses mains. Les deux autres, des ecclésiastiques, portaient soutane noire et chapeau à large bord.

– Messieurs, dit le chevalier de Lormes, voici la fiancée de Satan. Le peuple la réclame pour lui faire payer les morts de ces derniers jours.

Eugénie hésitait à donner sa véritable identité : le Valois devait la faire chercher et elle ne savait pas de quel côté se trouvait le sire de Lormes.

– Monseigneur, je suis une amie du chevalier d'Itteville, précisa-t-elle. Un proche parent du comte de Chaumont.

Les deux clercs observaient attentivement Eugénie. Le plus âgé, le père Dages, était grand et maigre, l'autre, l'abbé Biglin, trapu, sans cou, la tête enfoncée dans les épaules. Contrairement à son collègue, son regard ne marquait aucune horreur en parcourant le visage et le corps de la jeune femme, mais une froide détermination.

– Une amie du chevalier d'Itteville ! dit le père Dages au visage rouge des hommes habitués à vivre au grand air. Que veut nous faire croire la fiancée de Satan ?

Il alla chercher un crucifix sur une table, l'approcha vivement d'Eugénie qui recula.

– Voilà que tu as peur de ce crucifix qui te brûle ! s'exclama-t-il. C'est bien ça ?

– Dieu ne s'exprime pas par un objet. Dieu parle à l'âme ! répliqua vivement Eugénie.

Elle ne faisait que répéter ce que François d'Auxerre lui avait appris et qu'elle croyait fermement car cela lui semblait juste. Dieu ne pouvait condamner les uns au profit des autres. Tous les hommes étaient ses enfants, les bons comme les mauvais.

– Sacrilège ! s'écria Dages qui recula, offusqué.

Biglin n'avait pas bronché. Il connaissait sûrement les propos de ces moines franciscains qui avaient quitté leur ordre pour enseigner une nouvelle manière de prier, de croire, de se rapprocher du Créateur.

– Sacrilège ! répéta Biglin en se mettant à genoux et joignant les mains.

Tout à coup, arrivant par la porte restée ouverte, des rats se mirent à courir dans la pièce. Le vieux clerc au visage maigre poussa un cri.

– Mais vous ne voyez pas qu'elle nous envoie les démons sous la forme de ces rats ! Il faut la brûler !

Il s'étrangla et toussa longuement. Une servante arriva en courant.

– Monseigneur, c'est horrible, votre fils, Clément !

– Quoi ? fit l'homme aux boucles d'oreilles qui partit en courant.

Dages s'était serré dans un coin, terrorisé par les rats qui disparurent. L'abbé Biglin vérifia qu'il y avait un trou dans le plancher et se tourna lentement vers Eugénie. Le seigneur de Lormes revint précipitamment.

– Mon Dieu, dit-il en se lamentant. Mon petit Clément !

– Que se passe-t-il, monseigneur ?

– La peste ! Il a la peste et il va mourir.

Il se tourna vers Eugénie.

– Madame, vous qui commandez à la mal-mort, dites-lui de faire une exception. Si mon Clément guérit, vous aurez la vie sauve, je m'y engage !

– Monseigneur, reprenez-vous ! cria Dages. Vous commettez un sacrilège !

Lormes se planta devant lui.

– L'archiprêtre, faites comme si vous n'aviez rien entendu ! Je n'ai que ce fils et je n'en aurai pas d'autres. S'il est sauvé, cette femme ne mourra pas, c'est ainsi !

– Vous rendez-vous compte de ce que vous dites ? Vous invoquez le diable !

– Je donne mon âme pour la vie de cet enfant. Personne ne peut m'en empêcher !

Le seigneur de Lormes s'approcha d'Eugénie en soutenant son regard.

– Madame, insista-t-il, venez voir mon unique enfant, je vous en supplie.

De grosses larmes avaient noyé ses yeux gris. Il ôta son chaperon découvrant son crâne chauve. Ses boucles d'oreilles lançaient des éclairs d'or.

– Je vous en supplie ! répéta-t-il en prenant Eugénie par le bras et l'obligeant à le suivre.

– Monsieur, je ne puis rien contre la maladie de l'enfer. Je vous le répète, je suis une amie du chevalier d'Itteville. J'allais de Reims vers Dijon avec mes gardes quand nous avons été attaqués par des malfrats. J'ai pu m'échapper ! Je vous en conjure, faites avertir le comte de Chaumont qui me connaît !

– Que dis-tu, fille du diable ? s'écria encore l'archiprêtre en écartant ses bras maigres. Voilà que tu cherches à entraîner le comte de Chaumont en enfer !

Il se signa plusieurs fois. Son visage osseux avait viré au cramoisi. Son nez sec comme un bec d'oiseau ponctuait une indignation qu'il exprimait par un mouvement du haut vers le bas.

– Père Dages, dit enfin l'abbé, ne mettez pas votre santé en danger. Le diable nous cerne de tous les côtés, certes, mais nous avons un traitement. Nous allons l'appliquer et le mal de l'enfer disparaîtra, tel est le message de Dieu. Cette maison est infestée, il faut la détruire.

Dages se tourna vers son jeune collègue.

– Voyons, Biglin, Nous ne pouvons pas détruire la maison du seigneur de Lormes. Il mérite une bonne remontrance, il fera repentance, paiera une grosse amende à la curie et nous nous en tiendrons là ! La femme, elle, va être livrée au bûcher.

– Cette femme, l'avez-vous entendue ? Nous connaissons son hérésie qui est beaucoup plus répandue qu'on ne le croit. Ce refus des images et du crucifix, cette façon de parler, ce sont ceux des Fraticelles, ces ignobles destructeurs des dogmes de la sainte Église ! Le foyer est à moins de trente lieues. Les Franciscains de Vézelay, voilà la source de la peste !

Pendant ce temps, Lormes avait poussé Eugénie jusqu'à une chambre où s'activaient plusieurs servantes. Un grand feu brûlait, une chaleur suffocante prenait à la gorge. À côté du lit aux tentures accrochées à l'avant, une femme pleurait en silence, tenant la main d'un petit enfant. Eugénie crut voir Benoît mourant près du soufflet de forge. La même tête ronde, la même peau aux larges taches grises. Le petit malade sentit une présence, une grimace déforma son visage, puis il se mit à gesticuler. Les servantes reculèrent, seule sa mère tenta de le calmer en lui caressant le front. Eugénie se mit à genoux, près de lui.

– Clément, dit-elle de la même voix qui avait parlé à Benoît dans la forge de maître Lerect.

L'enfant s'immobilisa, ouvrit de grands yeux pleins de terreur. Sa bouche resta ouverte quand la petite tête s'immobilisa, il était mort. Sa mère pleurait à gros sanglots. Lormes pleurait aussi, défiguré par une horrible grimace. Ses boucles d'oreilles ne brillaient plus, ses bagues pesaient à ses doigts. Il resta là, les bras le long du corps, la tête légèrement penchée sur la droite. Son chaperon rouge et bleu lui donnait l'apparence d'un amuseur de cour.

– Monsieur, dit Eugénie en levant des yeux pleins de larmes vers lui, j'ai perdu mon fils de la même manière. Mon petit Benoît est mort ainsi, dans mes bras, emporté par la peste !

Le sieur de Lormes ne vit pas les deux clercs se mettre à genoux et prier en latin. Des gardes qui se trouvaient en retrait s'emparèrent d'Eugénie et l'emmenèrent.

Elle fut de nouveau enfermée dans une cellule étroite et sans lumière. Il n'y aurait plus de chance, plus de rats ni de petit pestiféré pour la sauver du bûcher. Son destin arrivait à son terme. Mourir en sorcière, brûlée, entourée de flammes qui allaient monter autour d'elle, répandre une chaleur étouffante, puis brûler ses vêtements, ses cheveux, mordre sa peau, s'engouffrer dans sa bouche… Elle avait assisté au supplice de trois sorcières quand elle était encore enfant, la foule riait des cris de ces pauvresses attachées au milieu du brasier. Eugénie s'était enfuie ; ce terrible spectacle avait hanté ses nuits pendant des années. Maintenant, elle savait pourquoi.

Le temps passa, uniforme dans cette nuit, plusieurs jours sûrement, car si son esprit avait perdu la notion de la durée, son corps, par ses rythmes, lui indiquaient des repères précis. Une horrible odeur stagnait dans ce minuscule alvéole. Elle ne dormait plus mais somnolait, assise, redoutant de tomber dans la boue. Les deux gardes qui lui apportaient de l'eau dans une cruche, un peu de pain, ne répondaient pas à ses questions. Elle se demandait pourquoi on attendait autant pour supplicier une condamnée dont la culpabilité ne faisait aucun doute.

Une semaine s'était écoulée, peut-être plus, les horloges de son corps avaient fini par se détraquer, Eugénie reprenait espoir quand les deux gardes arrivèrent, accompagnés d'un prêtre qui tenait devant lui un crucifix de grande taille. L'homme vêtu de noir marmonnait une prière. La porte s'ouvrit, il s'approcha puis, surpris par l'odeur, recula de deux pas. Les gardes demandèrent à Eugénie de sortir. À force d'être restée assise, elle peinait à se tenir debout. Son corps cassé était celui d'une vieille femme échevelée, repoussante, seul son visage conservait ses belles formes, son regard n'avait pas perdu sa profondeur dorée et précieuse.

Le prêtre approcha le crucifix devant elle.

– À genoux ! dit-il d'une voix impérieuse. Fille de Satan, prosterne-toi devant le rédempteur ! À genoux !

Les gardes obligèrent Eugénie à s'agenouiller. Les douleurs de son dos lui arrachèrent un cri qui fut interprété comme une protestation. Alors, le prêtre écrasa le crucifix contre son visage.

– Repens-toi, fille perdue !

Elle eut un sursaut d'orgueil ; sa véritable nature reprit le dessus. Puisqu'elle devait mourir, que ce soit en fille de reine. D'un mouvement rapide, elle se dressa, écartant le crucifix de la main.

– De quel droit me parles-tu ainsi ? Je suis de grande noblesse et je ne m'inclinerai pas devant toi !

– Sacrilège ! cria l'homme.

Sans ménagement, les gardes la prirent chacun par un bras et l'emmenèrent dans l'escalier qu'elle avait déjà franchi pour aller voir mourir le petit Clément, mais ils ne s'arrêtèrent pas dans la maison. Ils traversèrent une cour. Une haie de soldats empêchait la foule hurlante de s'approcher. Eugénie fut conduite dans une autre maison, ample et remplie d'hommes en armes. On l'obligea à enfiler la tenue rouge des hérétiques, puis elle fut conduite dans une salle où plusieurs personnes portant la même robe des êtres sataniques priaient à genoux. Quand Eugénie arriva, l'un d'eux tourna la tête vers elle. C'était un homme d'une cinquantaine d'années, portant la tonsure des clercs. Il pleurait. Des larmes brillantes de cette lumière pâle de septembre roulaient sur ses joues, se perdaient dans les rides profondes de son menton.

– Le monde va à sa perte ! dit-il. Je pleure pour ces malheureux qui nous condamnent. Ce sont eux qu'il faut plaindre.

Eugénie s'approcha très près de lui, le regarda longuement.

– Je suis frère Urbain. J'ai eu le tort de m'offusquer, de dénoncer la bêtise, alors ils me font brûler pour continuer de piller les pauvres au nom de Dieu. Et vous ?

– Moi ?

La question étonna Eugénie. Tout à coup, sa présence en cet endroit de la dernière heure lui semblait naturelle. Depuis le jour de sa naissance au château de Vincennes, depuis qu'elle avait tété le sein de sa mère, la reine Clémence, et celui de Maria la Muette, elle se dirigeait vers son supplice, un pas poussant l'autre avec l'obstination des fourmis. Dieu lui avait donné une vie à laquelle elle n'avait pas droit et la reprenait. Ce n'était pas plus compliqué que cela, pourtant elle ne devait pas montrer sa peur. Sa dignité en cet instant ultime devait être l'égale de celle de Brienne posant sa tête sur le billot et de tous les conjurés décapités au château de Bouvreuil.

Elle pensait aux rats, à une montagne de rats déferlant sur la ville, grignotant le bûcher et dispersant cette foule cruelle venue se repaître du spectacle de la souffrance et de la bêtise.

– Dieu nous attend ! dit frère Urbain.

Des sergents en armes, lance pointée devant eux, firent irruption. L'un d'eux demanda aux hérétiques de s'approcher de la porte. Plusieurs prêtres vêtus de noir se tenaient de chaque côté, un crucifix de fer à la main. De l'extérieur venaient les cris de la foule. Eugénie faisait front. Son âme était déjà ailleurs et guidait son corps, veillant à ce qu'il ne fasse pas de faux pas. La moindre hésitation, le moindre tremblement donneraient raison aux bourreaux.

Les gens la regardaient et se moquaient. On avait dit qu'elle était belle au point que tous les hommes de la ville se damneraient pour elle. Pourtant, la faucheuse d'âmes était devenue une pauvre femelle mal coiffée, puant les odeurs impures de son corps, un déchet juste bon à brûler. Cela ne l'empêchait pas de garder la tête haute en marchant devant les autres condamnés qui murmuraient des prières. Elle se taisait, les mains le long du corps et défiant la foule du regard.

Les condamnés commencèrent la lente marche vers le bûcher, entourés d'une dizaine d'ecclésiastiques, tenant un crucifix à long manche et chantant des psaumes en latin.

– Soyez digne ! souffla Eugénie à frère Urbain. Tout ce qu'ils attendent, c'est de nous voir les supplier. Cela leur donnerait bonne conscience.

Le cortège se faufilait dans des rues encombrées d'une populace en liesse. Les artisans avaient quitté leur échoppe, les laboureurs étaient revenus des champs ; femmes, enfants, vieillards, personne ne manquait pour ce spectacle trop rare dont on ne se lassait pas.

Une foule considérable sortit des murs par la porte sud. Depuis des temps immémoriaux et pour une raison qu'on avait oubliée, la tradition voulait qu'on ne brûlât pas les hérétiques à l'intérieur de la ville. Le bûcher avait été dressé près du gibet qui se tenait sur un tertre. Les derniers condamnés tombaient en lambeaux au bout de cordes solidement amarrées aux poutres transversales. Les oiseaux s'étaient repus de chair pourrissante, les chiens se disputaient les os. Eugénie vit le triste sort des corps ainsi abandonnés. Ce dernier affront lui serait épargné : elle allait devenir cendre, poussière qu'emporterait le vent. Son esprit resta un moment accroché à la pensée de cette poussière impalpable.

Ils arrivèrent au bûcher. La foule se tut pour entendre la sentence. Sur les planches posées à même les fagots, des garçons disposaient des cordes pour lier les condamnés aux poteaux. Un autre soufflait sur un feu allumé dans un tonneau, présentant des brindilles aux flammes, comme s'il nourrissait un animal malade.

Eugénie entendait la voix de l'homme qui énumérait les chefs d'accusation contre les hérétiques : reniement de la croix, refus de s'incliner devant les reliques de saint Damien, patron de la ville, refus de reconnaître leurs fautes. Les prêtres dressaient leurs crucifix devant les condamnés qui priaient sans se préoccuper des préparatifs de leur supplice.

Enfin, les gardes poussèrent les condamnés jusqu'à un escabeau. Une fois sur l'estrade, les bourreaux en bonnet rouge les attachèrent soigneusement. Eugénie fut ligotée entre les hommes pour que tout le monde puisse bien la voir. Un prêtre grimaçant la conjurait de reconnaître le Christ et le vrai Dieu, de refuser Satan et ses basses œuvres. Elle secoua la tête dans un ultime sursaut d'orgueil. Le bourreau qui l'attachait lui souffla à l'oreille :

– Madame, il est d'usage que les condamnés me paient pour leur éviter les douleurs du feu. Pour vous, je veux faire une exception : voulez-vous que je vous étrangle avant que les flammes ne vous atteignent ?

– Jamais ! répondit Eugénie, certaine à cette heure que les gens de sa race se reconnaissaient à leur manière d'affronter la mort.

Les officiants prenaient tout leur temps. Les Fraticelles mouraient en silence, recueillis, sans la moindre protestation comme des agneaux chez le boucher. Ce n'était pas la même chose avec les sorcières et les autres condamnés qui s'agitaient, qui criaient, hurlaient, tentaient de se libérer jusqu'au dernier moment et qu'il fallait surveiller pour ne pas gâter le spectacle.

Sur un ordre du chanoine, le bourreau s'apprêtait solennellement à approcher le feu purificateur de la paille tassée sous les fagots, quand une grande clameur se fit entendre. Des galops de chevaux martelaient le sol. La foule, tout à coup prise de panique, se dispersa. Les sergents de la prévôté virent des cavaliers agitant leurs épées foncer sur eux. Ils détalèrent. Les prêtres jetèrent leurs crucifix et s'enfuirent à leur tour. Une trentaine de cavaliers vêtus de fer entourèrent le bûcher. L'un des hommes mit pied à terre, monta les marches jusqu'à la plateforme, coupa du bout de sa dague les liens des condamnés. Il libéra d'abord les hommes, comme s'il n'avait pas vu Eugénie, puis revint vers elle, sans se presser, sachant que les soldats de la prévôté n'oseraient pas riposter. Il souleva la ventaille de son heaume et elle reconnut ce regard à nul autre semblable.

– François ?

C'était autant une affirmation qu'une question. Son cœur se mit à battre très fort. Elle avait tant pensé à lui pendant ces journées de détention !

Il coupa les liens et elle fut libre devant lui, tout à coup en peine de son corps souillé.

– Faisons vite, mes frères, dit-il aux autres. Des chevaux vous attendent dans le bosquet. Nous devons fuir avant qu'ils ne reviennent.

13.

Malgré l'importance des visiteurs qu'on lui avait annoncés, Geoffroi d'Eauze n'avait pas bougé de son siège. Un jeune homme de taille ordinaire, mais surtout d'une silhouette volontaire, le regard droit, la tête haute, s'approchait de lui. Philippe de Navarre aurait certainement fait un meilleur roi que Charles, mais le hasard de la naissance l'avait placé second, ce qu'il regretterait toute sa vie. À côté de lui marchait Blanche, qui lui ressemblait un peu mais qui avait le regard pétillant et charmeur de Charles, sa vivacité d'esprit.

Les gelées étaient arrivées dès le mois d'octobre, l'hiver s'annonçait rude, un de plus : depuis une vingtaine d'années, la neige tombait en abondance, la glace figeait la Vienne qui baignait le château de Chauvigny. La place appartenait au comte d'Évreux qui l'avait prêtée à son allié du moment, le Prince Noir, pour y stationner des troupes avant l'offensive du printemps suivant. Eauze qui s'était fait remarquer – comment cela aurait-il pu être autrement ? – s'était vu confier le commandement de la garnison sur ces terres avancées en domaine royal. Il ne redoutait pas l'ennemi pendant ces petites journées de gel où le soleil ne se montrait qu'à travers une épaisse brume. D'ailleurs, les Français étaient vaincus et mettraient longtemps à se relever.

Eauze s'ennuyait déjà dans ce Poitou où il passait son temps à chasser dans les forêts voisines. Il pensait beaucoup à son fils, peut-être à cause du jeune écuyer de Rincourt. Matthieu devait lui ressembler, même taille largement au-dessus des plus grandes, mêmes épaules, même ardeur au combat. Il aurait aimé le prendre avec lui, le former aux armes. Retrouverait-il un jour son fief ? Il rêvait d'une vie simple sur les terres de ses ancêtres, là où il avait été enfant.

Eauze s'inclina devant Philippe de Navarre qui lui souhaita la bienvenue. Ce n'était pas souvent qu'un prince de haut rang se déplaçait aussi loin de la Normandie pour rencontrer le chef d'une petite garnison, noble, certes, mais de rang inférieur.

– Vos exploits lors de la dernière bataille qui vit le roi de France pris en nasse comme brochet ne cessent d'être célébrés par les poètes normands. Je suis venu d'Évreux pour vous convaincre de nous rejoindre.

Eauze avec son apparence d'ours et son côté bonhomme prêt à tout accepter, tout pardonner, parce que le fond de sa personne était naturellement généreux semblait facile à manœuvrer. Pourtant, Philippe s'était-il mépris au point de croire que le chevalier n'attendait qu'un geste de lui pour oublier le passé ? Que la présence de Blanche gommerait les tortures ?

Philippe avait l'habitude que ses propos soient accueillis avec empressement ; devant le silence du géant, il eut un mouvement contrarié du visage.

– Je sais, dit-il d'une voix plus vive, mon frère n'a pas été très reconnaissant envers vous, mais c'est le passé. Oublions-le. Désormais, tout va changer !

– Il a emprisonné ma femme, il a fait pendre mon ami Bessonac qui était la franchise même !

– Bessonac n'était qu'un valet ! Vous n'allez pas garder rancune pour un manant pendu ! Pour votre femme, c'était une méprise.

Eauze se demandait pourquoi Philippe qui l'avait laissé enfermer sans protester avait fait un aussi long voyage. La situation avait changé, certes ! Charles le Mauvais retenu dans une prison normande devait rêver de revanche. Avait-on besoin des muscles du chevalier pour ouvrir une brèche dans un mur trop épais pour des bras ordinaires ?

– Mon frère s'est évadé ! dit Philippe. Notre ami, le gouverneur de l'Artois Jean de Picquigny, a pris d'assaut le château d'Arleux. Charles est à Paris, soutenu par la population et Étienne Marcel. Il fait bonne figure au dauphin pour mieux l'écraser le moment venu. Il a beaucoup réfléchi et ne réclamera plus ses droits à la couronne de France. Il reste l'allié de la Conjuration pour le retour de Jean de Sienne. L'époque est particulièrement favorable.

Eauze comprenait de moins en moins. Pourtant l'évocation des conjurés des Lys lui rappelait Eugénie. Il dressa sa lourde tête.

– Monseigneur, j'appartiens au Prince Noir, par l'hommage rendu. Je reste à ses ordres.

Philippe eut encore un geste d'impatience, un léger tremblement des épaules. La contraction de ses lèvres durcit son visage de jeune homme.

– L'Anglais est notre ami. Nous travaillons avec lui. Il n'a pas d'autres volontés que celles de conserver tous ses biens sur le continent. Il rendra hommage à un véritable roi, mais pas à un fantoche qu'il tient à sa disposition. N'oubliez pas que le roi de Sienne est votre beau-frère.

L'argument avait porté. Eauze était ainsi sensible au pouvoir des mots, à leur force première destinée aux raisonnements simples.

– La conjuration des Lys n'existe plus ! fit-il comme pour s'en convaincre lui-même. Elle a été décapitée à Rouen, le printemps dernier. Depuis, je ne sais pas ce qu'est devenue la comtesse d'Anjou.

– Le régent la fait chercher dans tout le royaume, mais nous la retrouverons avant lui. Le parti se reconstitue. Godefroy d'Harcourt, l'oncle de Jean, a repris le flambeau. Tous nos barons normands sont avec lui pour laver l'outrage du Valois. À Paris, Étienne Marcel, le prévôt des marchands, leur assure toujours son soutien. Il ouvrira les portes de la ville quand le moment sera venu. Il ne manque que vous !

Eauze ne comprenait pas une telle insistance auprès du chevalier ordinaire qu'il était. Certes, Eugénie était la sœur du roi de Sienne, mais pourquoi pensait-on à lui à cet instant, alors qu'on ne l'avait jamais fait quand la situation était plus favorable ?

– Écoute, dit enfin Blanche en s'approchant de son ancien amant, s'il te faut une parole de femme pour te convaincre, sache que je veux que tu assures ta fortune pour t'épouser.

Eauze n'en crut pas un mot, mais l'envie de servir la cause d'Eugénie était toujours présente en lui. Il avait trop tardé, trop tergiversé à la cour d'Évreux avec un pantin dont le seul but était le désordre. Pourtant, n'allait-il pas recommencer la même chose avec les mêmes personnes, les mêmes tricheries et finalement, les mêmes conséquences ?

– Charles te demandera pardon, à genoux si tu le souhaites ! poursuivit Blanche avec un sourire mutin. Il regrette ce qui s'est passé. La prison lui a montré combien il s'est fait abuser par ses conseillers qui l'ont monté contre toi.

Eauze savait ce qu'il devait penser des regrets et des larmes du roi de Navarre. Il eut un léger sourire à travers sa barbe qui n'échappa pas à Philippe.

– Nous avons tout arrangé avec notre cousin et ami le Prince Noir, ajouta celui-ci. Il n'y a pas grand-chose à faire à Chauvigny pendant cet hiver. Il vous libère jusqu'au mois de mai prochain. Charles vous attend.

– Où se trouve-t-il ?

– Dans un endroit tenu secret, dit Blanche en prenant l'énorme main du chevalier. Le dauphin, qui s'est donné le titre de régent pendant la captivité de son père, va lui signer un sauf-conduit.

– Qu'espère-t-il de moi ?

Philippe de Navarre n'avait pas l'habitude de parlementer aussi longuement. Son tempérament posé, le calme qu'il affichait en toutes circonstances à côté de l'agitation de son frère lui valaient le respect de tous, même des barons réputés les plus turbulents. Il précisa, adoptant le tutoiement qui le plaçait à son haut niveau de prince :

– Il souhaite que tu prennes la tête de ses armées. Étienne Marcel va te fournir des hommes. Tout cela sera fait d'une manière discrète. Il s'agit de préparer l'arrivée du roi de Sienne et d'empêcher le dauphin de s'imposer. Je te le dis : tout est arrangé avec l'Anglais. Le Valois va être pris de maux d'entrailles et n'y survivra pas. Nous paierons une partie de la rançon pour dédommager Édouard et la voie sera libre pour le vrai roi.

Eauze ne comprenait toujours pas. Le sourire engageant de Blanche, qui lui faisait prévoir des nuits enflammées, ne suffisait pas pour emporter sa décision. L'occasion lui était pourtant offerte de se rapprocher d'Eugénie, de lui montrer qu'il était le meilleur sur un champ de bataille.

– Si mon suzerain est d'accord, je suis à vous.

Blanche se serra contre son énorme poitrine et se mit à glousser des remerciements. Philippe, qui n'avait pas de temps à perdre, fit apporter un parchemin par un de ses accompagnateurs. C'était une lettre du Prince Noir qui acceptait de prêter le chevalier d'Eauze au roi de Navarre pour diriger son armée.

– Voici la preuve que nous sommes alliés avec l'Anglais, insista Philippe. Cette opération s'inscrit dans la continuité de notre collaboration. Si vous le voulez bien, nous partons tout de suite pour Évreux où se trouve mon frère. Nous devrions être arrivés à temps pour les obsèques officielles des suppliciés de Rouen auxquelles assisteront les chefs de la conjuration qui ne se cachent plus, le seigneur de Vézelay, Étienne de Pleisson, le cardinal de Reims, Jacques de Varonne qui célébrera la cérémonie funèbre de ses amis.

Quelques jours plus tard, pendant lesquels Eauze put se rendre compte combien Blanche était excellente cavalière et d'une résistance qu'auraient jalousée beaucoup de chevaliers, ils arrivèrent à l'énorme forteresse des comtes d'Évreux-Navarre. Eauze fut tout de suite conduit dans le petit cabinet de Charles qui lui refit la comédie de l'amitié. Il sourit, versa de véritables larmes, embrassa les mains du géant, le pressa contre lui avec une telle effusion que Blanche, elle-même portée à montrer des sentiments excessifs, en fut gênée.

– Mon ami, mon frère, comme j'ai pensé à toi pendant ma captivité. Comme j'ai pleuré de t'avoir fait du mal !

Eauze restait sur ses gardes.

– Mon très cher ami, tu ne peux pas comprendre ma peine ! ajouta Navarre en sanglotant. Mais on m'a abusé, on m'a raconté tant de choses alors que tu me servais loyalement ! On m'a fait croire que ta femme voulait m'assassiner et que tu étais complice ! Ah, les mauvais conseillers que j'avais ! Mais oublions cela !

Le numéro de Charles le Mauvais produisit une fois de plus son effet. Malgré les tourments endurés, malgré la cruauté de ce petit roi pour qui les hommes n'étaient que les pièces d'un jeu, Eauze eut l'impression de se trouver en face d'un être perdu qui cherchait sa véritable identité dans le fouillis de sa personne.

– N'en parlons plus ! dit-il et il eut le sentiment d'être très faible et même un peu lâche.

Charles le Mauvais se détendit, comme un pantin à ressort, s'agita, parla abondamment de la fête qu'il faisait préparer en l'honneur de son ami retrouvé. Eauze qui avait déjà vécu cette scène au mot près se laissa encore amadouer. C'était bien la force de ce petit roi, celle de convaincre sans argument, par sa seule présence, par son charme.

Le lendemain, toute la cour assistait aux obsèques des suppliciés de Rouen dont on avait déterré les restes pour leur donner une sépulture décente. Varonne officiait en la cathédrale remplie d'une foule recueillie. Charles de Navarre voulait une manifestation grandiose et populaire pour bien montrer au dauphin, devenu régent, combien son cousin d'Évreux était puissant.

Après la cérémonie, les principaux conjurés se réunirent au château d'Évreux, en présence de Charles et de Philippe de Navarre. Blanche était repartie pour Melun où Eauze la visiterait de temps en temps. Le cardinal de Varonne prit la parole :

– Mes meilleurs chevaucheurs ratissent le pays, mes espions écoutent pour moi dans toutes les cours d'Europe et personne n'a pu me donner la moindre nouvelle de la comtesse d'Anjou. C'est un grand malheur.

– Êtes-vous certain que le régent ne nous cache rien ? demanda Godefroy d'Harcourt. Nous savons ici qu'il a fait chercher la comtesse en qui il voit une ennemie irréductible. Ce jeune prince est très secret et ne dévoile jamais ses cartes à l'avance.

Varonne sourit :

– Monseigneur, je paie très cher les meilleurs espions du royaume. Et croyez-moi, le dauphin est bien entouré. Je me fais rapporter ses faits et gestes d'heure en heure.

Puis se tournant vers Pleisson, il demanda :

– Où en est-on du reste ?

– Édouard est d'accord pour que le Valois trépasse en captivité d'un mal d'entrailles, mais il est de plus en plus exigeant.

Sans ce mal d'entrailles mortel de Jean II, la conquête du roi de Sienne était impossible. On avait discuté sur la somme à payer pour dédommager le vainqueur ainsi privé de son royal prisonnier. Édouard III jugeait les propositions des conjurés insuffisantes. Ainsi l'été passa-t-il, fort agréablement d'ailleurs. Pendant la journée, les chevaliers couraient le cerf ou s'adonnaient à des joutes plaisantes; le soir venu, ils banquetaient, se remplissaient l'estomac de viande, allaient vomir et se goinfraient de nouveau jusqu'à ce qu'ils tombent, ivres, d'un lourd sommeil à côté des tables, étendus sur le sol, sans se préoccuper des domestiques qui nettoyaient la pièce et emportaient les plats dont les restes auraient abondamment nourri les pauvres des alentours.

14.

Aux côtés de François d'Auxerre, Eugénie savait qu'elle ne risquait rien. Le Fraticelle avait congédié ses hommes de main et ils allaient, tous les deux, dans une campagne qui s'abandonnait à l'automne. Elle remerciait Dieu d'avoir échappé au bûcher, même s'il n'était pour rien dans ce miracle. Les envoyés de Pleisson avaient averti François de la disparition d'Eugénie dans la région de Chaumont. Aussitôt, le jeune Fraticelle avait recruté une quinzaine de mercenaires et s'était mis à battre la campagne.

Ils galopèrent longtemps à travers une région où la peste avait sévi. Villages abandonnés, cultures livrées aux bêtes, villes barricadées derrière leurs épaisses murailles, une désolation à laquelle ils ne s'habituaient pas. Après plusieurs heures de course, François décida de s'arrêter au bord d'une rivière vive qui bruissait dans un lit de gros rochers arrondis. Il mit pied à terre, Eugénie l'imita et ils se trouvèrent en face l'un de l'autre, heureux comme des frères.

– Ils m'ont pris mon épée ! dit-elle enfin. J'y tenais beaucoup.

Il recula, la regarda bien fixement et sourit. Elle le trouvait un peu différent, son visage s'était affermi, l'aspect enfantin avait disparu.

– Ce n'était qu'une épée ! Vous en trouverez une autre !

– Non, celle-là était irremplaçable. Elle venait de quelqu'un qui… de quelqu'un que je déteste !

François lui lança un regard interrogateur.

– Vraiment ? s'étonna-t-il avec un léger sourire.

Elle pensait à Matthieu, puis à Rincourt qui l'avait sauvée du bourreau et dont les larmes brillaient dans la nuit en lui annonçant la mort de Renaud.

– Non, je ne le déteste pas, mais il est trop difficile d'en parler.

Cela, elle pouvait le dire à François. Il était un reflet d'elle-même, en plus pur, comme l'image que renvoie une glace parfaitement lustrée.

– Tu veux toujours tuer le pape ?

– Je voudrais que l'Église retrouve son visage des origines, qu'elle soit encore au service des hommes, de tous les hommes et pas seulement des riches. Je voudrais en effet tuer le pape pour décapiter cette organisation faite pour entretenir la misère des uns et la domination des autres.

Les rats qu'elle avait oubliés se mirent à courir entre les jambes des chevaux. François les regarda, suivit des yeux leur course rapide au bord de la rivière. Eugénie se sentait terriblement sale.

– Horribles bêtes ! dit-elle. Dieu ne m'aime pas ! Tu le vois bien, puisqu'il me fait suivre par la maladie.

Tout à coup, elle regarda François, horrifiée.

– Il faut que tu t'en ailles. Je porte la mal-mort aux gens qui m'approchent ! Va-t'en vite, sinon tu mourras.

Il s'assit sur un rocher couvert de mousse, trempa ses mains dans l'eau fraîche, les appliqua sur son visage.

– Les rats sont partout. Vous imaginez qu'ils vous suivent, mais ce n'est pas vrai. Dieu ne maudit aucun de ses enfants. S'il les punit parfois, c'est pour leur faire comprendre leurs erreurs, pas pour les maltraiter. Un jour, mes frères détruiront cette Église faite de superstitions et d'ignorance. Un jour, les prêtres cesseront d'être des bourreaux, pour devenir de véritables serviteurs de leur Dieu qui ne peut être qu'amour.

Il n'avait pas changé. Ses convictions étaient toujours aussi fortes. Cela rassurait Eugénie qui retrouvait avec plaisir le jeune frère ou le grand fils qu'elle avait laissé au monastère de Vézelay avant de partir pour Chartres.

– Je dois rejoindre mon frère en Italie. Pourquoi ne m'accompagnerais- tu pas ? J'ai besoin de toi, de ton bras solide et surtout de ton âme aussi claire que cette eau.

– J'ai aussi des frères à Sienne. Des Franciscains comme moi, élevés dans le respect des paroles divines. Ils sont constamment harcelés par l'Église séculière et ils doivent se cacher. Nous nous cachons à Vézelay, nous nous cachons à Paris, Lyon, Toulouse, en Allemagne où le peuple se range de notre côté. Nous sommes nombreux à réclamer une profonde réforme. Il faudra peut-être un siècle ou deux pour y arriver. Ils nous extermineront, mais nos idées, elles, resteront !

– Où allons-nous passer la nuit? demanda Eugénie. Je n'ai plus rien.

– Moi, j'ai un peu d'argent. Ma famille est riche. Mon frère aîné m'en veut de ne pas rechercher la position que ma fortune me permet, mais il me comprend. Nous allons continuer cette route qui doit bien conduire quelque part.

Ils remontèrent à cheval et arrivèrent devant une ville, probablement Saulieu. Le tocsin sonnait. Les portes étaient fermées. Ils s'en éloignèrent en pensant que la nuit allait les surprendre. Près d'une ferme protégée par un haut mur couvert de mousse, François demanda à un berger qui rentrait ses moutons s'il pouvait acheter un peu de pain et de lard en précisant qu'il avait de quoi payer. Le garçon, sans un mot, alla en parler à son maître. Quelques instants plus tard, la porte s'ouvrit. Un homme, qui portait un bonnet de laine rouge, lui tendit une demi-tourte et du jambon. François paya avec une pièce en or. Le vilain ne cacha pas son étonnement, mais ne proposa pas d'héberger les étrangers pour la nuit : trop souvent, un bon payeur cachait le pire des sanguinaires.

Eugénie et François trouvèrent un endroit assez bien protégé dans les ruines d'une maison à côté d'un puits. François préféra cependant aller chercher de l'eau dans un ruisselet qui coulait en contrebas, l'eau des puits étant fréquemment empoisonnée par les cadavres d'animaux et parfois d'hommes que l'on y jetait pendant la peste.

La nuit était tombée, fraîche. Les chevaux attachés étaient paisibles. Eugénie et François s'allongèrent dans l'herbe, l'un près de l'autre.

Au matin, ils se levèrent frigorifiés et se réchauffèrent en trépignant, se poursuivant comme des enfants qu'ils étaient redevenus.

Ils repartirent vers le sud. À Langres qu'ils atteignirent la soirée suivante, le tocsin sonnait dans une ville fermée. François connaissait le gouverneur qui était un peu de sa famille, mais il préféra rester en retrait. La peste générait la peur et des réflexes inattendus, souvent meurtriers. Les hérétiques étaient toujours malvenus.

Ils dormirent une nouvelle fois à la belle étoile en se couvrant sous une peau de loup que François avait achetée à un vagabond. Ils se levèrent aux premières lueurs de l'aube claire et froide. Les chevaux s'agitaient. François mit la main à la garde de son épée et s'approcha de la lisière du bosquet où ils avaient trouvé refuge. Une haie de cavaliers, bassinet sur la tête, lance en main, s'approchait. Il hésita quelques secondes, se demandant si c'était bien à eux que s'adressait cette division en ordre de guerre. Très vite, ses doutes s'estompèrent : les hommes poursuivaient la faucheuse d'âmes, celle qui avait échappé au bûcher quelques jours plus tôt. Ils formaient un demi-cercle autour du petit bois. François rebroussa chemin et détacha les chevaux.

– Nous devons fuir, et vite !

Ils furent aussitôt en selle et empruntèrent un sentier qui conduisait à des prairies, s'engagèrent sur une pente de terre grasse. Des vilains les aperçurent et se mirent à crier. François vit derrière une colline, bien à l'abri des regards, une sorte de hameau qui n'était entouré que d'une petite palissade, chose bien étrange en cette période d'insécurité. Les habitants ne redoutaient pas les brigands : porteurs du plus terrible des maux, pire que la peste puisqu'il ne tuait que lentement, emportant le corps morceau par morceau, un doigt, une main, le bras, les pieds, les oreilles, le nez, l'os du front, ils étaient à l'abri de toutes les convoitises.

Les lépreux se rassemblaient ainsi en petites communautés repliées sur elles-mêmes qui cultivaient les mauvaises terres qu'on leur abandonnait, élevaient des volailles, des porcs, et se livraient à la mendicité. Ils ne pouvaient se déplacer qu'en agitant leur crécelle pour éloigner les bien-portants. Ils n'avaient plus de nom, plus de famille. Tuer un lépreux n'était pas puni, c'était aussi salutaire que d'écraser un serpent.

Les cavaliers talonnaient Eugénie et François qui s'approchaient de la porte ouverte.

– Qu'est-ce que tu fais ? hurla Eugénie.

– Il n'y a pas d'autre solution, venez !

Entrer dans une léproserie revenait à ne plus jamais en ressortir ! L'air y était empoisonné, la maladie ne tardait pas à y ronger les corps les plus sains. Pourtant, François passa la porte. Eugénie s'arrêta à l'entrée.

– Reviens, cria-t-elle. Tu te rends compte de ce que tu fais ?

– Oui, je sais. Suivez-moi !

Les cavaliers n'étaient plus qu'à quelques pas et agitaient leurs lances en criant. Elle inspira une goulée d'air, comme pour retarder le moment de s'empoisonner, et entra. Les poursuivants s'arrêtèrent net et firent faire demi-tour à leurs chevaux. Ils se concertèrent à bonne distance, puis s'éloignèrent considérant qu'ils n'avaient pas à aller chercher la faucheuse d'âmes en enfer. Ils avaient besoin de prendre les ordres de leur maître, le sieur de Lormes, car on n'attaquait pas une léproserie comme un hameau isolé.

Eugénie et François arrêtèrent leurs chevaux. Autour d'eux, une multitude grouillante d'hommes et de femmes mutilés, s'aidant avec des cannes, s'approchaient, montrant leurs visages hideux, rongés, tendant vers eux des moignons de mains, des bras coupés au coude. D'autres sautillaient sur une jambe, car il leur manquait un pied ou la moitié d'un membre. D'autres enfin se traînaient dans la boue en s'aidant du seul bras resté valide. Eugénie tremblait. L'horreur était là, à ses pieds, et son cheval s'agitait car il sentait, lui aussi, le danger.

– Écartez-vous ! cria François en dégainant son épée et en faisant des moulinets.

Mais ces animaux, dont la face mutilée rappelait qu'elle avait été humaine, n'entendaient pas la menace. Ils s'approchaient encore, comme des insectes nécrophages qui ont flairé un cadavre. Ils tendaient leurs pinces griffues à deux doigts osseux. François sauta au sol et se mit à frapper du plat de l'épée sur les épaules, les têtes. Des cris étouffés de haine montaient des gorges serrées. Ces bien-portants, ces hommes qui les refoulaient, que faisaient-ils chez eux sinon se cacher ? Et plus François frappait, plus il sortait de ces larves grouillantes. L'une d'elles voulut s'emparer d'Eugénie, l'épée pénétra dans la poitrine courbée.

Un cul-de-jatte, que d'autres poussaient sur une sorte de brouette, se plaça devant les lépreux et tendit les mains. La moitié du visage rongée, rouge et purulente, l'autre couverte d'une barbe noire, son regard était puissant. Il cria un ordre et les lépreux reculèrent, méfiants.

– Rentrez tous chez vous ! dit-il encore. Celui que je vois rôder autour des visiteurs sera donné au père Lesquin.

Ils ne demandèrent pas leur reste. Les femmes entrèrent dans leurs taudis avec leur marmaille grouillante, les hommes retournèrent à leurs travaux, car les lépreux devaient s'organiser entre eux. La nourriture manquait. Parfois, par-dessus les palissades, un généreux donateur leur lançait du pain ou des restes de viande, comme à des porcs. Ils se disputaient ces offrandes, s'entretuaient pour un morceau de lard rance, pour une carcasse de volaille.

L'homme se tourna vers les arrivants et se plaça de sorte qu'ils ne voient pas la partie purulente de son visage.

– Que voulez-vous ? Ici, nous avons faim. Depuis que la peste sévit dans le pays, personne ne pense à nous. On s'étripe pour quelques épluchures. Vous comprenez que ces pauvres gens n'aiment pas les nouveaux venus !

Il se tut un instant puis ajouta :

– Généralement, quand on vient ici, c'est qu'on ne peut pas être ailleurs. Soit on est lépreux, ce qui ne semble pas être votre cas, soit on échappe à ses bourreaux.

– Qui êtes-vous ? demanda François, tenant toujours son épée devant lui, prêt à répondre à une attaque.

Sur sa droite, le cadavre de l'homme qu'il avait abattu continuait de se vider de son sang. Des poules, des oies venaient becqueter la flaque qui se coagulait. Ici, seuls les animaux étaient sains, volailles, porcs, chèvres et moutons prospéraient, la maladie ne s'en prenait qu'aux fils d'Adam. L'homme sur sa brouette, toujours retenue par deux aides qui possédaient leurs jambes mais dont l'un n'avait plus qu'un bras, se mit à rire :

– Vous êtes bien présomptueux, monsieur, pour me poser une telle question. Ici, c'est moi qui commande. Alors, vous allez me répondre car j'ai le pouvoir de vous faire pendre, j'ai aussi le pouvoir de vous bouter hors de ces murs. C'est un triste privilège que m'a donné la maladie ! Qu'avez-vous fait pour que l'on vous poursuive jusqu'ici ? Vous n'ignorez pas qu'on nous accuse de semer la peste ! Désormais, ils vont penser que nous offrons refuge à la faucheuse. Comme ils n'osent pas nous toucher, ils vont mettre le feu à la léproserie. Voilà ce que vous nous apportez !

Puis, se tournant vers Eugénie, il annonça encore :

– Madame, la faucheuse d'âmes ne saurait rester ici. Sachez que s'ils nous menacent, je vous livrerai.

– Monsieur, s'interposa François, je comprends à votre langage que vous n'êtes pas un vilain. Je comprends aussi, à votre autorité sur ces misérables, que vous êtes de haute naissance. Nous aussi.

L'homme prit un air entendu, la tête toujours tournée sur sa gauche. La maladie avait épargné ses lèvres qu'il avait épaisses et son menton plat.

– Je suis Pierre de Morsan, chevalier, frère du comte de Langres et lépreux, ce qui me vaut ce fief d'éclopés. Cela me vaut aussi le privilège d'être protégé par mon frère. Aussi, ce lieu a-t-il été épargné pendant que les autres brûlaient. J'espère qu'il en sera de même encore une fois. Il n'empêche que vous êtes en grand danger. Ici, la mort se fait prier, elle vous emporte par petits morceaux jusqu'au jour où elle vous a pris les deux bras, les deux jambes. Vous n'êtes plus qu'une chose immonde qui périt de faim, de saleté, des vers qui grouillent sur vous, dans votre bouche, vos narines et vous n'avez plus aucun moyen de les chasser. Bienvenue en enfer !

Une odeur putride flottait sur le hameau, semblable à celle de la peste. Autour d'eux, les malades allaient, certains pouvaient encore garder les troupeaux de chèvres, d'autres privés de jambes s'occupaient à tisser des toiles grossières avec des fibres de chanvre ou fabriquaient des paniers.

– Ce qui manque ici, ce sont les mains et les jambes. Pour le reste, il y a trop de têtes, trop de bouches à nourrir, trop de gens qui pensent que le diable peut les aider en se livrant à des pratiques sordides, mais je les comprends et il m'arrive d'assister aux messes noires du père Lesquin. Quand Dieu vous abandonne, que vous reste-t-il ?

– Dieu n'abandonne jamais ses enfants ! Ce n'est pas lui qui donne la lèpre. Elle est dans le monde depuis qu'il existe, parfois, nous l'attrapons. La misère du corps ne doit que renforcer l'âme ! précisa François.

– Vous changerez vite d'avis. Suivez-moi.

Les porteurs firent demi-tour et se dirigèrent vers un bâtiment central en pierre alors que les maisons étaient en torchis grossier. De loin, des curieux suivaient les arrivants. Les chevaux surtout les intéressaient. Ces animaux qui n'entraient jamais dans la léproserie représentaient une si grosse quantité de viande qu'ils étaient prêts à s'entretuer pour se les approprier. Des hommes en armes, à qui il restait un bras pour manier l'épée, arrivèrent, encadrant un prêtre dont on ne voyait que le visage sans nez aux yeux globuleux. Une plaie purulente couvrait la partie centrale de sa face imberbe, rongeait les joues. Une nuée de mouches tournait autour de sa tête couverte d'un chapeau noir.

– Le père Lesquin. Dieu n'a pas voulu de lui, alors il s'est donné au diable, comme tous les lépreux. Il m'aide à maintenir l'ordre.

Lesquin salua les arrivants. Son lourd regard se posa sur Eugénie qui sentit la menace. Il agita le moignon de son bras droit.

– Grâce au diable, il a pu conserver sa main gauche avec deux doigts pour consacrer les hosties noires.

– Nous ne pouvons pas vous garder ! dit Lesquin. Nous n'avons plus rien à manger. Nous sommes déjà trop nombreux.

– Lesquin, retourne à tes prières sataniques ! s'interposa Morsan. Ici, c'est moi qui décide ! Tu offriras quelques enfants de plus à ton maître et on n'en parlera plus.

Lesquin abaissa son chapeau sur sa face hideuse et s'éloigna, toujours encadré par ses gardes qui s'appuyaient sur des béquilles.

– Fais placer les chevaux dans mes écuries et fais-les surveiller la nuit prochaine ! ajouta Morsan.

Puis se tournant vers Eugénie et François :

– Je vais vous conduire à vos appartements. Un conseil, ne touchez pas les enfants qui vous tendent les bras. Abattez-les d'un coup d'épée s'ils se font trop pressants. De même pour les mères, pour les hommes. Personne ne doit vous approcher, sinon vous sombrerez. Ici, c'est un jeu : chaque fois que des gens se réfugient chez nous, les paris vont bon train. Combien de temps vont-ils échapper à la maladie ? Généralement, moins d'un mois.

Des gardes les conduisirent à l'aile droite de la maison et leur remirent les clefs de la porte d'entrée.

– Surtout soyez vigilants ! dit l'un d'eux avant de s'éloigner.

Eugénie et François se retrouvèrent seuls dans cette pièce où ils n'osaient pas toucher les objets tellement ils avaient peur de contracter la maladie. Ils se demandaient pourquoi Pierre de Morsan les avait accueillis contre l'avis de Lesquin. Voulait-il les vendre à ceux qui les poursuivaient ? Les gardait-il comme une distraction pour ses gens ?

– Cet homme sait ce qu'il veut et je ne lui fais pas confiance ! dit Eugénie. Et puis Lesquin ressemble au diable sorti de l'enfer. Ses gros yeux posés sur moi m'ont glacée jusqu'aux os !

– Je suis là pour vous protéger, répondit François. Ils ont compris que je ne reculerai pas. Ils vont se contenter de parier avec les autres et de compter les jours jusqu'à ce que nous soyons pris par la maladie.

Le soir, Pierre de Morsan leur rendit visite. Il avait caché la partie rongée de son visage sous un châle, ne laissant déborder que l'abondante barbe noire de sa joue gauche. Il ordonna qu'on apporte à manger :

– Vous pouvez partager votre repas avec un lépreux, vous pouvez boire dans mon verre, vous ne risquez rien. Le seul risque c'est le contact de la peau. Je garderai donc mes distances pour ne pas fausser le jeu. Les paris sont lancés.

On apporta à manger du lard rance, du pain dur et des noix. C'était peu, mais suffisant. Le vin était aigre, il désaltérait quand même. Morsan parlait abondamment :

– Je suis un cadet de famille. Comme vous, monsieur d'Auxerre, je suppose. Je devais prendre la robe, mais ce n'était pas mon affaire, je ne rêvais que de guerre et de pays lointains. Dieu m'a puni. J'ai rapporté la lèpre d'Orient.

– Qu'attendez-vous de nous ? demanda François.

Morsan eut un léger sourire qui se perdit dans l'épaisseur de sa barbe. Ses yeux se plissèrent en se tournant vers Eugénie.

– Vous êtes un homme d'Église. Vous vivez avec une femme, mais c'est souvent ainsi. J'ai pu remarquer que vous savez aussi vous servir d'une épée. Vous avez toutes les parties de votre corps, ce qui est précieux. Vous valez très cher, tout comme la faucheuse qui est mise à prix !

– Vous voulez dire que vous allez nous livrer ? demanda François, menaçant.

– Il y a d'autres arrangements. Pour rassurer le peuple, on raconte que les lépreux ne sortent jamais. C'est faux. Il faut bien manger ! Les plus valides, ceux qui passent inaperçus, rançonnent les fermes et les voyageurs. La lèpre fait tellement peur qu'il suffit de brandir un moignon sous le nez d'un bon bourgeois pour obtenir tout ce qu'on veut de lui. Mais la peste n'est pas notre alliée. Depuis qu'elle sévit, les chemins sont déserts, les fermes vides de leurs réserves et les villes restent fermées.

Quand il fut parti, Eugénie qui n'osait toujours pas toucher l'écuelle où il avait bu répéta ses doutes :

– Je me demande s'il ne nous a pas vendus. Nous devons rester sur nos gardes.

Ils attendirent longtemps avant de se coucher et, ce soir-là, sûrement à cause de la proximité de la plus terrible des maladies, des misérables qui grouillaient dans ce lieu sordide, Eugénie prit la main du jeune homme et la garda toute la nuit serrée dans la sienne.

Au matin, une grande clameur les réveilla. Des gens criaient, des hurlements d'enfants perçaient le tumulte. Eugénie et François se regardèrent, étonnés.

– Allons voir ! dit François en ceignant son épée.

Une foule grouillante vociférait sur la place boueuse. Hommes et femmes se pressaient autour de Lesquin qui dressait devant eux un crucifix à l'envers. Pierre de Morsan arrivait sur sa charrette tirée par ses deux gardes. Il leur fit signe. Le ciel était gris, sombre et lourd.

Des lépreux qui pouvaient encore marcher et manier l'épée d'une main obligèrent un groupe d'enfants nus à s'approcher de l'officiant. La foule hurlait, des poings se levaient au-dessus des têtes. Les enfants poussaient des cris apeurés et suppliaient qu'on les épargne. Le prêtre prononçait des incantations au diable en agitant son crucifix.

– Que se passe-t-il ? demanda Eugénie.

– C'est l'heure de servir le maître des ténèbres ! dit Morsan. Ces enfants ont perdu leurs parents et sont des bouches inutiles. Nous devons nous en débarrasser.

Lesquin tendit ses deux bras vers la foule, secoua le moignon de son poignet droit, et dressa sa main gauche où il ne restait que deux doigts, le pouce et le majeur.

– Mes frères de la damnation, notre maître demande du sang et nous allons lui en donner ! Il répand la peste dans le pays pour bien montrer que c'est lui qui commande. Soyez certains qu'il nous réserve une bonne place en enfer, et là vous aurez vos bras, vos jambes, vous serez jeunes et forts. Vous aurez le plaisir de précipiter les fils de Jésus dans les flammes car vous avez choisi d'être à côté du prince des ténèbres !

Une ovation s'éleva dans la foule. Des visages hideux et sanguinolents grimaçaient, des morceaux de bras s'agitaient au-dessus des têtes hirsutes.

– L'heure est venue de sacrifier ces innocents. Ils auront l'éternité pour revenir sur cette terre et conduire les âmes égarées vers le maître des enfers !

Eugénie n'arrivait pas à contenir le tremblement qui secouait tout son corps. Elle était paralysée devant cet odieux spectacle. À côté, François n'avait pas bronché, mais serrait la poignée de son épée. Lesquin s'agenouilla devant la croix renversée et se dressa de nouveau, une hostie noire entre les deux doigts de sa main.

– Voici le pain des ténèbres qui ouvre les portes du monde infernal. Ses tourments seront pour les autres, pas pour nous qui sommes si mal aimés sur cette terre ! Notre revanche arrive enfin !

Il ouvrit sa bouche édentée pour y introduire l'hostie. La plaie qui couvrait une grande partie de son visage s'anima. Il dardait sur la foule ses gros yeux veinés de rouge.

Enfin, il se tourna vers la dizaine d'enfants nus, toujours encadrés par des hommes armés de lances. Les malheureux ne criaient plus, leurs regards effarés allaient de la foule à l'officiant.

– Satan vous attend. Il m'a dit cette nuit qu'il vous recevrait dans son palais. Il y fait toujours chaud et les servantes vous nourriront de miel et de fruits sucrés. Vous n'aurez plus jamais à travailler. Le maître vous enverra souvent sur cette terre, au-delà de ces murs, dans les châteaux des seigneurs qui vous obéiront. L'heure d'aller le rejoindre a sonné.

De la pointe de leur lame, les gardes poussèrent les enfants vers Lesquin. Un garçonnet se mit à crier et voulut s'échapper en passant entre les hommes, mais il fut aussitôt maîtrisé. Le soleil glissant entre les gros paquets de nuages éclaira la large pierre plate où la première victime fut allongée de force. Plusieurs éclopés s'acharnaient sur ce jeune garçon au corps sain et vigoureux. Lesquin prit le couteau du sacrifice dont la lame lançait des éclairs. Ses gros yeux cruels regardaient déjà la gorge qu'il allait trancher.

Eugénie poussa un cri. Tous les regards se tournèrent vers elle. Sans se préoccuper du risque qu'elle encourait, bousculant des pieds les lépreux, elle courut au centre de la place et, s'interposant entre la lame et l'enfant, cria :

– Soyez tous maudits !

Des hurlements firent suite à son intervention. Des mains mutilées, des moignons s'agitaient. Des faces rouges criaient leur haine, des pierres volaient autour d'Eugénie. François sauta par-dessus les gens couchés à même la boue, se rangea à côté d'elle, l'épée dressée, face à la foule qui se tut.

– Comment pouvez-vous croire de telles sornettes ? s'offusqua-t-il. Personne ne demande le sacrifice de ces enfants sinon ce curé excommunié qui ne sait que prêcher la haine et la souffrance !

– Qu'on se saisisse de ce maudit moine ! hurla Lesquin.

Personne ne broncha. François tenait son épée menaçante devant lui pendant qu'Eugénie aidait la victime à se relever. Les autres enfants, toujours rassemblés entre les gardes profitèrent de la diversion pour s'échapper. Eugénie remarqua qu'ils portaient une marque sur l'épaule droite, un cercle imprimé au fer sur leur peau. Lesquin voulut reprendre l'avantage, mais François ne lui en laissa pas le temps. En le menaçant, il l'obligea à s'éloigner.

– Vous ne devez pas écouter ce que vous raconte cet homme. Dieu ne pousse pas ses fils dans les bras du mal, bien au contraire. La lèpre est une terrible épreuve, mais en s'aidant, en s'aimant les uns les autres, on peut alléger son fardeau, cela, j'en ai la certitude. Ce n'est pas en tuant des innocents que vous supprimerez vos douleurs.

Eugénie poursuivit :

– La léproserie comporte des terres en friche. Au lieu de vous disputer, de vous entretuer, il serait plus profitable pour tous de les cultiver, de construire de véritables maisons, d'aider vos enfants à échapper à l'enfer de la lèpre. On va tous se mettre au travail. Nous avons deux chevaux pour labourer ! Nous manquons de bras, c'est vrai, mais tous ensemble, nous pouvons faire reculer la misère et la maladie n'aime pas les gens bien nourris !

Les lépreux se regardèrent puis cherchèrent le visage hideux de Lesquin. Le prêtre avait disparu. Pierre de Morsan fit approcher sa charrette. Il tourna les yeux vers Eugénie et François tout en gardant cachée la partie rongée de sa figure.

– Je n'en attendais pas moins de vous. Seul, sans mes jambes, je ne pouvais rien, avec vous, tout est possible, mais méfiez-vous de Lesquin, c'est le plus horrible personnage que je connaisse.

– Pourquoi l'avez-vous laissé faire ? s'insurgea François.

– Parce qu'il a des jambes pour s'échapper et une main pour tenir une épée. On ne peut régner sur des lépreux sans répandre la terreur !

– Rentrez chez vous ! cria Eugénie. Que ceux qui veulent travailler avec nous et sont assez valides pour cela se présentent cet après-midi. Nous distribuerons les tâches !

Eugénie et François rentrèrent dans le taudis qui leur servait de logement. Lesquin n'avait sûrement pas abdiqué aussi facilement et tenterait de les éliminer. Ils devaient se tenir sur leurs gardes.

– Je ne le crains pas ! fit François en rangeant son épée dans le fourreau.

Un grattement sur la porte leur fit redouter l'arrivée du prêtre et de ses fidèles. François ouvrit vivement, prêt à faire face à un adversaire. Il se trouva nez à nez avec un enfant d'une dizaine d'années.

Eugénie reconnut celui qui devait être sacrifié. Il s'était vêtu de hardes déchirées, chemise de chanvre gris et chausses constituées de morceaux de tissu enroulés autour des jambes. Les pieds nus, le garçon était assez robuste pour son âge, ce qui était rare dans la léproserie. Eugénie pensa à Matthieu que Rincourt avait enrôlé chez ses ennemis.

– Comment tu t'appelles ?

– Antoine. L'Antoine de l'Édentée. Ma mère est morte l'année passée.

– Mais tu n'es pas malade. Qu'est-ce que tu fais ici ?

– Si, je suis malade. La bête sournoise m'a mordu.

Il montra la peau rouge et purulente sur le dos de sa main droite.

– Bientôt mes doigts vont tomber, et puis la main tout entière. Pourtant, ici, les enfants ne sont pas toujours malades. Les mères prennent tant de précautions pour s'occuper d'eux qu'ils échappent à la lèpre. C'est pour ça qu'on les marque au fer !

Eugénie se souvint du petit cercle de peau sombre qu'elle avait vu sur l'épaule droite de chacun des enfants nus.

– Que veux-tu dire ? demanda François qui s'était approché.

– C'est le sire de Langres qui le demande. Les nouveau-nés sont marqués, comme ça, ils ne peuvent pas sortir de la léproserie et aller grandir ailleurs.

– Allez, Antoine, rentre chez toi ! On te retrouvera cet après-midi.

– Oui, je veux bien, mais…

Il se dirigea vers la porte et, avant de s'enfuir en courant, s'écria :

– Tu es si belle ! Je voudrais que tu sois ma mère !

Il disparut derrière les baraques en bois. Le soleil avait pris le dessus et brillait sur la campagne.

Morsan se fit annoncer. La tête inclinée sur sa plaie, il tourna vers eux un regard anxieux.

– Je m'étonne que les troupes du seigneur de Lormes ne soient pas venues rôder dans les parages. Personne ne vous a réclamés. Ce n'est pas bon signe.

– Que redoutez-vous ?

– Qu'ils mettent le feu à la léproserie, qu'ils brûlent tout le monde pour vous récupérer. Je n'ai pas pu avertir mon frère. Monsieur d'Auxerre, vous devriez profiter de votre cheval pour aller le voir et lui parler.

François partit aussitôt vers le château dont on voyait au loin le donjon dominer l'horizon. Il fut de retour en début d'après-midi. La plupart des malades se tassaient sur la place autour de la grande pierre plate sur laquelle Lesquin sacrifiait les orphelins. Morsan se fit amener près d'Eugénie qui se mit à distribuer les tâches. Antoine, à la tête des enfants orphelins, participait à l'opération : certains furent désignés pour ramasser des branches mortes, d'autres pour garder les troupeaux dans les pâtures abandonnées depuis longtemps, d'autres enfin sortirent de la léproserie pour aller glaner les épis oubliés dans les champs que la peste avait désertés.

Le soir, la place avait été nettoyée, des marmites de soupe cuisaient dans la plupart des foyers. Il avait suffi de peu de chose, de la bonne volonté, des paroles d'encouragement, pour en arriver là. Les femmes, surtout, étaient reconnaissantes. Ces mères, qui se privaient chaque jour pour leurs nourrissons, avaient vite compris qu'il n'y avait pas d'autre solution que de travailler et que les injonctions à l'enfer de Lesquin n'apporteraient rien sinon la haine, le sang et toujours plus de souffrance.

François savait tenir un discours simple et généreux, loin de celui des hommes d'Église, si proche de la vie que les gens l'acceptaient et que la maladie leur paraissait moins lourde à porter. Lesquin s'était réfugié dans un des bâtiments en dur, à côté d'une petite chapelle que les lépreux recommençaient à fréquenter. Il ne cessait de s'en prendre à Eugénie, la porteuse de peste, et menaçait les malades de sombrer du mauvais côté de l'enfer, celui où les flammes consument sans fin les condamnés.

Le petit Antoine s'attachait aux pas d'Eugénie. Plusieurs fois, François avait dû le rabrouer car il avait tendance à s'approcher et tendre les mains vers la jeune femme qui ne savait pas s'en défendre. Elle se privait de miel pour le garçon qui en raffolait, lui gardait les plus beaux fruits qu'il acceptait, mais oubliait d'emporter.

Quelques jours passèrent. Les enfants allaient cueillir les champignons et François les triait, leur montrant ceux qu'il ne fallait pas manger. Rien ne se perdait : ils ramassaient les fruits sauvages et constituaient des réserves pour l'hiver qui approchait. L'enfer devenait vivable.

Un matin, on trouva Lesquin mort sur la pierre plate où il sacrifiait les enfants. Il gisait au milieu d'une mare de sang, preuve qu'il avait été assassiné. Personne ne chercha à savoir qui était l'auteur du crime et, comme on manquait de bras pour creuser une tombe, il fut abandonné en pleine campagne là où les corbeaux et les loups sauraient le trouver.

À l'extérieur, la peste continuait ses ravages. La maladie se plaisait dans cette région et semblait ne plus vouloir en partir. Elle menaçait tour à tour les fermes, les hameaux, les bourgs. Les prêcheurs avaient beau jeu de clamer :

– Vous avez laissé s'échapper la faucheuse. Elle vous nargue de la léproserie que protège le sieur de Langres. Mais la nuit, elle sort sur son cheval, elle vient marquer les maisons qui seront détruites par la mal-mort ! Je l'ai vue la nuit dernière encore, avec son regard de feu qui se pose sur les villes... Voilà ce qu'il en coûte d'être faible !

Les premiers froids de l'hiver arrêtèrent l'épidémie. La famine la remplaça. Les bandes de voleurs infestaient le pays, détroussaient les marchands et mettaient à sac les fermes et les villages. Cela donna un peu de répit à la léproserie que les pillards ne se hasardaient jamais à attaquer. Pendant que les troupes du seigneur de Lormes et du comte de Langres combattaient les voleurs, les populations ne pensaient plus à la faucheuse.

Du château de Langres où il se rendait régulièrement, François avait envoyé un coursier à Varonne qui fut ainsi le seul à savoir où Eugénie se cachait. Ignorant cependant qu'elle était dans une léproserie, le cardinal lui répondit : *Surtout ne vous montrez pas. Vous êtes notre dernier espoir. Le régent qui est un obstiné vous fait chercher par plusieurs escadrons. Nous jouons à brouiller les pistes. Attendez le printemps pour rejoindre votre frère. Vous pourrez alors rentrer en France avec la grande armée de Jean Ier.*

Vint enfin le printemps. Pendant la journée, Eugénie et François s'occupaient d'organiser le travail en compagnie de Morsan. Des ateliers avaient été construits, une forge mise en place. Plusieurs personnes étaient souvent nécessaires pour un travail qu'une seule, valide, aurait accompli en quelques instants. Dans les champs, les deux chevaux épargnés par les bouchers tiraient les charrues et préparaient la terre pour de nouvelles récoltes. Les femmes étaient « accouplées » selon leur handicap et pouvaient ainsi accomplir de nombreuses tâches ménagères indispensables. Les conditions de vie s'amélioraient. Morsan exigeait une discipline de fer. Il s'était vite attaché à François, homme de convictions qu'il partageait. Son humilité, sa générosité séduisaient les lépreux qui lui faisaient confiance.

Le jeune Antoine ne quittait pas Eugénie. Il avait pris la tête des enfants valides qui glanaient le bois mort, conduisaient les troupeaux aux pâturages et accomplissaient un tas de petites tâches souvent difficiles pour les adultes à qui il manquait un membre. Pourtant, la lèpre progressait en lui. La chienne gardait ses crocs serrés sur sa main droite où des plaies purulentes étaient apparues. Il remuait de plus en plus difficilement ses doigts qui perdaient leur peau, laissant à vif la chair d'où suintait un liquide brun et malodorant.

– Vous êtes certain qu'il n'y a aucun moyen de le guérir ? demanda Eugénie à Morsan qui inclinait son chapeau sur le côté mutilé de sa figure.

– Aucun. S'il n'avait que la main de prise, on pourrait la couper et avec un peu de chance, il serait guéri, mais la bête monstrueuse le dévore à belles dents et s'attaque déjà à son pied droit. Cela signifie qu'elle est installée pour de bon et que si l'on coupe aussi le pied droit, elle prendra le gauche et ainsi de suite…

Eugénie assistait, impuissante, à la descente en enfer de son protégé. Pendant l'hiver, le jeune garçon avait cherché à cacher son mal au pied, mais depuis quelque temps, il boitillait et grimaçait à chaque pas.

Le retour du printemps et de la douceur donnait des forces nouvelles à la maladie. Beaucoup de lépreux mouraient, d'autres perdaient ce qui leur restait d'un membre ou du visage. Les enfants payaient un lourd tribut à la belle saison ; chaque jour qui passait imprimait son poids sur les épaules du pauvre Antoine qui marchait de plus en plus difficilement. Rongés à la base, trois doigts de sa main droite étaient tombés sans la moindre douleur, comme des dents de lait. Il avait assez observé la progression du mal chez les autres pour être sans illusion sur son sort :

– Avant l'été, elle m'aura pris le cœur ! disait-il, fataliste.

Eugénie s'emportait contre cette injustice qui faisait endurer le supplice des condamnés à un tout jeune innocent. Dieu était-il amour comme le prétendait François quand il laissait ainsi souffrir sans raison un de ses fils ?

– On demande tout à Dieu ! répondait le Fraticelle. Mais la lèpre est une maladie que Jésus lui-même aurait pu attraper. Le domaine de Dieu, c'est l'invisible. Le corps fait partie de sa Création et doit en subir les lois, raison pour laquelle les miracles n'existent pas. Par contre, la souffrance du corps n'est jamais gratuite, elle sert à renforcer l'âme !

– Mais enfin, Antoine n'a pas douze ans, c'est un enfant qui a envie de jouer, de courir dans les prés et au bord de la rivière…

– Vous ne pouvez que lui donner beaucoup d'amour. C'est là le seul remède !

– Beaucoup d'amour ! s'emportait Eugénie. Je ne peux même pas le serrer dans mes bras !

Comme le garçon marchait de plus en plus difficilement, elle décida qu'il passerait la nuit près d'elle, dans la pièce qu'elle partageait avec le Fraticelle.

– C'est une grave erreur ! dit François. Vous risquez la contamination et cela ne changera rien au sort de ce malheureux.

– Il a besoin de moi. Je remplace sa mère !

En parlant ainsi, elle avait le sentiment de racheter ses manquements auprès de ses propres enfants, d'obtenir leur pardon. Elle restait cependant très prudente. Dans chacun de ses déplacements, Eugénie était entourée de quatre hommes particulièrement décidés qui écartaient les importuns, surtout les enfants toujours à la recherche d'une caresse, d'un baiser.

Un soir, alors qu'il n'avait pu se lever de la journée, Antoine, allongé sur une paillasse posée dans un coin, appela Eugénie. Son visage maigre se découpait dans la pénombre, ses yeux noirs gardaient toute leur présence.

– Je voulais te dire pour Lesquin…

– Eh bien quoi ?

– J'avais encore mes jambes et je l'épiais. Il avait décidé de te tuer un soir quand tu rentrerais chez toi. Un coup de couteau, comme il le faisait aux enfants du sacrifice !

– Ah bon ? fit Eugénie intriguée.

– Il pouvait le faire. Les gens le redoutaient tellement que personne ne lui aurait demandé des comptes. Alors, j'ai attendu la nuit et je l'ai tué.

– Qu'est-ce que tu racontes ? Un enfant de ton âge ne peut pas tuer un homme !

– Si, je l'ai tué avec ma main gauche qui allait bien à cette époque. D'ailleurs c'est peut-être pour me punir que le diable va me la prendre !

– Ne crois surtout pas cela ! intervint François qui était resté en retrait. Le diable n'existe pas !

L'enfant se tut un instant, mais son regard montrait son intense réflexion.

– Alors s'il n'existe pas, le mal vient d'où ?

– Le mal vient de la nature des hommes. C'est pour cela que nous pouvons le combattre et le vaincre !

Au mois de mai, la communauté dut faire face à la famine. Il n'y avait plus de blé, plus de fruits secs que les enfants avaient récoltés à l'automne. Les rares légumes, que le printemps tardif avait permis de cultiver, nourrissaient peu et les bagarres se multipliaient. François fit doubler la surveillance près des chevaux que beaucoup lorgnaient. Il demanda qu'on inspecte leur foin, redoutant que des malintentionnés n'y cachent des clous destinés à perforer l'estomac des animaux qu'il aurait alors fallu abattre. Il avait beau répéter que les chevaux vivants étaient la richesse de la léproserie, la plupart ne pensaient qu'à soulager leur faim immédiate. Il dut aussi se battre contre les pères qui égorgeaient leurs nourrissons pour supprimer des bouches à nourrir et, parfois, n'hésitaient pas à les faire cuire comme des porcelets.

Antoine était de plus en plus faible. Les maigres bouillons que lui donnait Eugénie ne procuraient pas suffisamment de forces à son jeune corps pour combattre la maladie. Il s'affaiblissait de jour en jour. La lèpre avait pris chez lui une forme particulière, plus fréquente chez les jeunes que chez les adultes. Après avoir joué pendant quelques mois avec sa proie, lui volant les doigts, un pied, elle était pressée d'en finir et le tuait comme une maladie ordinaire. L'enfant se plaignit des reins puis la fièvre monta, brûlant ce qui lui restait de vie.

Les linges mouillés qu'Eugénie lui posait sur le front en prenant une infinité de précautions n'y faisaient rien. Elle le veilla pendant plusieurs nuits. François restait près d'elle. Enfin, après plusieurs jours de délire, Antoine ouvrit les yeux, calme. Eugénie eut l'impression d'avoir déjà vécu cette scène près d'un soufflet de forge où son petit Benoît agonisait.

– Maman ! dit le jeune malade en agitant son moignon de main.

Eugénie eut un geste rapide vers cette main. François lui conseilla de reculer.

– Et tu crois que je vais le laisser seul à cet instant !

– Maman ! répéta Antoine. Je voudrais tant mourir dans tes bras !

Ses épaules se soulevèrent en une profonde inspiration. Alors, cédant à un élan irréfléchi, Eugénie se pencha vers le moribond. François, plus rapide, se coucha sur l'enfant qui venait de rendre son dernier souffle, protégeant ainsi sa compagne du contact mortel.

– Mon Dieu, qu'est-ce que j'ai fait ? s'écria-t-elle.

Elle se releva lentement. François fit de même. Il était grave, mais aucune colère ne durcissait son visage.

– Qu'est-ce que j'ai fait ? dit encore Eugénie.

– Vous ne devez jamais plus me toucher. Heureusement que j'étais là !

– Tu m'as sauvé la vie ! Tu t'es sacrifié pour moi !

– Ce n'est pas si grave. Rien ne prouve que j'aie été contaminé, mais il vaut mieux rester prudent. Désormais, vous ne vous approcherez plus de moi !

Sous les ordres de Morsan, des hommes vinrent chercher le cadavre du petit Antoine qui fut brûlé ainsi que sa couche. Eugénie se remit au travail et, en quelques jours, sa peine se confondit avec celle qu'elle éprouvait pour ses propres enfants, permanente mais assagie, ombre avec laquelle elle avait appris à vivre.

La peste ravageait de nouveau le pays. La population réclamait la sorcière condamnée au bûcher. Le comte de Chaumont avait beau expliquer que les lépreux n'étaient pour rien dans la propagation de la mal-mort et que la faucheuse était partie depuis longtemps, personne ne le croyait.

Plusieurs cavaliers se présentèrent à l'entrée de la léproserie. Pierre de Morsan les reçut. Personne n'ignorait qu'il était un cadet de Langres, mais son état de lépreux lui enlevait toute autorité quand son frère ne se tenait pas à ses côtés. L'homme qui s'approchait de lui portait le bassinet haut laissant voir sa calvitie et ses boucles d'oreilles. Il descendit de cheval. Les épaulières et les chausses en cuir indiquaient qu'il n'avait pas l'intention de livrer bataille. Deux prêtres tenant des grands crucifix en fer l'encadraient. Le seigneur de Lormes agita ses petites mains où brillaient ses grosses bagues.

– Nous venons chercher la faucheuse qui nous a échappé alors qu'elle devait être brûlée avec d'autres hérétiques.

– Monseigneur de Lormes, vous n'ignorez pas que chez les Langres, on ne livre pas ses amis. Cette femme n'a rien à voir avec la peste, la preuve, il n'y a pas eu un seul cas dans la léproserie.

– Bien sûr, fit Lormes, elle vous protège. Il faut cependant nous la livrer, sinon…

– Sinon quoi ?

– Nous mettrons ce lieu à feu et à sang.

Pendant qu'ils parlementaient, les lépreux s'étaient rassemblés devant la palissade, dardant sur les visiteurs des regards menaçants. Ils savaient ce qu'ils devaient à Eugénie et n'avaient pas peur de la mort avec qui ils couchaient depuis longtemps.

– Ceux qui s'en prendront à la léproserie auront à faire au comte de Langres, mon frère.

– Nous reviendrons ! dit le seigneur de Lormes en montant à cheval. Mais cette fois, nous ne parlementerons pas !

Quelques instants plus tard, François, monté sur son meilleur cheval, franchissait la palissade de bois. Vêtu en habit de guerre, il piqua sa monture en direction du château de Langres où il fut aussitôt reçu par le maître.

– Soyez sans crainte, dit le frère de Morsan. Je vais avertir le sire de Lormes de se tenir tranquille. Et je vais poster quelques hommes d'armes dans les parages. Allez rassurer mon frère, il ne sera fait aucun mal aux lépreux.

Eugénie pensait à ce que lui avait écrit le cardinal de Varonne. Elle était impatiente de reprendre la lutte contre le Valois que, dans ses pensées, elle assimilait à l'horrible Lesquin. Il était temps pour elle de partir.

Depuis quelques jours, François avait remarqué une rougeur sur son coude. La peau s'était boursouflée, des démangeaisons le faisaient se gratter au sang.

– Elle me tient, constata-t-il.

Il n'y avait aucune rancœur dans sa voix, aucun reproche envers Eugénie qu'il avait sauvée. Ainsi, le jeune Fraticelle ne quitterait jamais ce lieu sordide, mais il l'acceptait. On savait que l'application du feu sur une lèpre nouvellement installée pouvait guérir, mais la plaie qui s'ensuivait était atrocement douloureuse et le malade en mourait une fois sur deux. François s'était préparé à sa contamination et la souhaitait probablement pour aller au bout de son sacrifice.

– La lèpre va me rapprocher de Dieu que je cherche depuis si longtemps. Vous, vous avez à faire, votre frère et vos amis vous attendent. C'est très bien ainsi.

Il souriait, radieux, comme si la maladie la plus terrible de la Création était pour lui un cadeau du ciel.

– Vous devez partir. Il faut profiter des hommes qui surveillent les alentours.

Le moment de se séparer de François était venu. Elle l'aimait comme aucun autre ; François ne vivait que pour son Dieu, pour la réforme de sa religion et enseignait aux lépreux des paroles d'amour. Il était arrivé dans cet enfer pour y apporter des conditions de vie supportables, pour soulager les douleurs et surtout les partager.

– Ils finiraient par ne plus écouter un prêcheur qui ne sait rien de la maladie. Mon épreuve sera la leur, c'est là le message du petit Antoine. En arrivant aux portes du ciel, il a pensé à ses frères lépreux, et à moi qui suis désormais avec eux !

Ce dernier soir, ils restèrent éveillés, l'un en face de l'autre, conscients de ce qu'ils s'étaient apporté. Leur rencontre continuerait de les enrichir longtemps après leur séparation. C'était un cadeau de Dieu qui donnait ainsi un sens à l'éternel, à ce qui échappait à la lèpre, à la pourriture des corps.

François alla chercher dans ses vêtements de guerre une bourse bien lourde.

– Avec ça, vous pourrez prendre des gardes pour vous escorter. Faites bien attention, ne choisissez pas n'importe lesquels, ils pourraient vous tuer pour vous voler.

– Je m'arrangerai ! dit Eugénie, sombre.

Elle avait le sentiment qu'une nouvelle page de sa vie se tournait, plus importante que les précédentes.

– Pour sortir, ce ne sera pas facile. Vous devez le faire de nuit, demain, avant le lever du soleil. Si quelqu'un vous voit, vous serez mise à mort.

Il regarda la rougeur de son avant-bras nu, souffla sur la peau qui démangeait, leva son regard gris vers sa compagne qui l'avait guidé sur le chemin de Dieu.

– Je suis d'ici, désormais. Je suis un de ces êtres repoussants que l'on n'ose pas toucher et que l'on brûle pour qu'il ne salisse plus la terre.

– Viens avec moi, insista Eugénie. Rien ne prouve que cette rougeur soit la lèpre ! Tu t'es râpé à l'écorce d'un arbre ou bien c'est une mouche qui t'a piqué. Dans quelques jours, tu n'y penseras plus. Nous allons partir ensemble.

Cela lui faisait du bien de parler ainsi. Elle éprouvait le besoin d'occulter leur séparation, de minimiser sa culpabilité. Le sentiment qu'elle portait désormais à François dépassait toute parole, toute présence. C'était une force au fond de l'âme qui ne la quitterait jamais.

– J'irai chercher le cheval. Il va beaucoup nous manquer, mais on s'arrangera. Sans lui, vous êtes condamnée, avec lui, vous avez une chance. Vous devrez galoper vers le sud, sans regarder les maisons et les villes que vous croiserez. Ce soir, vous serez à Selongey. Vous vous présenterez à la porte du monastère franciscain qui se trouve sur une hauteur, en dehors de la ville. Vous demanderez le père

Cyprien et vous lui donnerez cette lettre. Vous pourrez lui parler sans peur, car il est mon frère en hérésie. Il vous trouvera une escorte pour vous conduire à Sienne. Mes frères entretiennent un commerce suivi avec la Toscane.

Elle eut envie de l'embrasser.

– Je t'aime, lui dit-elle. Je t'aime et je te demande pardon.

– Pardon de quoi ? Dieu l'a voulu ainsi. D'ailleurs rien ne prouve que j'ai la lèpre. Parfois, la plaie sèche toute seule…

Cela arrivait, en effet, mais François ne s'accrochait pas à cet espoir terrestre. Il parlait ainsi pour atténuer les remords d'Eugénie. Lui aussi l'aimait, d'un amour qui le conduisait vers Dieu.

– On se retrouvera un jour.

Il secoua la tête.

– Non. Si l'on se retrouve, ce sera au paradis.

Dehors, les coqs chantaient, annonçant l'aube. François ramena la manche de sa chemise sur la rougeur de son avant-bras, alla chercher le cheval et le sella. Des gardiens de l'écurie s'en étonnèrent, il leur expliqua que l'animal avait besoin d'être ferré, qu'il l'amenait à la forge où il s'en occuperait lui-même pour ne pas perdre de temps. Il devait le faire courir un peu pour voir quels fers avaient pris du jeu. Les garçons d'écurie n'insistèrent pas : François était un chef incontesté, d'une grande bonté, mais aussi d'une fermeté qui ne reculait jamais devant le châtiment suprême quand cela était nécessaire.

Il s'éloigna avec le cheval. Eugénie l'attendait dans l'ombre, à la porte. Ils se regardèrent dans la pâleur du jour qui pointait au-dessus des collines. Ils ne voyaient que leurs yeux à travers l'immensité de leurs âmes.

– Garde-toi bien. Quand je reviendrai, je passerai te voir.

Il sourit, un sourire profond, déjà détaché des choses du monde. Ces paroles le touchaient, même s'il ne les croyait pas.

– Merci d'être venue dans ma vie ! dit-il. Sans vous, je n'aurais pas franchi l'ultime marche. Ah, j'oubliais…

Il courut à l'écurie et revint tenant une épée devant lui.

– Vous m'avez dit que vous y teniez beaucoup. J'ai demandé au comte de Langres de la faire chercher et la voici.

Eugénie restait sans voix. L'émotion lui nouait la gorge. Avec cette épée, c'était comme si elle retrouvait la protection du chevalier blanc.

– Dites à l'homme qui vous a offert cette épée que je prierai chaque jour pour lui, comme je prierai pour vous !

– Merci ! fit Eugénie. Je voudrais t'embrasser, mais ce bonheur m'est refusé. Il ne passera pas une journée sans que je pense à toi et que je demande à Dieu de te prendre sous sa protection.

Elle monta sur son cheval avec la légèreté qui la caractérisait et piqua l'animal qui s'éloigna au grand galop. Elle ne se retourna pas.

Tout se passa comme François le lui avait annoncé. Elle se présenta à la porte du monastère situé sur une hauteur à côté de Selongey et demanda le père Cyprien. On la conduisit auprès d'un homme très maigre qui flottait dans son aube. Cyprien avait une vivacité d'enfant, un visage fin de musaraigne toujours en mouvement. Eugénie lui tendit la lettre de François. L'homme déplia le parchemin et le porta à bout de bras en clignant les yeux. Il déchiffra en faisant des grimaces. Cela lui prit un long moment, puis il roula la lettre, la posa sur la table à côté de lui.

– Bon, dit-il en agitant les bras. Vous êtes la fille de la reine Clémence ! Quel honneur pour nous ! Savez-vous que votre mère est arrivée de Naples par la mer et qu'elle a touché le sol de France à Marseille d'où vous allez partir ?

Sa voix était grêle, presque une voix de femme. Il modulait les syllabes comme s'il chantait un psaume.

– Dès demain, une escorte vous conduira près de Marseille, un petit port où vous prendrez un de nos bateaux pour Livourne. Soyez tranquille, nos frères sont de bons cavaliers, de bons gardes et aussi de bons marins.

Elle fut conduite dans sa chambre où on lui servit à souper. Le silence du grand bâtiment la plongeait dans une profonde quiétude qui incitait au recueillement.

Le lendemain, elle fut réveillée avant le jour. Les gardes l'attendaient dans la cour. Des frères harnachaient les chevaux. Eugénie fut priée de se préparer rapidement, la journée serait longue et harassante. Le père Damien vint la chercher à la porte de sa chambre. Il lui servait des « Majesté » extrêmement ridicules face au dépouillement total des hommes de ce monastère, qui était leur grande richesse.

Le voyage dura dix longues journées. Chaque soir, Eugénie était tellement fatiguée qu'elle tombait de sommeil sous la surveillance des moines fraticelles, hommes de prière et d'action. Ils faisaient penser aux anciens Templiers, même si leurs dogmes étaient radicalement différents. Eux ne cherchaient pas à s'enrichir, bien au contraire, ils voulaient seulement réformer l'Église, lui rendre sa première vocation pastorale, faire que les ministres de Dieu soient des exemples d'humilité, des frères des pauvres.

Ils arrivèrent à Marseille un soir de vent. Les Fraticelles possédaient des comptoirs sur le port qui leur permettaient non pas de commercer pour gagner de l'argent, mais de rapporter des denrées qu'ils distribuaient à vil prix, ce qui leur valait un grand nombre d'ennemis. Ils étaient souvent poursuivis pour hérésie, brûlés ; de basses raisons commerciales se cachaient toujours sous les reproches religieux.

Eugénie passa une nuit agitée car elle redoutait l'inconnu de la mer qui ouvrait devant elle ses bouches noires, ses gouffres sans fond et son mystère. Elle n'en montra rien et, pensant à sa mère qui avait traversé cette même mer, embarqua au milieu des marins qui plaisantaient.

Le bateau largua les amarres, hissa les voiles et s'éloigna de la côte, poussé par un vent favorable. Dans la pièce lambrissée du château qu'on lui avait réservée, Eugénie avait la nausée. Elle vomit plusieurs fois, puis le malaise se calma. De l'ouverture, elle vit alors l'immensité de l'eau qui ne s'arrêtait sur rien, qui butait contre le ciel, et s'étonna de ne pas apercevoir au loin les clochers de Livourne. Cela fit rire le capitaine :

– La mer cache ses trésors jusqu'au dernier moment ! dit-il.

La traversée se passa dans de bonnes conditions. Le vent fut favorable jusqu'à l'arrivée et il n'y eut qu'un peu de pluie le troisième jour.

Eugénie foula le sol de Toscane avec un bonheur qu'elle ne cacha pas. Un convoi fut formé dans la journée et partit dès le lendemain, à travers une campagne montagneuse baignée de lumière vive.

Le lendemain soir, elle était à Sienne, une république de commerçants dont on vantait la beauté des églises et la richesse. La peste avait fait de gros dégâts, mais la ville se relevait lentement. Le mois d'août s'achevait, il faisait encore très chaud.

Jean de Sienne menait grand train dans un palais qui lui avait été prêté par la république. Le roi de France, comme on l'appelait ici, se souviendrait plus tard de ses origines, de l'accueil des Siennois, et les aiderait dans leur combat contre Florence. L'argent que les marchands et les banquiers siennois dépensaient ainsi n'était qu'un placement à long terme. Les usuriers lombards et toscans avaient l'habitude de ce genre d'opération qui comportait quelques risques mais pouvait rapporter beaucoup.

Eugénie fut introduite dans le palais où des huissiers d'étage la firent patienter. Sa Majesté était en conseil, mais il allait la recevoir. Au bout d'une heure d'attente, on vint la chercher avec beaucoup d'égards. Jean Ier l'accueillit dans une salle d'apparat, assis sur son trône, une couronne de papier couleur d'or sur la tête. Eugénie découvrit un homme grassouillet, pâle, avachi sur une sorte de trône qui n'avait rien de royal. Son regard avait perdu sa vivacité et il dressait le menton, comme pour assurer sa majesté, ce qui ne faisait que l'écraser dans une vulgarité affligeante.

– Ma sœur, dit-il en lui tendant la main et ne se levant pas comme le voulait l'usage, nous sommes pleins de la joie de vous retrouver.

Il prit un air d'importance pour écouter Eugénie.

– Moi aussi, mon frère. Je n'ai vécu pendant ces longs mois que pour le bonheur de vous retrouver. La conjuration des Lys relève la tête. Les Navarrais et les bourgeois d'Étienne Marcel sont avec nous. Votre adversaire ne reviendra pas d'Angleterre où il va bientôt trépasser d'une maladie d'entrailles. Votre armée bénéficiera aussi d'un large soutien à l'intérieur du pays. Est-elle prête ?

Jean Ier fronça les sourcils sur ses yeux bleus qui larmoyaient constamment. Voilà qu'Eugénie lui parlait encore en chef de guerre, comme elle l'avait fait à Paris lors de l'insurrection de Noël. Il se crut obligé de préciser :

– Ici, ma sœur, c'est moi qui décide. Je suis le roi, n'est-ce pas ? Aucune armée ne partira de Sienne sans que je l'ordonne.

À son tour, Eugénie prit la mouche, mais fit bonne figure.

– Notre cousin de Hongrie nous a promis cinquante mille hommes d'armes qui vont arriver prochainement ! précisa Jean. L'empereur de Luxembourg envoie de l'or, nous sommes en train de négocier avec l'Anglais pour ses possessions en Aquitaine et les questions auxquelles les Valois n'ont pas été capables de répondre.

– Majesté, mon frère, la France est à feu et à sang, ruinée, le peuple est à genoux, il faut lui redonner la sécurité, le moyen de travailler sans risquer de se faire voler le fruit de son travail ; il faut lui donner à manger, voilà le premier chantier à ouvrir !

– J'en conviens, ma sœur. Nous verrons cela quand nous serons sur place. Le pape nous fait du pied…

– N'en croyez rien. Vous n'êtes pas le bienvenu. On va chercher à vous étouffer !

– Je ne crains personne. J'ai le droit pour moi, et c'est moi qui les étoufferai.

Eugénie prit congé de son frère qui lui proposa de loger au palais, ce qu'elle accepta. Elle ne perdait pas espoir de lui faire comprendre la réalité, mais la couronne de carton dont il s'était affublé, ce trône de bois doré indiquaient ce qu'elle avait pressenti à Paris : le marchand avait perdu son âme dans les fleurs de lys. Eugénie se sentait tout à coup très fatiguée, consciente d'avoir consacré tant d'années à un pantin sur lequel il ne faudrait pas compter pour laver l'honneur du trône de France.

15.

Rien n'allait plus à Paris. Étienne Marcel et ses bourgeois s'opposaient ouvertement au dauphin. La tension montait chaque jour. Les hommes du prévôt affichaient leur volonté d'en découdre ; ils tuèrent Jean de Conflans, duc de Champagne, et le maréchal de Normandie, exposèrent leurs corps au gibet. Sur la place de Grève, Marcel harangua la foule, précisant que par cet assassinat, ses amis n'avaient fait que leur devoir. Il s'afficha en compagnie du roi de Navarre.

Après cette démonstration de force, Étienne Marcel fit armer ses bourgeois et recruta les miliciens au service de la conjuration des Lys. Le régent trouva prudent de quitter Paris pour visiter ses provinces.

Guy de Rincourt avait pris ses distances avec la cour car il redoutait d'être arrêté : le régent ne lui avait pas pardonné d'avoir sauvé la comtesse d'Anjou lors du banquet de Rouen. Son indispensable action auprès des armées avait, une fois de plus, sauvé l'intendant général qui projetait de se retirer à Nemours et, de là, gagner ses terres de Gascogne. Matthieu progressait, même s'il n'avait pas retrouvé sa mémoire antérieure à l'accident. Rincourt lui avait parlé abondamment de sa mère, de sa vie à Aignan, de leur rencontre avant la bataille d'Agen, mais le jeune homme ne se souvenait de rien.

– Et mon père, est-ce vous ?

Il ne pouvait pas lui mentir et biaisait :

– Non, je ne suis pas ton père d'avant ta blessure, mais je t'ai sauvé. Sans moi, tu n'aurais pas eu de deuxième naissance, alors je suis ton deuxième père.

– Et l'autre, ce premier père, quand me le présenterez-vous ?

– Je ne sais pas où il est !

Matthieu pensait à cet homme d'une taille hors du commun que Rincourt avait affronté pendant la bataille de Poitiers. Ce visage, son regard noir étaient restés gravés dans son esprit. Ce chevalier était semblable au géant qu'il était en train de devenir.

– Qui était-il ? demandait Matthieu. Il semblait que vous vous retrouviez après de longues années de séparation.

– C'est une histoire ancienne. Ne t'en occupe pas !

Pourtant Matthieu insistait. Par instinct, il se sentait proche de cet inconnu dont il avait la carrure et la force.

– Il avait l'accent gascon et il vous a parlé en langue d'oc. Vous le connaissez donc depuis très longtemps.

– Je te répète de ne pas te mêler de cela !

Au mois de mars 1358, face aux bourgeois d'Étienne Marcel qui constituaient un véritable arsenal, le dauphin convoqua Rincourt au palais royal et le reçut en privé, dans ses appartements. Il lui avait demandé d'être discret et de rentrer par une petite porte de service que les espions du prévôt ne surveillaient pas. Guy de Rincourt, craignant d'être arrêté et peut-être exécuté sur-le-champ – les Valois ne lésinant pas avec leurs ennemis –, avait mis en garde Branson et Matthieu en leur recommandant de fuir Paris s'il n'était pas de retour avant la nuit.

Il entra dans le palais où le chambellan l'accueillit et le conduisit auprès du régent dans le vaste salon des audiences ordinaires.

C'était la première fois que Rincourt approchait le dauphin depuis la défaite de Poitiers. Il le trouva mûri. Un peu moins grand que son père, assez maigre, ses membres trop longs rappelaient la silhouette de Jean II. Il regardait les gens de haut, avec l'assurance de ceux qui sont nés pour être rois. Le teint pâle, le nez assez fort, il dardait sur ses interlocuteurs un regard froid et précis. Il parlait peu, mais ses propos étaient toujours raisonnés et calmes.

– Ma maison vous doit beaucoup ! commença Charles en priant son visiteur de s'asseoir. Je ne vous cache pas qu'après l'affaire de Bouvreuil, j'ai demandé à mon père de vous faire décapiter. Il ne m'a pas écouté, car vous êtes le seul capable d'équiper notre armée quand le Trésor est vide !

Rincourt ne profita pas du silence du régent pour tenter de se défendre.

– Pourtant, vous avez trahi votre roi en permettant à sa pire ennemie de s'échapper, poursuivit Charles. Sans vous, la comtesse d'Anjou aurait été capturée.

– Je ne le nie pas, Sire. J'aurais pu m'en expliquer auprès de Sa Majesté, votre père, mais il ne m'en a jamais parlé. Je dois cependant reconnaître qu'il avait raison.

Le régent avait l'autorité qui manquait tant à Jean II et parlait en détachant bien les mots les uns des autres, comme s'il pesait constamment le pour et le contre.

– Alors, expliquez-vous !

– Sire, j'ai en effet permis l'évasion de la comtesse d'Anjou car je ne voulais pas que Sa Majesté votre père, aveuglé par sa colère, se déshonorât en ordonnant l'exécution de la fille de la reine Clémence.

– Certes, mais ce n'était pas à vous de décider cela. Nous en reparlerons. J'ai laissé la dauphine et toute la suite de ma cour à Meaux où elle semble encore en sécurité, mais pour combien de temps ? Navarre s'est allié aux bourgeois pour me tenir la dragée haute. Les campagnes grondent, on dit qu'elles s'agitent du côté de Senlis. La situation demande un chef décidé et surtout réfléchi. Je vais vous donner une occasion de vous rattraper.

– C'est trop d'honneur, Sire. Mon plus grand désir étant de défendre la couronne des Valois qui sont mes cousins !

– Justement ! Défendre les Valois, c'était, quand l'occasion s'est présentée, abattre la comtesse d'Anjou ! fit Charles, direct.

Rincourt comprenant la mise en demeure baissa ses yeux de faucon.

– Je sais que vous eûtes un enfant avec elle, poursuivit le jeune Charles. Vous seul pouvez la capturer, car elle a confiance en vous. Je vous ordonne donc de l'attirer en quelque piège et de me la livrer.

– Sire, ce que vous me demandez…

– Vous m'en répondrez sur votre tête. Vous voilà au pied du mur et il n'y aura plus d'échappatoire.

Mes envoyés sont en train de négocier la libération de mon père à l'automne, il faut que cette affaire soit réglée.

Les provinces s'agitaient. Guy de Rincourt devait, une fois de plus, se débrouiller pour équiper une armée disparate et pour préparer la guerre, non plus contre les Anglais qui se tenaient tranquilles, mais contre le peuple qui n'en pouvait plus d'être écrasé d'impôts et ruiné par les dévaluations successives.

Ses espions lui avaient appris qu'Eugénie se trouvait à Sienne auprès de son frère, ce que le régent ne devait pas ignorer. Il pensa aller la capturer pour la soustraire à son destin et la protéger contre elle-même. Mais rien n'était simple : Charles le faisait sûrement surveiller. Les événements de l'été 1358, en mettant en péril le régent et sa famille, lui laissèrent un peu de répit.

À Saint-Leu-d'Esserent, une bagarre entre des paysans et des soldats qui traversaient le village dégénéra et, pour la première fois, les paysans eurent le dessus. Ainsi, des manants, des vachers avaient pu tuer des nobles, les écraser dans leur superbe ! La nouvelle fit le tour du Beauvaisis, du Soissonnais, de la Champagne. Les Jacques s'en prirent alors aux châteaux qu'ils incendiaient avec une telle facilité que la révolte gagna le sud de l'Île-de-France, Arpajon, Étampes, puis la Bourgogne, la Lorraine, la Normandie, l'Artois. Des bandes de sauvages sortis de leurs fermes, armés de fourches et de faux, pendaient leur seigneur, violaient ses filles, incendiaient ses biens.

Toujours prudent, le régent attendit pour exterminer les Jacques. Étienne Marcel et ses bourgeois, qui n'avaient pas prévu cette flambée de violence, furent obligés de faire bonne figure et le prévôt de Paris proposa un arrangement aux insurgés conduits par un certain Carles, homme de forte corpulence et beau parleur. Charles de Navarre, alors allié du prévôt de Paris, refusa cet accord conclu sans lui et se dressa contre les Jacques qu'il fit tailler en pièces. Étienne Marcel, pensant que l'occasion était bonne pour s'emparer de la dauphine afin d'exercer un chantage sur le régent, partit à Meaux où les habitants lui ouvrirent leurs portes. L'armée de Navarre fit de même, mais le petit roi, furieux contre ses anciens amis et, du coup, allié du régent, fit massacrer les Parisiens. La Marne couverte de cadavres roulait un flot de sang. L'insurrection des petites gens était terminée. Le 9 juin au soir, le temps des représailles était venu. Dès le lendemain, quiconque soupçonné d'avoir participé aux « jacqueries » était pendu sans jugement. Les nobles, qui avaient eu peur, incendièrent un grand nombre de fermes, tuèrent beaucoup, violèrent les femmes qui étaient assez propres pour eux et raflèrent les richesses qu'ils trouvèrent. Le régent, comprenant que la dauphine avait été en grand danger par la faute des habitants de Meaux, fit incendier la ville en ne conservant que la cathédrale.

Non content d'avoir puni les Meldois, Charles voulut aussi punir les bourgeois de Paris et arrêta tous les chariots, toutes les barques qui arrivaient par le sud. Excellent stratège, il cherchait surtout à monter le petit peuple contre Étienne Marcel et réussit au-delà de ses espérances. Le 31 juillet 1358, le prévôt des marchands était assassiné. Le régent remportait une victoire éclatante sans avoir livré bataille. Il entra dans Paris le 2 août, acclamé par une population en délire. Le peuple eut en prime un beau spectacle : huit hommes fortunés décapités sur la place publique. L'un d'eux, le capitaine du Louvre, grand ennemi des Valois, eut des paroles terribles contre le voleur du trône de France avant de poser la tête sur le billot. Le dauphin ordonna qu'on lui arrachât la langue, ce qui fit bien rire les badauds qui s'amusent d'un rien.

Quelques membres de la conjuration des Lys laissèrent leur tête dans ce nouveau règlement de comptes. Le fils, comme l'avait fait le père, frappait ses ennemis sans jamais les nommer, faisant trancher des têtes qui obligeaient les conjurés à se réorganiser.

Les troupes étrangères infestaient le pays, celles du Prince Noir qui ravageaient l'Aquitaine, le Quercy, le Limousin, celles de Jean de Sienne qui attendaient toujours un hypothétique ordre d'attaquer Paris, celles du roi de Navarre et même celles du régent qui n'avait plus de quoi les payer. Des hordes de brigands, souvent des nobles ruinés, surgissaient à la nuit tombée, entouraient une ville ou un village, s'introduisaient dans les murs, et le carnage commençait. Ils ne laissaient que ruines, cadavres et cendres. Les survivants erraient sur les chemins, perdus chez eux, démunis de tout. Ils ne fuyaient plus. On pouvait les massacrer, mais cela n'amusait personne : les embrocher au fil de l'épée n'apportait aucun agrément puisqu'ils n'avaient plus la force de supplier qu'on les épargnât.

L'hiver fut assez doux. Ce qui aurait pu être une aubaine en d'autres circonstances n'apporta aucun soulagement aux affamés.

Guy de Rincourt avait réussi tant bien que mal à redonner un peu de panache à l'armée française. Le régent avait tant besoin de troupes correctement équipées qu'il ne lui renouvela pas ses menaces, mais le chevalier blanc savait que Charles n'oubliait jamais rien et qu'il lui demanderait bientôt où en était la capture de la comtesse d'Anjou.

Le printemps revint, pluvieux et frais. Un soir, Guy de Rincourt rentrait chez lui à pied du palais royal. La nuit était tombée. Il pensait à Eugénie à qui il avait écrit plusieurs fois sans jamais recevoir de réponse. Ce que ses espions lui avaient appris sur le roi de Sienne l'inquiétait : le marchand d'étoffes, qui avait perdu tout bon sens, prenait ombrage de cette sœur qui lui faisait la leçon. Ainsi Rincourt voyait-il poindre un nouveau danger sur la tête de celle à qui il avait lié son destin et pensait sérieusement à quitter Paris pour la rejoindre.

Il arrivait chez lui quand, au moment de franchir sa porte, surgis de l'ombre, plusieurs hommes en armes se précipitèrent sur lui, le maîtrisèrent. Il n'eut pas le temps de dégainer son épée, ni d'appeler à l'aide. Une main s'était plaquée sur sa bouche et il fut bâillonné, assommé, ligoté puis emporté.

Quand il retrouva ses esprits, il était couché au sol, les mains et les pieds liés, dans une vaste salle abondamment éclairée de candélabres. Devant lui se tenaient un chevalier d'une taille considérable qu'il reconnut tout de suite, une femme vêtue de blanc et un homme minuscule, vif, en perpétuel mouvement. Ce fut lui qui parla :

– Monsieur de Rincourt, cela fait longtemps que je souhaitais vous inviter ici. Vous portez la responsabilité des circonstances peu courtoises de cette rencontre.

Rincourt leva la tête vers Charles de Navarre. Blanche, près de Geoffroi d'Eauze, souriait. Elle aimait voir un homme qui ne lui était pas indifférent à ses pieds. Seul Eauze ne souriait pas. Le géant semblait mal à l'aise. La haine en dehors du combat ne lui allait pas, il la portait comme un fardeau trop lourd pour ses larges épaules; pourtant, il gronda :

– Tu as ruiné ma famille, tu as détruit mon fief! J'ai perdu mes deux fils dont l'un est mort, j'ai perdu ma femme qui est peut-être morte elle aussi, tout ça parce que tu es haineux et jaloux. Tu mérites d'être pendu.

– Pendu? fit le roi de Navarre en faisant volte-face. C'est bien trop doux pour celui qui a juré au régent de lui livrer la comtesse d'Anjou et qui fait des miracles auprès de son armée. Bien trop doux, nous trouverons mieux!

– Je n'ai fait que mon devoir! précisa Rincourt à qui un garde venait d'enlever le bâillon.

– Tu as investi mon château par un souterrain sans la moindre sommation, tu as volé les reliques de sainte Jésabelle parce que la mal-mort approchait! s'écria Eauze. C'est avoir le sens de l'honneur que d'enlever ma femme et la séquestrer à Valence? C'est avoir le sens de l'honneur que se débarrasser de mes deux fils dans une ferme et d'en faire des vachers?

– Vous ne savez pas tout ce que j'ai fait pour vos fils!

– On a assez parlé! dit Charles de Navarre. Gardes, emmenez le prisonnier au fort de la ville, faites qu'il soit bien traité, je veux le garder en forme car il a beaucoup de valeur. Mais je veux qu'il soit surveillé jour et nuit. S'il venait à vous échapper, je serais obligé de vous faire pendre.

Le petit roi était heureux de priver l'armée française de son meilleur soutien qu'il se réservait de monnayer à l'occasion.

Le régent, apprenant la capture de son intendant par les hommes de Navarre, sombra dans une profonde colère et décida d'assiéger Melun. Charles de Navarre éclata d'un grand rire :

– Ce benêt veut montrer sa force quand il est incapable de commander une armée, et veut prendre notre bonne ville ! Non content d'avoir intrigué contre moi, il oublie que je tiens les places fortes de Normandie et que je peux affamer Paris quand je l'aurai décidé !

Le siège ne dura que quelques heures. À midi, les deux cousins se retrouvèrent sous une tente bleue et or dressée en dehors des fossés et gardée par un nombre égal de soldats des deux partis. Dans ce genre de situation, Charles le Mauvais était imbattable. Il évoqua de vieux souvenirs, quand il apprenait au dauphin à se divertir avec les femmes, leur chevauchée avortée vers le Luxembourg et surtout les haltes dans les auberges. Les deux hommes finirent par se taper sur l'épaule, mais le dauphin, comme à son habitude, montrait une façade affable derrière laquelle il n'avait pas baissé sa garde.

Ni l'un ni l'autre n'avait intérêt à la reprise de la guerre ; un accord fut trouvé et signé : Charles de Navarre obtenait la confirmation de ses possessions en Normandie, une partie de la Champagne et une forte indemnité dont on pouvait se demander où le régent irait la chercher. Les deux partis uniraient leurs forces contre l'armée de Sienne et captureraient la comtesse d'Anjou sans laquelle le prétendu Jean Ier ne pouvait rien : « Il est aussi bête qu'un vacher ! » s'exclama Navarre qui s'en voulait de ne pas avoir trouvé une formule plus percutante.

Ils ne parlèrent pas de Rincourt. Tous les deux y avaient pensé mais l'un et l'autre voulaient garder ce joker en cas de besoin. Enfermé derrière les hautes murailles du fort, il ne risquait pas de trahir une nouvelle fois la couronne des Valois pour l'amour d'une femme. Le régent rentra à Paris, suivi de Charles de Navarre qui s'installa au Louvre et recommença aussitôt à conspirer.

Eugénie passa l'hiver et le printemps suivant à tenter de ramener son frère à la raison, mais à mesure que les mois passaient, ses doutes faisaient place à des certitudes : Giannino n'était pas fait pour être roi. Elle multipliait les courriers au cardinal de Varonne et à Étienne de Pleisson qui ne voulurent pas l'écouter : *Le roi de Sienne est ce qu'il est. Il ne sera pas pire que les autres.*

Jean Ier passait ses journées à envoyer des courriers au pape, à son cousin de Hongrie, à l'empereur d'Allemagne, et il se laissait aller à sa mégalomanie. *Mon cher frère*, écrivait-il à Charles de Luxembourg, *je suis bien aise de constater que vous m'appuierez quand je déciderai d'envahir l'Angleterre. Je ne supporte plus les intrusions de ces bandes de barbares sur mes bonnes provinces où ils sèment la terreur. Je vous ferai part, dans un prochain courrier, de mon intention de créer une alliance européenne afin de retrouver notre souveraineté sur le royaume d'Orient et le tombeau de notre saint Sauveur. Que les bons chrétiens se rassemblent à mon panache fleurdelisé et nous marcherons sur les infidèles !*

Il s'en prenait à sa sœur qui lui rappelait son bon sens de marchand d'étoffes.

– Je comprends bien que vous ne voulez pas que je retrouve ma couronne ! s'emportait-il. Je sais depuis la tentative manquée de Paris que vous cherchez à m'éliminer, car vous voulez prendre ma place !

– Mais non, Jean, j'ai passé des années avec les barons de la conjuration des Lys à vous ouvrir le chemin. Nous sommes une poignée de fidèles à réclamer que justice soit faite. Beaucoup ont été décapités pour vous ; d'autres encore sont prêts à mourir mais de grâce, cessez de parler ainsi. Il est temps que vous retrouviez la raison !

Jean de Sienne dressait la tête. Il ne quittait plus sa couronne de papier et aimait se prélasser sur son trône fabriqué de quelques morceaux de bois et de plâtre dorés par un artisan siennois.

– Ma sœur, insista-t-il un jour, je vous saurai gré dorénavant de m'appeler Majesté, comme il sied au fils de roi que je suis. Nous avons la même mère, c'est vrai, mais n'oubliez pas que vous n'êtes qu'une bâtarde !

Eugénie se campa sur ses ergots. Elle, une bâtarde ! L'offense l'avait brûlée comme la pointe d'une épée plantée en pleine poitrine.

– Je vous interdis de dire cela ! Notre mère et mon père étaient mariés devant Dieu, des preuves existent ! Je saurai vous les montrer, elles se trouvent avec les preuves que vous êtes bien Jean Ier, celui que l'on appelle le Posthume.

Ce terme lui déplaisait. Il fit une grimace, demanda qu'on lui apporte à boire. Il avait tellement peur d'être empoisonné que deux valets goûtaient ses mets et son vin. Ses rêves de conquêtes illuminaient son visage qui avait pris en s'amollissant un teint cireux. Il s'était arrogé le droit de justice sur une partie de la ville de Sienne. Les tribuns le laissaient faire. Les banquiers apportaient leur argent, mais n'oubliaient pas un florin sur leurs livres de comptes.

Un jour, il décida qu'un banquier, un de ses anciens amis, devait être pendu pour avoir appliqué un taux d'usure interdit dans sa zone. Cet homme était honorablement connu à Sienne et le prévôt de la ville estima que la plaisanterie avait assez duré. Il se rendit au palais pour plaider la cause du Siennois et surtout mettre Jean Ier en garde : un tel acte le priverait à jamais des subsides de la ville.

Le roi fantoche refusa, estimant qu'il n'avait pas d'ordre à recevoir du représentant du peuple. Sa sentence serait exécutée. Eugénie s'en mêla.

– Jean, vous ne pouvez pas faire cela, c'est injuste. Cet homme ne vous appartient pas, il est à sa ville, à sa famille…

– Ma justice en a décidé ainsi. Je ne reviens jamais sur mes décisions. Il sera pendu.

– Jean, insista Eugénie, vous ne comprenez pas que vous êtes en train de vous mettre à dos les Siennois qui vous ont tant aidé !

– Ils n'ont fait que leur devoir !

– Non, ils vous ont reconnu comme roi de France, ce n'est pas le cas de toutes les cours d'Europe. C'est votre couronne que vous risquez avec cette histoire.

– Ma sœur, je vous demande dorénavant de ne pas vous occuper de politique. Ce ne sont pas affaires de femme et pour parler franchement, vous m'agacez.

Eugénie n'insista pas, mais alla trouver Emilio Rugasto, le prévôt, et ils décidèrent de faire évader le pauvre marchand le soir même. Le lendemain, l'armée de la ville entourait les murs de la forteresse mise à la disposition du Français. Le prévôt déclara :

– Nous, hommes libres de la république de Sienne, avons le droit de haute et basse justice sur nos terres. Le roi français, Jean Ier, est notre hôte et nous avons décidé de le traiter selon son rang. Cependant, nous lui demandons fermement de ne plus s'occuper des affaires siennoises qui relèvent de notre juridiction. Dans le cas où le roi français refuserait, il serait chassé de ladite ville !

Jean comprit qu'il était allé un peu loin. Il fit le gros dos, puis sombra dans une colère qui rappelait celles de son père, Louis X le Hutin. Il cassa tout ce qui lui tombait sous la main, tua ses chiens, malmena ses domestiques. Dans ce sens, c'était bien un Capétien, le dernier de la lignée directe et le pire.

Il avait répudié sa femme de trop basse extraction, l'assignant à demeure dans leur ancienne résidence, lui interdisant le palais. Il avait écrit au pape, lui demandant de dissoudre son mariage pour avoir un héritier digne de régner sur la France.

Il s'était mis en quête d'une nouvelle épouse et multipliait les courriers aux différentes cours. Eugénie voulut lui expliquer que c'était trop tôt, qu'il devait attendre d'être vraiment roi de France, que personne ne le prendrait au sérieux tant qu'il se terrerait à Sienne. Il s'emporta :

– L'armée de mon cousin de Hongrie est presque complète, ce ne sera qu'un jeu d'enfant de renverser les Valois. Je veux être sacré à Reims au bras de la reine.

Eugénie aussi se mettait en colère devant autant de naïveté, de grossière ambition. Jean était un minable ; bien que légitime, ce bon commerçant était devenu le pire des prétendants à la couronne de France. Elle avait le sentiment d'avoir sacrifié sa vie à une chimère.

– Tu ne comprends rien ! explosa-t-elle un jour. Tu aurais dû rester un marchand et ignorer tes origines toute ta vie. Tu cours à ta perte ! Tu sais comment on t'appelle dans les cours d'Europe ? On t'appelle le Roi chiffonnier !

Son visage devint rouge cramoisi. Il ne supportait plus Eugénie qui était la seule à lui exprimer le fond de sa pensée.

– On ne tutoie pas le roi de France ! hurla-t-il. Si tu continues à m'agacer, je te fais emprisonner.

– Je ne te crains pas ! s'insurgea Eugénie. Le sang qui coule dans tes veines ne suffira jamais à faire de toi un roi de France.

Jean Ier, blême de colère, s'écria :

– Tu vas croupir dans une prison à vie. Je ne veux plus jamais te voir !

– Comment oses-tu me parler ainsi ? Des hommes de valeur ont donné leur vie pour toi. Je me suis battue avec eux ! Tu n'as donc aucune conscience de ta dette ?

– Bradini, fais emprisonner cette femme et demande qu'on aille chercher un bourreau !

– Jamais, tu entends, hurla Eugénie, jamais tu ne monteras sur le trône de France, parce que tu n'en es pas digne ! J'en fais le serment !

Les gardes s'emparèrent d'Eugénie et l'enfermèrent dans une cave du château, mais les Siennois avaient des espions dans la place et envoyèrent aussitôt une délégation au Roi chiffonnier. Emilio Rugasto se présenta devant le trône de bois doré, son livre de comptes sous le bras. Giannino ne voulut pas l'entendre, mais le prévôt le menaça de l'expulser de son palais qui appartenait à la ville de

Sienne et lui exposa le montant de sa dette. Le marchand comprit le sens des chiffres : sans l'appui des Siennois, il ne pourrait plus entretenir son armée et devrait abandonner son rêve de conquête.

Jean Ier céda une nouvelle fois : il ne ferait pas exécuter sa sœur, mais il refusait de la laisser partir en France où elle ferait tout son possible pour l'empêcher d'accéder au trône.

– Je vous la laisse ! Gardez-la chez vous et faites en sorte qu'elle ne puisse s'échapper ! Sachez que je fais surveiller les portes de la ville !

Eugénie fut conduite à la prévôté où une pièce fut mise à sa disposition. Le prévôt lui faisait apporter des repas soignés, du bois pour sa cheminée et des chandelles pour s'éclairer. La prisonnière pouvait sortir à sa guise, mais avait interdiction de quitter la ville.

– Votre frère vous ferait tuer ! précisa Rugasto. Ne perdez pas espoir, nous trouverons le moyen de vous faire rentrer en France !

Eugénie n'était pas plus chez elle en France qu'ici. Le beau rêve s'écroulait. Tant de morts, tant de souffrances pour offrir le trône à un fou ! Elle revoyait la tête de Brienne rouler sur le billot, et ses amis au château de Bouvreuil qui attendaient leur tour, tassés dans une charrette. Tout ce sang l'éclaboussait encore. Elle n'y avait échappé que pour regretter de les avoir elle-même conduits à leur supplice ! Après ce qui s'était passé, elle ne pourrait jamais plus croire en son frère de Sienne qui n'était pas meilleur que le Valois. Tant d'années perdues pour une illusion lui pesaient. Elle avait envie de rejoindre François dans sa léproserie.

L'hiver était arrivé, il faisait froid, même à Sienne. Jean Ier préparait les festivités de Noël. Les Siennois l'avertirent qu'ils ne paieraient pas les dépenses au-delà d'une limite qu'ils fixèrent. Il eut beau se mettre en colère, jurer qu'il se vengerait, les banquiers, qui savaient compter, lui montrèrent une nouvelle fois l'addition de ses dettes.

– Dès les premiers beaux jours, je quitterai cette ville ingrate ! s'écria-t-il. L'heure de la conquête de mon royaume approche !

16.

Matthieu errait dans la grande maison où les domestiques se conformaient aux ordres stricts du maître et de Branson, son homme de confiance. Plusieurs fois par jour, le jeune garçon rendait visite au docteur Grenoult, évoquait un passé qu'il n'arrivait pas à rattacher à sa mémoire. Sa vie présente avait commencé ici, pourtant, quelque chose d'inexprimable le poussait ailleurs, comme si celui qui l'avait arraché à la mort le privait d'une partie de lui-même.

Depuis l'été, la découverte de l'amour occupait une grande partie de ses journées. Cela s'était fait naturellement, mais avec la maladresse d'un désir dévorant et coupable. Chaque jour, Angélique, une jeune servante, faisait les lits. Un matin qu'elle frappait un matelas à grands coups de battoir pour l'assouplir et répartir la balle d'avoine, Matthieu, debout dans l'entrée, la vit s'agiter. Il faisait chaud, la jeune fille montrait ses mollets sous sa longue robe, ses bras nus, ses poignets si fins. Il s'approcha, Angélique se tourna vivement, comme si elle s'était laissé surprendre dans un moment d'intimité. Le jeune homme était tout près ; elle ne trouva pas les mots pour protester, prise par un tumulte né des odeurs de ce lit où Matthieu avait dormi nu, de cette moiteur de la pièce.

– Monsieur Matthieu ? murmura-t-elle enfin sous la forme d'une interrogation, comme si elle doutait de la réalité.

Il ne chercha pas à résister à l'élan qui le poussait vers la jeune fille. Ils roulèrent sur le lit en gloussant, heureux de voler un instant de plaisir au temps fugitif.

Ils furent dérangés par Branson qui furetait partout, qui ne cessait de surveiller les servantes, surtout les jeunes. Ils se jurèrent de s'aimer toujours et de se retrouver la nuit suivante.

Depuis, Matthieu consacrait tout son temps à cet amour simple et naïf. Son corps qui réclamait constamment celui d'Angélique ne trouvait l'apaisement que près d'elle. L'un et l'autre, passé la ferveur des premiers instants, savaient bien que leurs serments ne résisteraient pas au temps, que leurs conditions les séparaient inexorablement, mais cela n'avait pas d'importance. Leur jeunesse se nourrissait de l'éphémère.

Matthieu s'inquiétait pourtant de son sauveur que l'on disait prisonnier de Navarre à Melun. Branson, qui voulait tenir le jeune homme en dehors des événements, lui dit que Rincourt était bien traité et qu'il serait très vite libéré.

Une lettre décida cependant le jeune homme à agir. Le mois d'octobre était arrivé, avec ses matinées humides et fraîches, ses nuits sombres. Un matin de beau soleil aussi doux qu'un soleil d'été et pourtant déjà épaissi par une lumière lourde, un homme qui avait beaucoup chevauché se présenta à la porte et tendit un parchemin à Matthieu qui se trouvait là. Les feuilles des cerisiers tournoyaient dans l'air, le vent à peine sensible les emportait comme des papillons pressés.

– De Mme Eugénie d'Anjou, dit l'homme.

Le cœur du jeune garçon bondit. Eugénie d'Anjou ! Sa mère, la mystérieuse inconnue ! Rincourt lui avait tant parlé d'elle sans cacher ni le sentiment qu'il lui portait, ni que son devoir l'obligerait à la combattre ! Matthieu prit la lettre, donna quelques pièces au voyageur et partit dans le parc en s'assurant que personne ne l'avait suivi ou ne l'épiait d'une fenêtre. Il déplia le rouleau ficelé et regarda l'écriture hachée, mais bien lisible.

Mon cher fils,

La dernière fois que nous nous sommes vus, on venait de porter Benoît en terre. Je t'ai donné un cheval et je t'ai promis de revenir te chercher pour que tu vives selon ton rang. Je voulais me battre pour toi et je me suis battue. J'ai voulu la justice et voilà que je combattais pour un tyran qui est mon demi-frère. J'ai voulu que la raison conduise notre pays et j'ai servi un fou sanguinaire. Des hommes sont morts pour une cause indigne. Tu es tout ce qui me reste. Je sais que tu as été blessé et que ton sauveur est celui qui a causé la ruine de notre maison. J'espère pouvoir te rejoindre un jour pour que tu reprennes ta place à Eauze d'où je n'aurais jamais dû partir.

Que signifiait cette lettre désespérée ? Quels nouveaux malheurs cachaient autant de désillusions ?

Il enfouit le parchemin sous son surcot. Aux écuries, il passa en revue les quatre chevaux que les valets venaient de brosser. Un vieux domestique grincheux étalait de la litière sèche sous les animaux. Le regard de Matthieu s'attarda sur la fourche de bois qui secouait la paille brillante comme de l'or.

Il revint à la maison. Angélique l'attendait dans sa chambre, mais il ne s'allongea pas près d'elle. Il resta debout, le regard perdu dans le parc qui s'étendait derrière la fenêtre, la mare aux eaux croupissantes couvertes de feuilles mortes, les allées entre les massifs.

– Qu'est-ce qui t'arrive ? Tu sembles tout remué ! s'exclama Angélique en lui tendant les bras.

Il ne répondit pas et s'éloigna. Le soir tombait lentement, un froid piquant montait de la terre. Dans le ciel limpide, des oiseaux volaient lentement vers le sud. Matthieu sentait contre sa peau la raideur du parchemin qui lui rappelait son devoir : avertir Rincourt et l'aider à se libérer pour rejoindre cette mère dont il ne gardait aucun souvenir.

Il retourna à l'écurie. C'était l'heure où les serviteurs allaient souper dans la maison qui leur était réservée, un peu en retrait des chevaux dont ils avaient la charge. On les occupait aussi à entretenir le parc, ramasser les feuilles mortes et ranger les provisions de foin et de paille qui venaient du fief de Nemours.

Matthieu s'assura qu'il était bien seul. Il avait pris une cotte de mailles assez lourde, un bassinet, des chausses en cuir et son épée. Il sella rapidement son cheval, quitta Paris au grand galop. Melun était à une dizaine de lieues ; il faisait confiance à sa vigueur et à son épée pour échapper aux brigands. Son sauveur lui avait appris les fameuses passes secrètes qui lui donnaient un avantage certain sur ses adversaires.

Il atteignit Melun trois heures plus tard. La ville n'était pas encore fermée ; on attendait des chariots de ravitaillement qui ne pouvaient rester hors des murs. Des gardes patrouillaient devant la seule porte ouverte. Matthieu demanda qu'on le conduise au fort, il avait une communication importante à faire au commandant de la place. Le sergent de porte se fit prier, il n'avait reçu aucun ordre d'acheminer un voyageur, mais Matthieu, si jeune, l'impressionnait par sa carrure. Il finit par céder.

Matthieu fut introduit par les gardes dans une vaste pièce abondamment éclairée où Geoffroi d'Eauze s'entraînait aux armes avec d'autres chevaliers. Le jeune homme resta de glace en face de cet homme imposant qu'il ne s'attendait pas à trouver là. Eauze l'accueillit comme il savait le faire, avec de grands gestes et une voix tonitruante qui portait à plus d'une lieue.

– Bonsoir, jeune écuyer. Quel plaisir de ne point vous rencontrer sur un champ de bataille !

Eauze n'avait donc pas oublié le jouvenceau qui se battait aux côtés de Rincourt ! Par un curieux hasard, ce garçon lui ressemblait et sa présence auprès de son ennemi l'intriguait.

– Je suis venu pour parler à mon père qui est retenu prisonnier ici.

Eauze s'essuya le visage avec la manche de son surcot et s'approcha de Matthieu.

– Tu dis que Rincourt est ton père ? Cela me semble curieux car je ne savais pas qu'il avait un fils, mais deux filles restées avec leur mère en Gascogne.

Matthieu ne cacha pas son étonnement. Guy de Rincourt lui avait parlé de son fief de Valence, mais jamais de ses filles.

– Celui que tu appelles ton père est mon ennemi, poursuivit Eauze. Je le hais. Il est enfermé dans les caves de cette maison forte et c'est pour moi un bonheur de chaque instant de le savoir à ma merci. J'espère qu'il va crever !

Matthieu fronça les sourcils, porta la main à son épée.

– Monsieur, ce que vous venez de dire est inacceptable ! Cet homme que vous retenez sans raison n'est peut-être pas mon père, mais il m'a rendu la vie !

Il avait dégainé son épée, ce qui fit rire Geoffroi, un gros rire qui éclata comme un roulement de tonnerre.

– Tu me sembles bien impétueux ! Cela me plaît. Sache que je ne hais pas Rincourt pour rien. Il m'a ruiné en pillant mon fief, en détruisant ma famille.

Matthieu garda l'épée baissée. Ce qu'il apprenait de son sauveur le contrariait, mais expliquait pourquoi Rincourt refusait de répondre à ses questions. Que faisait-il sous les murs d'Agen où il avait été si cruellement blessé ? Il ne se sentait pas parisien de souche. Quelque chose de lointain le rappelait dans ce Languedoc dont Eauze avait le si bel accent quand il s'exprimait en langue d'oïl.

– Je ne sais pas ce que vous voulez dire, monsieur. Vous ne pouvez pas m'empêcher d'apporter à votre prisonnier des nouvelles de ma mère.

– Ta mère ?

Matthieu précisa :

– La comtesse d'Anjou, la fille de la reine Clémence de Hongrie.

Alors Eauze se troubla. Son grand corps se mit à tanguer comme s'il allait s'effondrer. Il s'appuya sur son épée, la respiration rapide, la bouche ouverte comme quelqu'un qui a couru au-delà de ses forces. Ses yeux allaient des duellistes qui continuaient à s'affronter au fond de la salle au jeune homme qui ne comprenait pas un tel désarroi. Il s'assit sur un tabouret resté dans un coin, puis il se mit à genoux.

– Mon Dieu, murmura-t-il, voilà que vous faites un miracle !

Matthieu se tenait près de lui, son épée à la main. Eauze, la tête baissée, les épaules soulevées par de gros sanglots, avait lâché la sienne. Celui qui semblait ne redouter personne, cette montagne de muscles, pleurait sans retenue. Il leva son énorme tête aux yeux rouges d'où ruisselaient d'abondantes larmes.

– Mon Dieu, dit-il encore en regardant Matthieu. Je n'ai pas mérité autant de bonheur !

Matthieu était ému. Ce chevalier capable de terrasser un taureau furieux qui lui ressemblait tant montrait une sensibilité qui le touchait au plus profond de lui-même.

– Monsieur… Monsieur, murmura-t-il, mais les mots lui manquaient.

– Tu t'appelles Matthieu, n'est-ce pas ?

– Eh bien oui. En quoi cela est-il aussi éprouvant ?

Matthieu se demandait comment Eauze pouvait connaître son prénom. Il se laissa faire quand l'ennemi de son sauveur le serra dans ses bras, sans penser qu'une nouvelle vie commençait.

– Tu t'appelles Matthieu d'Eauze, tu es le fils d'Eugénie d'Aignan, la comtesse d'Anjou. Tu es mon fils que j'ai fait chercher dans la ferme d'Aignan et partout autour. Tu étais avec ce traître qui a tout voulu me prendre, mon fief, ma femme et maintenant, mon fils.

Pas un instant, il ne vint à l'esprit de Matthieu de remettre en cause ce que Geoffroi lui disait. Il ressentait cette vérité au fond de lui-même. Il accordait tout à coup sa confiance à cet inconnu qui se disait son père, leur ressemblance le poussait à agir ainsi.

– Ma mère a écrit. Lisez.

Il délaça sa cotte de mailles et montra la lettre restée sous sa chemise. Eauze prit le parchemin et le déchiffra lentement, car il savait à peine lire, puis, levant la tête au plafond, sembla réfléchir.

– Nous partons tout de suite ! décida-t-il. Il ne faut rien dire à personne, on chercherait à nous en empêcher. Sors et attends-moi à la porte de la ville, prêt à piquer ton cheval.

Blanche se remit très vite du départ de Geoffroi d'Eauze. Elle se souvint que son frère et le régent avaient oublié un prisonnier dans les geôles de Melun. Elle lui rendit visite et en fut enchantée.

Car Guy de Rincourt ne ressemblait en rien aux hommes qu'elle avait pu rencontrer jusque-là. Son sérieux, sa dignité, son apparente insensibilité piquaient sa curiosité. Il était bien traité mais constamment surveillé par des gardes qui en restaient aux ordres reçus. Elle commença par l'observer, le trouva arrogant et décida de le punir.

– Attachez-le par les poignets et les chevilles aux chaînes du mur ! ordonna-t-elle.

Le geôlier hésita, mais l'ordre venant de la sœur du roi de Navarre, il obéit. Blanche s'en alla et revint quelques jours plus tard. Elle se réjouit de voir humilié cet homme orgueilleux, obligé d'uriner sur lui, de garder la crotte au cul comme un nourrisson. Elle fit apporter les plats les plus succulents, lui donna la becquée, retirant de sa bouche les morceaux quand il allait les saisir.

– Monseigneur, il ne tient qu'à vous que je fasse ouvrir ces chaînes qui vous martyrisent. Un mot de vous et vous serez libre.

Rincourt serrait les dents. Sa tunique blanche était constellée de larges auréoles de crasse. Il ne baissait pas les yeux quand elle le regardait.

– Je vous écoute ! insistait Blanche.

Il ne disait rien. L'orgueilleux chevalier préférait son supplice à l'abaissement devant cette fille qui, malgré sa haute naissance, n'avait pas plus d'esprit qu'un pinson. Alors, Blanche faisait rapporter les plats qu'il n'avait pas goûtés, plaçait devant lui une cruche d'eau et oubliait de le faire boire.

Au bout d'une semaine, le silence fier de son prisonnier ne l'amusa plus. Elle ordonna qu'on le libère et rit aux éclats de le voir maladroit sur ses jambes, peinant à se tenir debout et grimaçant à chaque pas tant ses articulations lui faisaient mal.

Elle le fit laver, parfumer, et lui fit servir un succulent repas. Rincourt mangea calmement pour bien montrer qu'il ne cédait en rien. Elle tenta de le faire parler, il ne fut pas loquace.

– Pourquoi avez-vous demandé une tunique blanche ? Est-ce votre couleur ?

– C'est à la suite d'un vœu, madame.

Blanche sourit, imaginant derrière ce vœu un désir inavouable.

– Une femme ?

Il ne répondit pas. À la fin du repas, émoustillée par son corps finement sculpté, par son regard plein de hauteur et de mystère, elle l'invita à le suivre dans sa maison.

– Pardonnez-moi, Majesté, mais je me sens terriblement las et ma compagnie ne vous sera pas très agréable.

Elle le fit conduire dans la pièce où le capitaine des gardes se reposait. Elle demanda qu'on y allumât du feu. Rincourt s'allongea sur le lit et sombra dans un profond sommeil. Quand il se réveilla, Blanche était assise à côté de lui et le regardait avec ses yeux où l'enfance ne s'était pas entièrement effacée. Elle posa sa petite main sur son front tiède.

– Tu sais que je pourrais t'aimer ! dit-elle avec la voix de quelqu'un qui se sait voué à la solitude.

Il eut comme un vague sourire. Il pensait à Eugénie qui avait rejoint Jean Ier à Sienne, aux dangers qu'elle courait. Il pensait aussi à Eauze qui lui avait enlevé Matthieu : on ne parlait que de ça dans la maison de Blanche. Savoir le jeune homme aux côtés de son véritable père blessait Rincourt au-delà de l'humiliation subie.

– Vous êtes reine et je ne suis qu'un modeste chevalier, dit-il pour excuser sa retenue.

– C'est vrai, j'ai épousé un roi de France, un vieux barbon, et depuis qu'il est mort, je suis enterrée vive !

– J'ai bien connu Philippe le Sixième. Il m'a fait confiance et c'est pour sa mémoire que je suis encore ici !

– Laisse-toi aller ! supplia-t-elle.

Mais il ne bronchait pas. Blanche avait l'impression de parler à un père, un de ces hommes qui échappent aux astreintes du corps et sur qui le temps n'a pas de prise.

– Surtout, ne cherche pas à t'enfuir ! Ceux qui te surveillent jour et nuit ont ordre de te passer une lame à travers le corps !

Elle ne désespérait pas de le faire céder. Dans cette vie où tout était facile, où tout le monde lui obéissait, se heurter à un obstacle lui procurait le plaisir de faire un effort, de se projeter dans l'avenir. Sa cour dura ainsi plusieurs jours, mais l'inflexible chevalier ne changeait rien à son attitude. Blanche en était toujours plus excitée et multipliait les cadeaux, organisait de somptueux festins en son honneur. Elle apaisa son corps avec un domestique qui la rejoignit dans sa couche pendant une semaine, puis elle le fit assassiner. On raconta qu'il s'était battu avec des malfaiteurs dans une auberge et qu'il s'était vaillamment défendu. Les gardes de la prévôté cherchèrent les meurtriers, sans résultat. Une vieille femme, lingère au château des reines, pleura la mort de son fils unique, mais personne ne pensa à la consoler.

Jean II rentra de captivité au mois de décembre 1360. Son entourage avait déjoué un complot destiné à l'empoisonner. Édouard III, complice des conjurés des Lys, fit écarteler les valets de bouche qui avaient pour mission de verser le poison dans le potage du Valois, mais nul ne parla des commanditaires que tout le monde connaissait.

Paris fit un accueil de vainqueur à son roi déchu. Charles de Navarre ne put s'empêcher de plaisanter sur la belle mine du revenant. Personne n'ignorait que dans les châteaux où il résidait, le souverain français était entouré de jeunes femmes et de pages choisis pour leur beauté.

Ce retour, le Valois le devait aux quatre cent mille écus d'or versés par le cardinal de Varonne. Le complot ayant échoué, Édouard III, qui ne perdait jamais son intérêt de vue, exigea que lui soit versée la totalité de la rançon. Comme l'argent manquait, les fils de Jean II durent se constituer prisonniers. Le jeune Charles, qui avait exercé le pouvoir suprême, supporta mal ce revirement de situation et en conçut une forte haine contre son père.

Jean II retrouva sa cour et ses habitudes. On le disait plus distrait qu'avant sa captivité, préoccupé, comme s'il regrettait le beau temps où il partageait ses journées entre les superbes châteaux de Savoy, de Windsor, de Hertford et enfin celui de Somerton. Il était de nouveau confronté au Trésor vide, à l'armée sans moyens, au peuple qui ne voulait plus payer l'impôt, aux marchands de Paris qui, depuis Étienne Marcel, se savaient puissants. Après les fêtes de réception, il s'étonna de l'absence de Guy de Rincourt.

– Il est retenu prisonnier au fort de Melun par ordre de votre fils ! lui répondit Tancarville.

– Alors nous partons tout de suite pour Melun !

Des émissaires se présentèrent au château des reines afin d'annoncer l'arrivée du roi. Pour que le souverain se déplaçât à Melun, il fallait une raison supérieure ; Blanche eut peur et trouva la seule parade convenable : elle ordonna qu'on préparât un banquet.

Le Valois arriva en fin de matinée, juste avant le dîner. La table avait été dressée dans la grande pièce d'apparat. En arrivant, le souverain salua en premier Blanche, puis les deux autres reines : la vieille Jeanne d'Évreux qui se donnait des airs supérieurs et sa fille qui allait avoir dix-sept ans, mais que le remuant mari oubliait dans sa résidence surveillée. On parlait vaguement d'une grande fête l'été prochain pour réunir les deux époux.

– Où est M. de Rincourt ? demanda Jean II. Je crois avoir donné l'ordre qu'il soit ici.

– Il va arriver, Sire ! fit Blanche d'une voix mal assurée.

En effet, quelques instants plus tard, le chevalier blanc entra dans la pièce. Le roi se précipita vers lui.

– Qu'est-ce que j'apprends, mon cousin, que l'on vous a retenu ici pendant mon absence ? Le dauphin devra m'en rendre compte ainsi que ceux qui l'ont si mal conseillé.

Tout le monde sut qu'il désignait son gendre, Charles le Mauvais. La vieille Jeanne voulut se mêler de la conversation, montrer son autorité de dernière reine de la lignée capétienne, mais personne ne l'écouta. Vexée, elle se contenta de s'occuper de l'intendance et s'en prit aux domestiques qui n'allaient pas assez vite en besogne.

On se mit à table. Jean II n'était pas un grand mangeur et se contentait de goûter aux plats. Quand il était préoccupé, comme cela semblait être le cas, il restait sourd à ce qui se disait. Il avait demandé que Rincourt soit placé en face de lui. C'était à lui qu'il s'adressait, ignorant le prévôt qui faisait son possible pour attirer l'attention et le capitaine des gardes de ses majestés les reines, un certain La Barre qui aimait raconter ses exploits en Terre sainte parce que personne ne pouvait le contredire quand il se donnait le beau rôle.

– Monseigneur, j'aurai à vous entretenir en particulier après le dîner, dit le roi à Rincourt. Une affaire de la plus grande importance.

Blanche comprit qu'elle allait perdre son jouet, mais fit bonne figure. Avec son jeune valet, elle avait goûté aux délices pervers de l'amour sans visage et s'en accommoderait. Le domestique assassiné dans une taverne de Melun aurait des successeurs.

– Les affaires d'Angleterre avancent ! dit Jean II. Pour l'instant, notre cousin se tient tranquille, je veux en profiter pour organiser une grande chevauchée qui réunira tout le monde. Nous allons partir à la croisade. Le pape a souscrit à mon idée. Ce sera la meilleure manière de calmer les velléités des uns et des autres.

Il avait jeté un regard rapide à Blanche, Rincourt en comprit le sens.

– En attendant, je dois faire face à l'ennemi venu de l'extérieur. Ces enragés des Lys ont cherché à me faire empoisonner !

Il se tut un instant, puis ajouta en baissant la voix :

– Le dauphin voulait que je vous fasse pendre au lendemain du banquet de Rouen, je ne l'ai pas écouté, j'ai eu raison.

Le repas fut rapide, Jean II n'était pas venu pour banqueter. Il demanda à être conduit dans un cabinet discret où il pourrait bavarder avec Rincourt de choses à ne pas ébruiter. Il n'en dit pas plus ; curieuse, la vieille reine tenta, en vain, de percer ses intentions. Blanche, tout aussi intriguée, ne fut pas mieux renseignée.

Quand ils furent enfermés, après que Jean eut placé un homme de sa garde rapprochée à la porte pour s'assurer qu'aucune oreille indiscrète ne traînait par là, le roi dit à voix basse :

– L'instant est grave. Mes espions m'ont appris que le Roi chiffonnier se prépare à entrer en France par la Provence. Le plus surprenant est ceci.

Le roi sortit de la poche intérieure de son surcot une lettre qu'il n'avait probablement montrée à personne.

– Vous allez comprendre ma surprise. Lisez !

Rincourt déplia le parchemin et lut :

Majesté,

Je vous écris de Sienne où mon frère me retient prisonnière. Si je prends cette liberté, c'est qu'un grave danger vous menace, menace la France et son peuple déjà si éprouvé.

La conjuration des Lys, née à l'avènement de votre père, rassemblait des chevaliers de vieille noblesse qui connaissaient la survie du fils de Louis X. Ils connaissaient aussi ma naissance après le mariage secret de la reine Clémence et de mon père, Renaud d'Aignan. Cette conjuration a consacré ses forces au retour sur le trône de France de son héritier naturel et direct.

J'étais à la tête de cette conjuration jusqu'à ce que je constate que mon demi-frère, le Roi chiffonnier comme on l'appelle dans les cours d'Europe, ne mérite pas qu'on fasse une nouvelle guerre pour lui, car Jean Ier n'a plus toute sa raison.

Je vous mets en garde, Sire, contre le danger imminent qui vous menace. Des milliers de soldats attendent autour de Paris que l'armée de Jean arrive d'Italie où elle a passé l'hiver, une armée considérable. Hâtez-vous d'envoyer des troupes en Provence pour arrêter ce nouveau péril.

Je vous demande comme ultime faveur de ne pas punir mes amis des Lys car ils sont chevaliers d'honneur.

Eugénie d'Anjou.

Rincourt prit le temps de lire attentivement, pour s'imprégner de chaque mot. Il retrouvait enfin Eugénie avec ce parchemin qu'elle avait tenu, sur lequel elle s'était penchée. Le roi le ramena à la réalité :

– Vous allez prendre tous les hommes qui ne sont pas nécessaires à la défense de Paris et vous allez rejoindre la comtesse de Provence qui a levé des troupes dans ses États de Naples.

Rincourt baissait la tête. Il voulait bien se battre contre le roi chiffonnier, mais il devait, avant tout, délivrer Eugénie.

– La situation est préoccupante ! poursuivit Jean II. Mes espions me rapportent que l'armée constituée grâce au roi de Bohême et à l'or de mon ancien beau-père de Luxembourg est forte de près de cinquante mille hommes.

Le roi gratta sa barbe grise qui donnait à son visage une autorité nouvelle.

– Votre penchant pour la comtesse d'Anjou fut une grave faute contre la couronne, aujourd'hui, je suis heureux que vous l'ayez sauvée de mes colères qui sont souvent excessives, je l'avoue ! En captivité, j'ai appris à me dominer.

Il alla à la fenêtre comme pour s'assurer que personne n'était dissimulé près du mur et revint s'asseoir en face de Rincourt.

– J'espère que les Anglais et ce trublion de Navarre vous laisseront le temps de régler cette affaire une bonne fois pour toutes. Les ordres ont été donnés. Vous partez la semaine prochaine et vous devrez forcer les étapes pour être en place au plus vite. Des espions à moi vous renseigneront sur la position de l'ennemi.

Rincourt se leva, l'air pensif, et précisa :

– Je remercie Sa Majesté de me faire de nouveau confiance. Maintenant que la comtesse d'Anjou est avec nous, nous gagnerons !

– Souvenez-vous, c'est le sort des Valois qui est entre vos mains ! insista le roi.

– Je reviendrai vainqueur ou je mourrai ! dit Rincourt en sortant.

Le lendemain, tout Paris était au courant que le roi de France allait mener campagne contre son rival siennois. Le cardinal de Varonne était exaspéré. Ses espions lui avaient appris que Jean de Sienne avait voulu faire décapiter Eugénie et qu'il la gardait en prison. Ses lettres sommant Jean Ier de s'expliquer étaient restées sans réponse. Eugénie lui avait écrit que son frère avait perdu la raison et qu'il fallait l'empêcher de conquérir la couronne de France : *Il est pire que le Valois. Il s'offusque pour un rien et ne rêve que de faire pendre et décapiter ceux qui osent le contrarier. Le message est clair : Dieu ne veut pas que le dernier Capétien règne sur le plus prestigieux trône de la chrétienté. Je vous en conjure, alertez nos amis de cesser toute lutte et de faire allégeance à Jean II. Point n'est besoin d'attirer plus de malheur sur ce royaume ! Nous nous sommes trompés, notre véritable grandeur est de le reconnaître.*

Étienne de Pleisson, qui avait reçu la même lettre, se rendit aussitôt à Reims où il trouva le cardinal au lit, victime d'une attaque que ses médecins soignaient par de nombreuses saignées et des potions à base de vif-argent.

– Il ne me reste plus qu'à mourir ! dit Jacques de Varonne. La vie n'a plus de sens pour moi. Dieu vient de m'infliger le pire des désaveux !

– Tout cela me semble étrange ! s'écria Pleisson. Reprenez-vous ! Cette lettre est fausse. Le Valois, conscient qu'il va perdre la bataille, cherche à nous toucher dans ce que nous avons de plus précieux. Il a fait écrire cette lettre à des faussaires !

– Je ne vous crois pas ! La lettre que j'ai reçue est bien de l'écriture d'Eugénie que je connais. Non, elle a raison : Jean Ier n'est pas capable de gouverner. Nous pensions l'encadrer, constituer un gouvernement autour de lui avec les États généraux, les pairs du pays. C'est impossible. Giannino di Guccio est devenu un fou sanguinaire. Notre beau rêve s'arrêtera là !

– Non ! Monseigneur, j'ai envoyé des émissaires à tous nos amis qui se préparent. Notre armée va aller au-devant de celle de Jean Ier.

Le cardinal, les paupières baissées, secoua la tête. Son médecin demanda à Pleisson de le laisser se reposer. Le lendemain, Jacques de Varonne, le plus grand paresseux de son siècle, était mort. Il avait demandé à boire vers minuit. Son valet de chambre assurait l'avoir vu ajouter dans le vin chaud au miel une poudre violette.

Officiellement, Varonne était mort d'un refroidissement du cœur. Étienne de Pleisson en avertit tous les membres des Lys, les assurant que la lutte entrait dans son ultime phase. *Le Valois a appris que Jean Ier se prépare à passer les Alpes à la tête de son armée et envoie ses troupes pour l'arrêter. Nous serons de la fête, mais le temps presse.* Il leur demandait de réunir leurs hommes et de se mettre en route au plus vite. Le temps des secrets était révolu : les bannières arborant les fleurs de lys capétiennes flottaient au vent. Itteville et le comte de Chartres eurent pour mission de récupérer les compagnies disséminées autour de Paris. Des coursiers furent envoyés au roi de Sienne pour qu'il se mette en campagne. Avant même que Rincourt ait rassemblé toute son armée au fort de Vincennes, les troupes des conjurés brûlaient les étapes pour atteindre la Provence où se ferait la jonction avec l'armée de Jean Ier.

La bataille décisive allait enfin avoir lieu.

17.

Geoffroi d'Eauze et Matthieu allèrent passer la nuit à Savigny-le-Temple. Ils s'y cachèrent pendant quelques jours, redoutant les espions de Blanche de Navarre. Ils trouvèrent des chevaux robustes capables de porter leurs trois cents livres et s'éloignèrent vers le sud. Ils n'avaient pas besoin de gardes, leur taille suffisait à dissuader les éventuels agresseurs. Le froid était venu, les étapes trop courtes leur faisaient perdre du temps. Ils ne s'ennuyaient pourtant pas. Ils se sentaient bien ensemble. La mère de Matthieu était à Sienne, le jeune homme devait la rejoindre, même s'il ignorait tout de cette femme dont Eauze lui parlait souvent. L'aventure l'appelait et il ne voulait surtout pas laisser passer l'occasion de belles bagarres en compagnie de ce père retrouvé. Il ne pouvait cependant s'empêcher de parler de Rincourt qu'il avait abandonné sans chercher à le revoir.

– Quoi ? Tu me dis que cet homme est généreux ? tonnait Eauze. Je préférerais me faire couper les oreilles que d'entendre ça !

– Cessez donc de le haïr. Vous pourriez être de fort bons amis !

– Non, tranchait Eauze. Il est la fourberie même. Tu sais pourquoi il a mis à sac notre château ? Pour voler les reliques de sainte Jésabelle qui protègent des maladies contagieuses. Il avait peur de la peste ! Voilà la vérité !

– Vous vous êtes déjà affrontés en tournoi.

– Qui t'a dit ça ?

En effet, qui le lui avait dit ? Matthieu ne se souvenait pas de l'avoir appris de la bouche de Rincourt, ni de personne. Cette affirmation lui était venue comme ça, sans y penser, comme sortie de cette partie d'ombre qu'il ne pouvait pas explorer.

– Je ne le redoute pas ! Et puis c'est un étranger, dit Eauze à court d'arguments. Ses ancêtres ont combattu mes ancêtres, ce n'est pas un vrai Gascon. La preuve : chez lui, à Valence, dans son château, on parlait la langue d'oïl.

La fin de l'automne était pluvieuse. Les deux cavaliers longèrent des torrents en furie, de vastes étendues d'eau où surnageaient quelques masures abandonnées. Ils trouvèrent la neige au pied des Alpes. Eauze ne pensa pas un instant qu'il aurait pu emprunter la voie de mer pour se rendre en Italie. Il redoutait de mettre les pieds sur un bateau. Cet homme qui semblait n'avoir peur de rien cachait sous son exubérance des terreurs puériles. La mort par le glaive le laissait indifférent, mais il tremblait à l'idée de se noyer.

À Sienne, les abords de la ville étaient couverts d'une profusion de tentes colorées, de chariots, de chevaux et d'hommes d'armes. Les renforts promis par le roi de Hongrie étaient arrivés. Plus de soixante mille hommes attendaient le retour des beaux jours pour marcher sur la France. Les banquiers lombards s'en réjouissaient. Ils savaient qu'ils servaient un incapable, mais s'en moquaient : ils avaient là l'occasion de gagner beaucoup d'argent, tant pis pour les affaires de la France !

Geoffroi et Matthieu demandèrent à voir le prévôt Emilio Rugasto qui les reçut aussitôt dans sa banque. Le rez-de-chaussée était une ruche de commis aux écritures qui envoyaient des courriers dans l'Europe entière. Rugasto occupait l'étage où il se préservait des courants d'air car il était particulièrement frileux. Un feu abondamment nourri flambait dans la cheminée et entretenait une chaleur d'étuve. L'homme était de petite taille. Il portait la robe selon la mode ancienne, cousue de fils d'or. Un bonnet blanc serrait son crâne volumineux. Les lèvres molles, le nez large et tombant, le menton en retrait, on ne remarquait dans ce visage gras que les yeux, toujours en éveil, captant les moindres détails, surtout dans l'attitude de ceux qui venaient lui emprunter de l'argent. Deux gros livres étaient posés sur sa table, à portée de sa main droite. Dans ces pages se trouvaient toutes les créances des maisons nobles d'Italie, des cardinaux et du pape.

Il sourit et se tourna vers les arrivants :

– Mes seigneurs, qu'attendez-vous de moi ?

– Je suis Geoffroi d'Eauze. Voici mon fils, Matthieu d'Eauze. Nous sommes venus chercher Eugénie, mon épouse, et la sœur du roi Jean.

Les géants qui se tenaient debout devant lui semblèrent tout de suite sympathiques à Emilio Rugasto qui s'étonna de la blessure sur le crâne du jeune homme et de la légère dissymétrie de ses traits. Comme il voulait gagner du temps pour sonder les intentions de ses visiteurs, il prit un faux air catastrophé qui était aussi une incitation à la confidence.

– Tout va mal, dit-il d'une voix terne. La comtesse d'Anjou s'est opposée à son frère et elle n'a pas gagné !

– Où est-elle ? demanda Eauze qui n'aimait pas les louvoiements du prévôt.

– Hélas, monseigneur, elle n'a dû la vie sauve qu'à une surveillance active de nos gardes. Il semblerait que le roi Jean l'ait prise en haine totale.

– Où est-elle ? gronda Eauze en se dressant en face du Toscan.

Rugasto rentra sa grosse tête ronde dans ses épaules, comme pour éviter la charge de ce taureau capable de démonter la ville de Sienne pour retrouver la prisonnière. Le banquier, astreint chaque jour à une observation minutieuse de ceux qu'il recevait, trouvait étrange que ce colosse, ce rustre, soit l'époux de cette femme fine et cultivée de la plus haute noblesse.

– Vous la verrez, monseigneur, vous la verrez. Nous, les Siennois, sommes des marchands, mais aussi des humains. Nous avons su protéger madame la comtesse contre les velléités de son frère. Vous la trouverez en bonne santé.

– Pourquoi la laissez-vous croupir en une geôle ?

– Elle ne croupit pas en une geôle, comme vous dites, messire. Je vous assure qu'elle ne manque de rien. Je m'en préoccupe personnellement.

Eauze ne comprenait pas ces manières et n'avait qu'une hâte : délivrer Eugénie et ferrailler si c'était nécessaire pour la défendre. La présence de Matthieu attisait son impatience.

– Je crains que vous ne puissiez rien faire pour l'instant ! dit Rugasto. Il faut attendre. L'armée que vous avez vue près de notre ville appartient au roi Jean qui s'apprête à fondre sur la France.

– Je veux voir ma femme.

Le rusé Rugasto réussit à faire patienter Geoffroi d'Eauze pendant toute une semaine. Il le promena dans les rues de Sienne, le présenta aux élus de la ville, le retint de banquets en festins, le conduisit dans sa maison de campagne. S'il retardait ainsi, c'était pour prendre quelques précautions afin de ne pas être le perdant dans une affaire où il avait engagé beaucoup d'argent. Le sens diplomatique de cette montagne de muscles qu'un mot de trop pouvait mettre en mouvement ne lui inspirait aucune confiance. Que cherchait Eauze en marge de la conjuration des Lys ? Excédé, l'encombrant visiteur le menaça de tout casser. Le prévôt fut contraint de céder :

– Cette nuit, nous irons rendre visite à Mme Eugénie.

Après complies, Rugasto invita Geoffroi et Matthieu à le suivre dans un souterrain aux voûtes maçonnées en très bon état. Les hommes de taille ordinaire s'y déplaçaient aisément, Eauze et son fils marchaient courbés. L'appréhension leur nouait le ventre.

Ils arrivèrent dans une cave. Les torches éclairaient des tonneaux disposés le long du mur. Ils montèrent un escalier. Rugasto prit une clef sur l'énorme trousseau de sa ceinture, ouvrit une lourde porte de chêne, puis invita ses accompagnateurs à entrer dans une vaste pièce au mobilier constitué d'une armoire à deux battants, une table et des chaises rembourrées. Une servante apportait du bois pour la cheminée. Eugénie, qui écrivait assise à la table, se tourna vers les arrivants.

– Messire, s'étonna-t-elle en regardant Rugasto. Je n'ai point l'habitude de vous voir à cette heure !

Alors Eauze qui était resté en retrait s'avança.

– Ma mie, me voilà pour vous sauver ! s'écria-t-il. Vous ne resterez pas une heure de plus ici !

Il écarta rudement le prévôt et ses gardes qui tenaient les torches, posa son énorme main sur l'épaule de la prisonnière.

Eugénie se leva de sa chaise et recula vers le fond de la pièce. Ce n'était pas Eauze qu'elle attendait. Elle avait écrit à Rincourt et c'était son mari qui venait la délivrer. Sa présence avait quelque chose d'irréel. Elle secoua la tête comme pour s'assurer qu'elle ne rêvait pas.

– Vous, ici ?

– Oui, moi et votre fils, Matthieu ! ajouta Eauze en poussant le jeune homme devant lui. Nous sommes venus vous chercher !

Comment s'étaient-ils retrouvés ? Eugénie regardait surtout son fils, réplique presque parfaite du père mais avec ses yeux à elle, plutôt clairs, tirant sur le gris. Et cette cicatrice en travers du crâne.

– Matthieu !

Le jeune homme la regardait avec étonnement. Cette dame était donc sa mère ! Aucun souvenir ne remontait de l'ombre de son âme.

– Matthieu, c'est bien toi ?

– Madame, je suis heureux et fier de vous tirer de là !

Cette froideur ! Eugénie aurait tant aimé qu'il la prenne dans ses bras ! Elle se souvenait de leur rencontre quelques années plus tôt.

– Matthieu ? Qu'est devenu le cheval que je t'ai offert ?

– De quel cheval voulez-vous parler, madame ?

– Mais enfin, Matthieu, tu ne te souviens pas ?

– Hélas non ! Celui que j'étais avant est mort avec ma blessure. Je n'ai aucun souvenir !

– Ta blessure ? Oui, c'est vrai que tu as été blessé sous les murs d'Agen ! Le cardinal de Varonne m'en avait parlé !

– On sort d'ici ! ordonna Eauze en regardant Rugasto qui n'osa pas s'opposer au géant.

Ils empruntèrent le souterrain qui conduisait à la maison du prévôt. La lumière intense de dizaines de chandeliers éclairait les visages, la tête ronde et massive de Rugasto et les deux hures du père et du fils Eauze, identiques, sauf que l'une n'avait pas encore beaucoup de barbe.

– Ma mie ! dit encore Geoffroi qui n'osa pas prendre sa femme dans ses bras. Vous ne risquez plus rien !

– Madame, précisa Rugasto qui voulait montrer sa bonne volonté, mes servantes vous ont préparé un bain et des vêtements propres.

Eauze ne comprenait pas que le prévôt ait gardé Eugénie aussi longtemps alors qu'il était si facile de la faire sortir de Sienne.

– Pour la conduire où, monseigneur ? questionna Rugasto qui avait compris. Et puis son frère aurait vite appris qu'elle s'était échappée et l'aurait rattrapée !

– Eh bien, je vais l'emmener, moi, et gare à qui se trouvera en travers de mon chemin !

Eugénie suivit les femmes de chambre qui étaient venues la chercher, pendant que Eauze racontait les nouvelles de Paris à Rugasto qui les connaissait mieux que lui. Matthieu se taisait car il ne se sentait pas à sa place.

Quand Eugénie revint, le prévôt pria tout le monde à souper.

– J'ai appris par un de mes comptoirs à Paris que Jean II a dépêché une armée contre le roi de

Sienne ! dit-il. Plus de cinquante mille hommes seraient en route vers la Provence ! En même temps, les conjurés des Lys ont rassemblé leurs troupes et se dirigent aussi vers la Provence par un autre chemin où ils vont retrouver l'armée de Jean Ier !

Il se tourna vers Eugénie et précisa :

– Le cardinal de Varonne, un de mes précieux clients a, hélas, rendu son âme à Dieu !

Eugénie baissa la tête. Elle avait beaucoup d'affection pour ce prélat à la légendaire paresse. Elle lui avait encore écrit récemment pour lui demander de dissoudre la conjuration des Lys. Lui seul aurait pu ramener à la raison des chevaliers avides de vengeance comme Pleisson, Itteville et les autres survivants du massacre de Rouen.

– Demain, vous partirez pour Milan où ma compagnie possède plusieurs comptoirs et des hôtels particuliers ! ajouta Rugasto. Vous y serez en sécurité pour quelque temps.

Le souper fut joyeux, Rugasto était un bon vivant qui connaissait parfaitement la langue d'oïl. Eauze raconta ses chasses au loup, ses joutes. À mesure qu'il parlait, qu'il buvait du vin, sa voix s'enflait. Matthieu restait silencieux, mais attentif. Il était encore avec des étrangers, découvrant ainsi que, depuis sa renaissance, il n'était nulle part chez lui.

Eugénie aussi se taisait. Elle pensait à la manière de sauver ses amis et de les convaincre de cesser la lutte. Elle pensait aussi à Rincourt qui était à la tête des armées royales et qu'elle avait envie de retrouver. N'avait-il pas eu raison depuis le début ?

L'heure d'aller se coucher arriva. Eauze et Eugénie furent conduits dans des chambres voisines qui communiquaient. Eauze aurait aimé rester près d'elle, mais il n'osait pas le lui demander.

Comme il lui souhaitait le bonsoir, une dizaine de rats surgirent d'un coin d'ombre et se mirent à trotter entre le lit et la table. Eugénie poussa un petit cri. Eauze se mit à courir après les animaux en cherchant à les écraser de son énorme pied. Un grand bruit se fit entendre dans la chambre voisine. Eugénie se précipita dans le couloir pour découvrir Matthieu qui, lui aussi, chassait des rats.

– Cette fois, dit-elle, j'ai compris !

Le lendemain, à son réveil, Matthieu s'étonna de voir, penché sur lui, le beau visage de sa mère. Elle lui sourit et lui prit la main.

– Ainsi, dit-elle, tu as échappé au chevalier de Rincourt. Je lui en ai beaucoup voulu, même s'il t'a sauvé la vie. Maintenant, tout est différent !

– C'est moi qui ai voulu quitter Aignan et mon oncle qui avait vendu mon cheval !

Eugénie sursauta.

– Que dis-tu ? Tu te souviens donc du vieux château d'Aignan, de ton oncle et du cheval que je t'ai donné à la mort du pauvre Benoît ?

Matthieu baissa les yeux et s'absorba dans une intense réflexion. Un éclair avait traversé sa mémoire plongée dans la nuit opaque.

– Je ne sais plus ! J'ai l'impression d'être tombé dans un puits !

Tout à coup, un ouragan fit irruption dans la chambre. Eauze, vêtu en guerrier, s'impatientait.

– Pressons, dit-il. Nous n'avons pas de temps à perdre.

Matthieu lui jeta un regard interrogateur.

– Le pantin, celui qui se dit roi de France, a appris que ta mère a quitté sa geôle et la fait rechercher. Nous devons fuir au plus vite.

Quelques instants plus tard, montés sur des chevaux frais prêtés par Rugasto, ils franchissaient la lourde porte de la ville ouverte pour eux.

Ils chevauchèrent ainsi pendant des heures sans s'adresser la parole. Matthieu pensait qu'il se trouvait en compagnie de ses véritables parents qui restaient des étrangers pour lui. Il pensait alors à Rincourt qui l'avait rendu à la vie, qui lui avait réappris à parler, à écrire, à marcher, à monter à cheval et à se servir d'une épée…

Ils découvrirent une campagne de petites montagnes, de hameaux défendus par des palissades, de villes fortes. Là encore, la peste avait rendu les champs aux friches. À la mi-journée, ils s'arrêtèrent dans une auberge, mangèrent une énorme omelette aux œufs de cygne, du pain de seigle, du miel, et burent un vin léger tellement agréable qu'ils en redemandèrent. Comme ils repartaient, les rats qui se promenaient devant eux arrachèrent un rugissement d'exaspération à Geoffroi qui les poursuivit une fois de plus en frappant du pied.

Ils repartirent, forçant les chevaux déjà fatigués. Celui d'Eugénie tenait bien le rythme mais les deux autres, surtout celui de Geoffroi, traînaient la jambe. Le soir, ils s'arrêtèrent dans une auberge où ils purent dormir dans une chambre commune.

Le lendemain, Matthieu avait de la fièvre; son visage avait pris ce fameux teint terreux qu'Eugénie connaissait si bien. Il se plaignit de douleurs dans la poitrine, de frissons gelés dans le dos. Il réussit difficilement à monter sur son cheval. Une lieue plus loin, il s'écroula de sa monture. Geoffroi se précipita. Le jeune homme claquait des dents et délirait. Il vomit un sang noir qui sentait atrocement mauvais.

Alors, Eugénie céda au désespoir :

– Mais pourquoi, mon Dieu, vous en prenez-vous à ceux que j'aime ? Faites-moi souffrir cent fois plus que tous les autres, mais épargnez mon fils, le seul qui me reste !

Elle sanglotait. Geoffroi la prit par les épaules et l'obligea à s'asseoir sur une souche.

– Tu n'y es pour rien. Tu sais bien que Dieu ne punit pas de cette façon. Ce sont les gens du Nord qui disent cela, mais ce n'est pas vrai !

– Les gens du Nord ? sanglota Eugénie. J'en suis par ma mère, par les Anjou, par les Habsbourg, par Hugues Capet et tous les autres dont je descends !

– Reste tranquille ! Je te dis que ce n'est pas la peste !

– Si, c'est la peste, j'en ai tellement vu de ces malades qui meurent en quelques heures que je ne peux pas me tromper !

Elle martelait Eauze de ses petits poings, puis, découragée, se laissa aller contre lui.

– Je vais m'occuper de notre fils, décida le chevalier. La maladie aura peur de moi !

– Mon pauvre Geoffroi, on ne se bat pas contre le diable !

– Moi si, et le diable reculera. Pour l'instant, nous ne pouvons pas frapper à la porte d'une auberge, ni entrer dans une ville. Je vais aller chercher de quoi manger et acheter des couvertures. Toi, tu vas rester avec Matthieu. La peste te protégera des voleurs.

Jamais Geoffroi d'Eauze n'avait eu les idées aussi claires. Sa détermination lui faisait oublier la fatigue et le risque qu'il courait. Mourir lui importait peu, il voulait sauver Matthieu et se sentait prêt à l'arracher aux griffes du diable.

Il monta à cheval et s'éloigna dans la route claire. Les oiseaux chantaient, les premières feuilles poussaient sur les peupliers, légères et duveteuses. Une intense odeur de moisissure, de fleurs et d'herbe montait du sol. Geoffroi trouva vite une petite ville, bien protégée derrière ses murs. Il se présenta aux gardes et put entrer sans difficulté. Ces villes proches de la Méditerranée étaient moins repliées sur elles-mêmes que celles de l'intérieur des terres. Ici, les brassages de population étaient fréquents ; les bateaux déchargeaient chaque jour des hommes d'ailleurs et l'on avait l'habitude des visages hâlés, des parlers étranges et des coutumes inconnues qui n'étaient pas plus dangereuses que les autres.

Eauze trouva ce qu'il cherchait : du pain, du vin, des pâtés de viande, des œufs, un chapon et des couvertures pour le malade. Il retourna rapidement à la clairière où Eugénie priait à genoux près de Matthieu.

La maladie avait progressé. Le visage terreux du jeune homme, cette bave verdâtre qui faisait suite au sang pourri et ne cessait de couler de ses lèvres entrouvertes, de salir sa barbe naissante, indiquaient une fin proche. Geoffroi eut une inspiration :

– Faut lui donner à boire, du vin qui va lui mettre de la gaieté au ventre. La maladie n'aime pas les gens heureux !

Sans écouter les protestations d'Eugénie, il sortit une gourde du ballot où il avait rangé ses provisions, souleva Matthieu et, posant sa tête sur ses genoux, lui enfonça le goulot dans la bouche. Il réussit ainsi à lui faire avaler quelques gorgées d'un vin capiteux. Ce breuvage ne provoqua aucune réaction chez le malade qui respirait de plus en plus difficilement. Eugénie savait que la fin était proche. Alors, Eauze, cédant à la révolte qui grondait en lui et ne pouvait s'exprimer que par la colère, poussa ce rugissement qui lui montait à la gorge quand il avait des envies de meurtre. Il prit Matthieu à pleins bras, le serra très fort contre lui, le soulevant comme s'il n'était qu'un nourrisson, et hurla :

– Mais tu vas vivre, ventrebleu ! Ce n'est pas ce foutu Satan qui va te battre en combat singulier ! Frappe-le du plat de l'épée, c'est tout ce qu'il mérite, ce malfaisant. Tu vas vivre, mon mignonnet, parce que tu as encore beaucoup à faire, de belles cruches de vin à vider, de belles batailles à gagner, des chansons à chanter après boire avec tes chevaliers et de belles femmes à mignoter par des soirées comme celle-ci, pleines d'odeurs de printemps. Tu vas vivre parce qu'on a du chemin à faire ensemble !

Il le secouait si fort qu'Eugénie voulut s'interposer. Il l'écarta de son bras aussi lourd qu'un tronc d'arbre.

– Tu ne comprends pas que je le provoque, ce Mauvais ? Qu'il vienne croiser le fer avec moi et qu'il laisse cet innocent ! Je le recevrai comme je sais recevoir les galeux !

Puis, se tournant vers Matthieu dont le visage gardait un peu de lumière dans la nuit qui s'épaississait, il ajouta :

– Allez, mon garçon, tu dois te battre. Montre-lui, à ce poltron, tes parades dont tu m'as parlé et dont tu gardes le secret. Fais-le danser de peur. On rira avec toi !

Il posa la tête du malade sur les couvertures pliées et se dressa dans la nuit. À cet instant, Eugénie l'aimait. De tous les hommes qu'elle avait connus, il était le seul à se donner avec autant de promptitude, à mettre sa force colossale au service de ses sentiments sans la moindre arrière-pensée, en toute générosité. Oui, elle l'aimait, même si elle savait que ce sentiment n'était pas celui d'une femme pour son époux.

– Il faut faire du feu ! J'ai senti qu'il tremblait. Il a froid ! hurla Eauze.

Il se mit en quête de bois mort. Plusieurs genévriers se trouvaient à proximité, il les coupa d'un seul mouvement de son épée et les rassembla avec des branches de chêne. Il tassa des herbes sèches qui s'enflammèrent facilement. Un grand feu éclaira la clairière, avertissant les maraudeurs que des voyageurs attardés se trouvaient là, sans défense, et qu'il serait facile de les détrousser.

Geoffroi approcha le malade et couvrit d'une couverture son grand corps qui tremblait. Eugénie s'étonnait de la résistance du jeune homme face à la terrible maladie qui emportait d'ordinaire les plus forts en une journée. Serait-ce le défi que Geoffroi avait lancé au diable qui retardait l'échéance ?

Le feu crépitait. Une douce chaleur se répandait et Matthieu tremblait moins fort. Tout à coup, il ouvrit les yeux, mais ce n'était pas son regard habituel qui allait autour de lui. Il voulut soulever sa tête, le lourd caillou de son crâne retomba sur la couverture. Alors ses lèvres se mirent à bouger.

– Tante Éliabelle, pourquoi dites-vous que je n'aurai jamais de quoi m'acheter un cheval pour être armé chevalier et reconquérir mon fief d'Eauze ? Pourquoi me dites-vous cela ? Je sais bien que l'oncle Eude est de vieille noblesse et qu'il vit comme un paysan, mais l'oncle Eude n'a pas autant de force que moi !

Eugénie leva les yeux vers Geoffroi.

– Il se souvient ! Cette fois, ça y est, il a retrouvé la mémoire d'avant sa blessure…

– Et puis il y a eu le grand saut ! poursuivit le malade. Une hache qui a frappé mon bassinet, l'a fendu et a fendu ma tête… Comme j'ai mal !

Il sombra dans un délire de mots incompréhensibles. Geoffroi et Eugénie ne quittaient pas du regard son visage que les flammes éclairaient. Quand le tas de bois incandescent s'effondra, Eauze le remit en place avec la pointe de son épée. Le malade était agité de mouvements brusques, puis son corps sembla s'apaiser. Une épaisse bave mêlée de sang coula encore de sa bouche, mais Geoffroi n'y fit pas attention quand il prit de nouveau son fils à bras-le-corps et le serra très fort comme pour lui insuffler sa bonne santé.

– Allez, hurla-t-il, les yeux levés vers le ciel, viens me prendre moi, maudite salamandre. Viens et laisse cet enfant tranquille !

Eauze garda toute la nuit le pestiféré dans ses bras. Quand les oiseaux se mirent à chanter dans les collines, Matthieu respirait toujours, difficilement certes, mais il avait résisté de longues heures, ce qu'aucun malade n'avait réussi jusque-là.

– Il faut le faire boire ! dit Geoffroi qui avait besoin de mouvement, de se donner l'impression de faire quelque chose.

Il saisit de nouveau la gourde de vin et constata que ni lui ni Eugénie n'avaient mangé. Il approcha le goulot des lèvres molles de son fils et laissa couler le liquide. Cette fois, il but plusieurs gorgées et Geoffroi sourit dans son épaisse barbe.

Dans la matinée, Matthieu ouvrit les yeux, regarda autour de lui et, se tournant vers Eugénie, tendit la main.

– Tu vas guérir ! souffla-t-elle.

Geoffroi se mit en tête de le faire manger, mais le jeune homme n'avait que soif. Il but tout le vin, ce qui le plongea dans un sommeil profond et calme. Il sentait atrocement mauvais, mais la bave ne coulait plus. Avec un linge qu'elle alla mouiller dans une mare entourée de joncs où coassaient des grenouilles, Eugénie nettoya son menton, ses joues et son front. Les caresses du linge frais semblaient lui faire du bien, car il souriait. Cette fois, c'était certain, la peste avait cédé devant l'obstination d'un père. Eugénie se dressa près de Geoffroi et se serra dans ses bras, c'était sa manière à elle de le remercier. Il la tint ainsi un long moment, écoutant vivre ce corps minuscule à côté du sien, battre ce cœur insondable. La peste qui les avait séparés autrefois les réunissait pour un instant.

Ils restèrent dans cette clairière pendant deux jours. Matthieu était trop faible pour monter à cheval, mais il recommençait à se nourrir, preuve qu'il était bien guéri. Le deuxième soir, quatre malandrins qui avaient repéré les égarés à leur feu voulurent voler leurs chevaux. Eauze entra dans une colère démesurée et désarçonna les quatre gaillards qui détalèrent sous les rires et les applaudissements d'Eugénie.

Enfin, ils se remirent en route, conscients d'avoir remporté la plus difficile des victoires. Matthieu était encore faible, il fallut se contenter de petites étapes, mais la jeunesse prenait le dessus et, très vite, il retrouva ses belles couleurs. Eugénie avait le sentiment d'avoir vaincu sa malédiction.

18.

Geoffroi, Matthieu et Eugénie rejoignirent les troupes des Lys à Vence, où elles attendraient l'armée de Sienne au bord de la Vésubie qui cascadait au sortir de profondes gorges et à proximité d'un petit bois où il était aisé de se dissimuler. Elle retrouva avec plaisir Pleisson, Itteville, Godefroy d'Harcourt, qui était moins imposant que son neveu décapité au château de Bouvreuil, le comte de Chartres et tous les autres. Mais l'heure n'était pas aux réjouissances.

– Mes amis, leur déclara-t-elle, je n'ai pu vous convaincre de cesser la lutte et vous voici tous sur le théâtre des opérations. La situation est très grave. Mon frère, pour qui nous nous sommes tant battus, pour qui nos meilleurs amis sont morts, est indigne de régner sur la France. Sachez qu'il m'en coûte de dire cela. Plusieurs fois, j'ai pensé à mourir, mais j'ai suivi ce que me commandait mon devoir. Le marchand de Sienne a sombré dans la démence. Il fait torturer et exécuter de la pire manière ses valets qui osent lui tenir tête. Il a voulu me faire décapiter et je ne dois la vie qu'aux Siennois. Notre lutte n'a plus de sens. Dieu nous montre le chemin et nous devons nous rallier au Valois !

De telles paroles sortant de la bouche d'Eugénie furent suivies d'un long silence. Comment la comtesse d'Anjou pouvait-elle demander à ces hommes qui se battaient depuis tant d'années pour la justice suprême de rejoindre leur ennemi, le voleur du trône ?

– Cela ne se peut ! cria Pleisson. J'étais à Reims et j'ai pu voir monseigneur de Varonne quelques heures avant qu'il ne rende son âme à Dieu. C'est votre trahison qui a causé sa mort !

– Non, monseigneur, je ne trahis point. La vérité vaut plus que des serments ! s'écria encore Eugénie. Je ne peux pas laisser des hommes de valeur continuer de donner leur vie pour un pantin sanguinaire. Me taire serait le pire des crimes.

– Enfin, madame, s'écria Godefroy d'Harcourt, croyez-vous que je vais plier le genou devant celui qui a assassiné mon neveu, Brienne, Mainemarres et tous les autres ? Quel que soit l'homme dont je porterai la bannière, je sais que je combattrai le Valois, c'est une question d'honneur !

Eugénie comprit que ses amis ne changeraient pas d'avis et n'osait plus soutenir le regard méprisant de Pleisson qui la défiait. Itteville ajouta :

– La comtesse est la seule ici à avoir approché le roi de Sienne. Ce qu'elle dit est peut-être vrai, mais ne change rien à notre détermination. Nous ne pourrons jamais nous ranger aux côtés du Valois. Nous combattrons donc avec Jean Ier, car sa victoire sera d'abord la défaite de notre ennemi !

– Je ne puis vous approuver ! s'exclama Eugénie en rejoignant Eauze et Matthieu qui étaient restés à l'écart.

La tristesse l'écrasait. Ainsi se terminait une longue aventure : ceux qui l'avaient soutenue et qu'elle aimait la laissaient partir comme un transfuge. Elle monta sur son cheval et s'éloigna sans rien ajouter.

– Qu'allons-nous faire ? demanda Matthieu.

– Attendre l'armée du roi Jean II.

Le roi de Sienne et ses troupes arrivèrent en Provence plus tôt que prévu. Les hommes avaient emprunté la voie de terre, mais le matériel, les charrettes, les canons, beaucoup d'armement avaient été acheminés par bateau jusqu'à Nice.

Le campement fut établi au nord de Vence, à moins de cent brasses des conjurés des Lys, en bordure du Var et en face des gorges de la Vésubie qui empêchaient l'ennemi d'attaquer par l'est. Jean Ier choisit une vaste prairie proche du fleuve et tournant le dos aux montagnes. Il fit monter sa tente à l'endroit le plus élevé. Des valets disposèrent ses meubles comme en son palais de Sienne, ses cuisiniers allumèrent leurs fourneaux transportés à grands frais, les sauciers s'activaient déjà pour préparer le repas de Sa Majesté qui n'aimait pas attendre.

Dans une vaste salle ornée de tentures bleues à fleurs de lys, le trône de bois doré était posé sur une estrade que des charpentiers avaient fabriquée à partir de chênes abattus dans le voisinage. Les généraux savaient que l'armée française ne serait pas là avant une dizaine de jours et qu'il faudrait prévoir deux à trois journées de combat avant de lever le camp pour marcher vers la capitale. Cela expliquait ces aménagements longs et coûteux.

L'arrivée de Jean Ier incita Eugénie à faire une dernière tentative pour convaincre ses amis. Elle fut reçut avec empressement par Itteville qui l'invita à entrer dans sa tente.

– Madame, nous nous sommes un peu emportés lors de votre arrivée. Je suis certain que ce n'était qu'une méprise !

– Non, Itteville, ce n'était pas une méprise. Je comprends que vous ayez à cœur de venger nos amis, mais il faut aussi mesurer l'enjeu de cette vengeance. Si mon frère devient roi de France, oint des saintes huiles, personne ne pourra s'opposer à sa folie. Alors le sang coulera, le vôtre si vous lui tenez tête, et celui du peuple, ce peuple qui a faim ! C'est à lui qu'il faut penser, aux récoltes qui brûlent, aux misérables qui vont de porte en porte pour un croûton. Cela, Itteville, nous, gens de noblesse, l'oublions un peu vite !

Pleisson, qui s'était approché, attendit qu'Eugénie ait fini de parler pour rétorquer :

– Je vous comprends, madame. Mais en combattant le Valois, nous combattons celui qui a tué nos amis sans jugement.

– Vous allez enlever un tyran sanguinaire pour en mettre un autre à sa place ! Est-ce cela que réclame l'honneur d'un chevalier ?

Une délégation conduite par Emilio Gastani, l'homme de confiance de Jean Ier, arriva au camp des Lys et demanda à parler à Étienne de Pleisson.

– Sa Majesté Jean le Premier a bien reçu vos émissaires et vous remercie de votre fidélité ! dit Gastani. Elle regrette les différends qui l'ont opposée à sa sœur et souhaite sceller avec vous un pacte de bonne entente qui conduira à la victoire.

– Vous voyez que j'avais raison ! souffla Pleisson à Eugénie.

– Sa Majesté prie tous ses capitaines à un banquet qu'elle donnera demain avant l'arrivée des troupes du Valois. Elle serait flattée que la comtesse d'Anjou participe à ce banquet !

Gastani tourna les talons et s'éloigna, entouré par ses gardes.

– N'y allez pas ! conseilla Eugénie. C'est un piège.

– Nous sommes ses alliés ! Nous ne pouvons pas refuser !

– Je vous aurai avertis ! dit Eugénie en s'éloignant.

Le lendemain, en fin de matinée, les conjurés des Lys vêtus de leurs plus beaux atours se rassemblèrent à l'entrée du camp. Malgré la chaleur, d'Harcourt portait une cape courte en loutre qui le rendait imposant. Il avait posé sur sa large tête un ample chapeau fourré. Pleisson avait du mal à maîtriser son cheval qui s'était couché sur une litière urticante et ne cessait de piaffer et de s'ébrouer.

Eugénie était sombre. Elle ressentait le même pincement au ventre que lorsqu'elle s'était rendue à Paris en compagnie de Raoul de Brienne. Elle se présenta devant les chevaliers impatients.

– N'y allez pas !

– Ce serait un grave manquement à l'honneur de chevalier ! rétorqua Pleisson en se mettant en route.

Le groupe se dirigea vers la colline voisine couverte de tentes colorées. Chaque chevalier était accompagné de son écuyer tranchant et d'un valet de pied. Le soleil brûlait la terre ocre, une lumière éblouissante aveuglait ces hommes habitués aux brumes du Nord. Ils suaient abondamment sous leurs vêtements d'apparat, mais pas un n'aurait donné sa place : plus de trente années de lutte trouvaient leur récompense dans cette invitation de Jean Ier. Ils avaient le sentiment d'entreprendre enfin la grande œuvre qu'ils appelaient de leurs vœux depuis si longtemps.

Ils furent accueillis par une délégation et une cinquantaine d'hommes d'armes à la tête desquels se trouvait Gastani. Il salua les invités, s'excusa de les recevoir au milieu de soldats, mais la nécessité de la guerre imposait ces contraintes. Une bonne odeur de cuisine flottait dans l'air.

Assis sur son trône, la tête ceinte de sa couronne, Jean Ier les attendait dans sa tente où avait été dressée une longue table constituée de planches recouvertes de tissu blanc. Les conjurés s'agenouillèrent devant leur souverain.

– Majesté ! dit humblement Pleisson, nous posons nos épées à vos pieds, ces épées qui vous conduiront à la victoire.

Jean Ier sourit et se tourna vers Gastani :

– Faites arrêter cette bande de gueux qui en veulent au pouvoir sacré de ma personne.

La pièce fut aussitôt remplie de gardes armés qui maîtrisèrent les chevaliers des Lys, avant qu'ils n'aient pu s'emparer de leurs épées.

– Majesté, cria Itteville, vous ne pouvez traiter ainsi des hommes qui vous ont donné leur vie !

– Justement ! fit le Roi chiffonnier en souriant. Vous m'avez donné votre vie, alors j'en dispose.

Eugénie avait suivi des yeux le groupe de ses amis qui se rendait au camp du Siennois. Elle rejoignit Eauze et Matthieu qui s'entraînaient à l'épée. Elle était sombre.

– Je ne peux pas les laisser seuls ! Ils vont se faire massacrer ! dit-elle.

– Que veux-tu dire ? s'écria Eauze. Tu ne peux rien contre ceux qui ne veulent pas t'entendre.

– Si, je peux les sauver ! En tout cas, je dois être avec eux !

– Mais c'est idiot ! cria encore Eauze. Tu ne vas pas te jeter dans la gueule du loup ?

– Ces hommes d'honneur me considèrent comme une traîtresse. Je dois être avec eux, car je suis certaine qu'il va les faire arrêter !

Elle monta sur son cheval.

– Surtout ne me suivez pas ! Cela ne servirait à rien. Il nous reste une chance : l'arrivée des troupes du Valois. Allez les prévenir. Elles sont à moins d'une journée. Dites-leur de faire diligence !

Elle piqua sa monture, laissant Eauze et Matthieu indécis.

– Nous ne pouvons rien contre une armée ! dit Matthieu. Nous devons donc avertir les hommes de Jean II !

Eugénie se présenta à l'entrée du camp et fut aussitôt conduite auprès de son frère. Elle vit les gardes emmener ses amis.

– Jean, cria-t-elle, vous n'avez pas le droit d'arrêter ces hommes d'honneur !

Il sourit en regardant Eugénie dont la colère durcissait les traits.

– Ma sœur, voilà que vous vous livrez !

– Jean, fais libérer mes amis des Lys. Tu n'as pas le droit de les emprisonner !

– Ils vont être pendus !

Se tournant vers Gastani, elle cria :

– N'écoutez pas cet homme qui n'a plus sa raison. Libérez mes amis, je m'engage à plaider pour la clémence du Valois !

Gastani rit avec Jean Ier qui ordonna :

– Faites taire cette femelle dont la voix m'arrache les oreilles !

Eugénie fut emportée par plusieurs hommes qui la ligotèrent, la bâillonnèrent et l'enfermèrent dans une cage en fer destinée au transport des animaux, singes ou fauves, dont raffolait le prince. La cage fut abandonnée dans la cour, entre les tentes, sous un soleil de feu. Incapable de crier ni de faire le moindre mouvement, elle vit les charpentiers dresser plusieurs potences formées d'une grosse poutre de chêne posée sur deux troncs. Ils y accrochèrent des cordes auxquelles ils se suspendirent avec les bras pour en éprouver la solidité.

Quand ce fut fini, le roi de Sienne arriva, droit, fier, toujours affublé de sa couronne de papier. Des valets portèrent le lourd trône et le posèrent sur son estrade à côté de la cage où Eugénie était enfermée. Une foule de soldats en armes se rassembla autour des potences. Gastani et ses hommes poussèrent du bout de leurs lances les huit conjurés des Lys qui eurent tous un regard vers Eugénie. Elle avait eu raison de se méfier et s'était livrée pour leur montrer qu'elle était femme d'honneur. Comme leurs amis décapités au château de Bouvreuil, ils marchaient vers la mort sans le moindre mot, la moindre protestation. Un léger vent soulevait les cheveux blancs du chevalier d'Itteville. Il avait consacré sa vie à une cause qu'il découvrait monstrueuse. Mourir était pour lui une délivrance.

Jean Ier tendit sa main vers l'assistance qui se taisait. Un cheval hennit, le roi tourna la tête vers la prairie qui se trouvait en contrebas, puis parla d'une voix cassée qui se voulait pleine de majesté, mais restait celle d'un marchand qui avait perdu son âme :

– Oyez, mes chevaliers, ma justice s'exerce enfin sur le territoire français dont je suis le souverain.

Ces hommes sont des traîtres, acquis à cette femme qui se dit ma sœur et veut me destituer pour prendre ma place. Ils auraient eu beau jeu, lors de la bataille décisive contre les troupes du Valois, de se retourner contre nous, mais je veillais. Instruit par mes espions, je les condamne à la mort la plus vile, celle que l'on réserve aux voleurs de grands chemins : la pendaison.

Il parcourut l'assistance de ses yeux globuleux qui ne se fixaient sur rien, puis poursuivit :

– Quant à la femme qui se dit ma sœur, elle aura le traitement des régicides. Je la condamne d'abord à assister au supplice de ses amis. Nous la ferons ensuite tourmenter par des spécialistes, ce sera un beau spectacle ! Que la fête commence !

Les bourreaux prirent Pleisson sans ménagement. Les mains liées derrière le dos, il les bouscula pour qu'ils le laissent marcher seul. Il fit dignement les quelques pas qui le séparaient du trône, s'arrêta devant le roi qu'il regarda dans les yeux. Jean secoua la tête comme s'il avait été piqué par une guêpe. Le chevalier se dirigea vers l'escabeau posé sous la première corde, monta les quatre marches sans la moindre hésitation. Il pensait à sa fille, Aude, qu'il laissait seule, et demandait à Dieu de la protéger. Le bourreau lui passa le nœud coulant autour du cou. Les soldats se mirent à rire en voyant gesticuler le pendu.

– Au suivant ! ordonna Jean Ier.

Eugénie fermait les yeux. Elle aurait voulu être avec ses amis et ne pas entendre le bruit de l'escabeau roulant sur les cailloux, et ce craquement des os du cou lorsque le poids du supplicié tendait brusquement la corde. Elle pensa à François qui avait une réponse apaisante dans toutes les circonstances, mais elle était en enfer et François ne pouvait rien pour elle.

Quand les huit conjurés eurent été pendus, Jean Ier se plaignit de la chaleur et demanda qu'on place son trône à l'ombre. Le spectacle lui avait donné faim. Avant d'entrer dans sa tente bleue, il se tourna vers Eugénie :

– Mettez-la à l'abri du soleil. Il ne faudrait pas qu'elle s'affaiblisse trop. Cela gâterait le plaisir de son supplice.

Lorsque les troupes des conjurés apprirent que leurs chefs avaient été pendus par celui qu'ils venaient aider, la colère les fit se précipiter sur leurs armes. Les capitaines voulaient attaquer le Siennois pour reprendre Eugénie et la soustraire à la fantaisie d'un fou. Eauze, qui les avait rejoints, s'y opposa :

– Nous n'avons aucune chance ! Nous sommes moins de cinq mille contre soixante mille hommes suréquipés. Aux dernières nouvelles, les troupes du Valois se trouvent à moins d'une journée de marche. J'ai envoyé des cavaliers pour leur demander d'arriver au plus vite ! Nous devons les attendre !

Les émissaires furent de retour avant la nuit :

– M. de Rincourt, qui commande l'armée, a assuré qu'il serait sur place dans le milieu de la nuit et prêt à attaquer aux premières lueurs du jour. Que tout le monde soit prêt ! Espérons qu'il sera encore temps pour sauver la comtesse d'Anjou.

– S'il touche un cheveu d'Eugénie, tonna Eauze, je ferai de la charpie de ce Roi chiffonnier.

Le lendemain à l'aube, une immense clameur monta sur la campagne encore endormie. L'effet de surprise fut total. Les troupes du roi de Sienne furent attaquées dans leur sommeil. Désorganisées face aux soldats de métier parfaitement disciplinés qui se battaient avec méthode, elles redoutaient de se faire tailler en pièces pour un enjeu qui ne les concernait pas et prirent la fuite. Deux heures plus tard, on sonna l'arrêt des hostilités.

Eauze cherchait Eugénie et la trouva dans sa cage de fer, à l'endroit où les gardes l'avaient posée la veille. Le géant entra dans une fureur qui plut beaucoup à Matthieu et écarta les barreaux comme s'ils n'avaient été que de simples tiges d'osier.

– Vous voilà libre ! dit-il en détachant les cordes qui ligotaient la prisonnière et le bâillon qui l'empêchait de parler.

Elle voulut faire un pas, chancela. Matthieu lui tendit sa gourde d'eau fraîche. La prisonnière but longuement et put enfin parler :

– Nous devons vaincre ce monstre !

Alors, elle vit Guy de Rincourt, sa tête maigre, son nez légèrement aquilin, ses yeux de faucon. Elle baissa la tête, prise par une irrésistible envie de pleurer. Le chevalier blanc s'adressa à Matthieu :

– Ah, te voilà !

Geoffroi d'Eauze porta machinalement la main à la garde de son épée. Les deux hommes se défièrent, lourds de leur haine qui prenait ses racines dans deux natures foncièrement opposées. Tous deux pensaient au tournoi de Condom.

– L'heure est venue ! dit Eauze.

– La bonne heure ! précisa Rincourt en portant à son tour la main à son épée.

Depuis longtemps, l'un comme l'autre attendait cette occasion. Leur affrontement quatorze ans plus tôt devant le comte de Toulouse et le comte de Foix s'était terminé sans vainqueur. À Poitiers, ils n'avaient pu échanger que quelques coups sans importance, rien ne s'opposait désormais à ce qu'ils aillent au bout d'un combat essentiel.

Les épées firent un bruit léger, un crissement métallique, en sortant de leur fourreau. Tous deux portaient une cotte de mailles légère, inadaptée au duel, mais cela n'avait pas d'importance. Leur tête nue les obligerait à être plus rapides quand les lames siffleraient. Ils étaient pressés d'en finir, la bataille pour la France allait reprendre et ils seraient côte à côte.

Des badauds s'étaient rassemblés, conscients que ce ne serait pas un combat ordinaire. Un géant en face d'un capitaine redouté! Ils retenaient leur souffle, car Eauze pouvait broyer Rincourt d'un seul coup d'épée, mais Rincourt était aussi insaisissable que la fumée qui tourne avec le vent.

Eauze se précipita sur son adversaire qui esquiva sa charge et tenta de le prendre par le revers. La chaleur de midi les écrasait, mais ils n'y prêtaient pas attention. Pour eux, le temps n'existait plus. Les heures passaient, le soleil poursuivait sa course dans le ciel, le bruit des épées qui s'entrechoquaient claquait encore dans l'air du soir. Les curieux étaient toujours plus nombreux pour assister à un combat hors du commun dont ils pourraient parler longtemps. Le soleil se coucha, l'ombre montait. Des soldats décidés à ne pas interrompre de si belles actions disposèrent des torches.

Eugénie était assise à côté de Matthieu. L'un et l'autre étaient l'enjeu de cet affrontement qu'ils ne cherchaient pas à arrêter. Ils se taisaient, l'esprit entièrement absorbé par la tension palpable qui régnait sur le camp. Les épées n'en finissaient pas de sonner en se heurtant, et ce bruit trouvait en eux un écho qu'ils n'avaient pas soupçonné.

Entre les torches qu'il fallait changer régulièrement, les deux adversaires couverts de poussière étaient toujours à égalité, Eauze repoussait par sa force prodigieuse les attaques sournoises de Rincourt toujours plus souple, plus léger. On oubliait qu'ils avaient quarante ans passés. Pas un instant, les deux combattants n'avaient eu un regard de côté pour demander à boire ou pour montrer leur fatigue. Les lames sifflaient, meurtrières mais n'atteignaient jamais leur but. On avait arrêté les paris, car l'heure n'était plus à souhaiter une victoire de l'un ou de l'autre. On tremblait quand l'un des deux semblait fléchir, mais des sourires éclairaient les visages dès qu'il se reprenait. Ils étaient arrivés à un tel degré de virtuosité que celui qui mordrait la poussière ne serait pas vaincu.

Le combat dura jusqu'au matin. Déjà, les coqs chantaient dans les fermes, déjà, la lueur des torches était moins intense en se mêlant à la lumière du jour de juin qui éclairait l'horizon. Personne n'avait vu passer le temps. Eauze et Rincourt puisaient au fond d'eux leurs ultimes forces.

Les trompes cornèrent. Des émissaires arrivèrent, à bride abattue. L'armée du roi de Sienne s'était reformée et tentait de les prendre par surprise. Eauze et Rincourt avaient entendu. Dans un même mouvement, ils baissèrent leur épée. Sans un mot, ils rejoignirent leur division. Rincourt commandait l'armée de France, Eauze qui n'était qu'un cinquantenier se plaça à côté d'Eugénie et de Matthieu. Le galop des chevaux, les cris des hommes qui chargeaient, approchaient.

Le nouvel engagement fut plus sérieux. Eauze et Rincourt sentaient la fatigue engourdir leurs membres, mais ils trouvèrent en eux l'énergie de se battre encore, comme s'ils poursuivaient, chacun de son côté, avec des inconnus, leur affrontement commencé la veille.

La chaleur était intense. Vers le soir, les troupes du Valois et de la comtesse de Provence réussirent à enfoncer la défense du roi de Sienne. Geoffroi, Matthieu et Eugénie étaient au premier rang. La victoire qui s'annonçait serait, cette fois, définitive. Le soleil descendait à l'horizon ; dans le ciel, un vol de corbeaux tournoyait, attendant qu'on lui abandonnât les cadavres. Eauze, qui avait baissé sa garde, vit nettement un arbalétrier lever son arme. Il se jeta sur Eugénie qui roula au sol avec lui. Le trait destiné à la femme s'était fiché dans le cou du chevalier. Matthieu se précipita, arracha la flèche d'un mouvement rapide. Le sang giclait à chaque battement du cœur. Eugénie poussa un cri.

Sûrement parce qu'il ne la quittait pas des yeux, Rincourt arriva presque aussitôt et découvrit son ennemi au sol, qui rendait des flots de sang par la bouche.

– Mais vite, hurla Eugénie, il faut faire quelque chose !

– Qu'on l'apporte à l'arrière ! ordonna Rincourt.

Matthieu et deux autres soldats soulevèrent lentement l'énorme corps et le portèrent en dehors de la bataille. Un médecin fut appelé d'urgence. Il sonda la plaie et leva une tête fataliste vers Eugénie.

– On ne peut rien pour lui, l'artère est sectionnée. Appelez un prêtre.

Rincourt prit le médecin par le col de la chemise et le souleva de terre, comme il l'avait fait avec le docteur Grenoult quand Matthieu agonisait.

– Comment, tu ne peux rien, maraud ? Il faut que tu le sauves, tu entends, il faut que tu le sauves !

Le médecin secoua de nouveau la tête.

– Je ne peux rien, je vous dis !

Rincourt s'était penché sur Eauze qui gargouillait des mots sans suite. Eugénie prit ses énormes mains et les garda ainsi un long moment. Elle avait ôté son heaume et ses cheveux défaits restaient collés à ses tempes. Les larmes roulaient sur ses joues.

– C'est pour me sauver ! dit-elle. Il a donné sa vie pour moi qui ne lui ai rien donné.

Matthieu se tenait en retrait. Même si cet homme qui allait mourir était son père et l'avait arraché à la peste, il ne ressentait pas une très grosse peine comme si, avec sa blessure, son cœur s'en était allé. Les cornes sonnaient l'arrêt des combats. L'armée du roi de Sienne était défaite, Jean Ier fait prisonnier par la comtesse de Provence. Son rêve de conquête n'avait duré qu'une journée.

Rincourt ne quittait pas le regard de Geoffroi d'Eauze. Dans cet ultime moment, les deux hommes semblaient enfin se comprendre.

– Ça va aller ! dit Rincourt.

Eauze secoua la tête. Le sang ne coulait plus par sa bouche, il put articuler :

– Ce fut un beau combat !

Sur cette constatation, il rendit son âme à Dieu. Rincourt, qui ne montrait jamais ses sentiments, eut, pour une fois, un soupir de tristesse.

– Ce fut un beau combat, en effet !

Eugénie resta toute la nuit auprès du cadavre de celui qui avait été son époux. Rincourt se tenait à côté d'elle, silencieux mais présent. Matthieu terrassé par la fatigue s'était endormi dans la tente, au milieu des armures posées en vrac.

Le lendemain, l'armée de France fit relâche avant de reprendre la route. Des ordres lui étaient venus de rejoindre Avignon d'où Jean II allait prendre la tête d'une nouvelle croisade. Cela plaisait à ces soudards qui redoutaient surtout de se retrouver sans emploi et sans solde. Une croisade leur donnait des perspectives de plusieurs mois de travail, peut-être plus d'une année, des possibilités de pillage et d'enrichissement facile.

Rincourt ordonna que l'on prépare un caveau dans une chapelle de Vence. Il invoqua le service du roi pour passer outre les réticences du prévôt. Eugénie aurait voulu ramener son époux à Eauze, mais ce n'était pas possible à cause de la chaleur et de la distance.

Le caveau fut prêt le soir même et l'enterrement rassembla une grande partie de l'armée. Rincourt, à côté d'Eugénie et de Matthieu, déclara :

– C'était un bon chevalier.

Le lendemain, on décida de lever le camp. Eugénie voulut rendre visite à son frère enfermé dans un ancien presbytère dans l'intention de venger ses amis des Lys. Elle trouva Jean, toujours ceint de sa couronne de papier. Un fou qui roulait autour de lui un regard vide.

– Tu vois cette épée ! dit-elle. Je vais te la passer à travers le corps, c'est tout ce que tu mérites !

Jean se mit à genoux en la suppliant de l'épargner. Près de la porte, les gardes chargés de la surveillance du prisonnier n'avaient pas bronché.

– Souviens-toi des hommes loyaux que tu as fait pendre ! Dieu va te demander des comptes.

Les gémissements de son frère lui rappelaient une autre scène où elle tenait aussi son arme levée. C'était à l'auberge La truie qui file, l'homme qui suppliait s'appelait Charles de La Cerda, M. d'Espagne.

– Pensez à notre mère qui vous regarde ! suppliait Jean. C'est votre sang que vous allez répandre !

Eugénie leva son épée, prit son élan, mais la pointe s'arrêta au surcot du prisonnier. Une force étrangère à elle-même avait retenu son bras, la même que celle qui l'avait fait frapper M. d'Espagne du plat de sa lame. Les gardes échangeaient des regards entendus : la comtesse d'Anjou n'était qu'une femme, aussi faible que les autres face à la mort. Eugénie se moquait bien de leurs sourires en coin, Dieu venait de lui donner l'inestimable victoire sur elle-même qui la plaçait au-dessus de la haine. Elle pensait à Jésus bénissant ses bourreaux.

– Dieu nous enseigne le pardon, je vais donc te laisser la vie pour que tu puisses te repentir ! Notre faute à tous, poursuivit Eugénie, c'est de ne pas t'avoir laissé dans ta boutique, dans l'ignorance de ta haute naissance. Désormais, tu ne m'inspires que du mépris !

Elle s'en alla sans écouter ce qu'il répondait. Une intense lumière éclairait son esprit. Elle était venue pour tuer son frère, mais Dieu l'attendait dans ce presbytère désaffecté pour lui montrer son chemin.

Le lendemain, on annonçait que le roi de Sienne s'était évadé. Un coursier tendit un billet à Eugénie.

– De la part du roi, Jean Ier ! dit l'homme.

Eugénie fit sauter le sceau en cire et lut : *Rendez-vous à Paris*.

Eugénie n'avait pas l'intention de se rendre dans la capitale. Sa décision était prise, elle en fit part à Rincourt qui en fut désemparé.

– Messire, ce qui anime nos âmes ne doit pas nous aveugler sur les intentions de Dieu, lui dit-elle.

Mon époux que j'ai si mal aimé est mort pour me sauver la vie. Les conjurés des Lys, tous hommes loyaux et courageux, sont morts sous mes yeux. Dieu a voulu me montrer que j'en suis la responsable. Non, je ne peux plus vivre avec ce poids qui m'écrase.

Rincourt contracta son long visage.

– Madame, Dieu aime également tous ses enfants et ne peut vous faire assumer la folie de votre frère…

– J'en conviens, messire, mais je me sens l'âme tellement sale que je ne peux plus vivre sans me rapprocher du Créateur, sans lui demander pardon chaque jour qui me reste à vivre. Le seul fils qu'il m'a laissé, désormais un homme, va être armé chevalier. Seule la prière pourra me réconforter…

– Je vous aime depuis le jour où nos regards se croisèrent pour la première fois. C'était à Condom, en d'autres temps, mais je n'ai pas oublié.

Elle s'approcha de lui et le regarda fixement dans les yeux :

– Moi non plus, monseigneur, je n'ai pas oublié. Nous aurions pu être si heureux ensemble. Mais nous ne sommes plus jeunes. J'ai presque quarante ans.

Il ne dit rien parce que les mots ne lui venaient pas naturellement à l'esprit. Cet amour avoué, le principal mobile de sa vie, rencontrait l'obstacle auquel il n'avait jamais pensé, insurmontable et contre lequel il ne pouvait rien : le temps qui avait passé ! Il s'éloigna comme un condamné que l'on ramène en prison.

Eugénie rejoignit le couvent des Sœurs de Marie au début du mois de novembre 1362, avec l'intention d'y finir ses jours. La comtesse d'Anjou, l'héritière de Clémence de Hongrie, devenait une novice qui, au bout de quelques mois, prendrait le voile pour ne plus jamais sortir des murs de l'austère maison. Elle faisait don du domaine de Sainduc aux pauvres d'Avignon.

Au mois de février 1363, alors que le mimosa fleurissait, sœur Béatrice, la supérieure qui était une sœur de la comtesse de Provence et par conséquent une lointaine cousine d'Eugénie, décida que la nouvelle recrue pouvait prendre le voile. La cérémonie fut fixée au premier dimanche de carême.

Eugénie était enfin sereine. La vie ne lui pesait plus. Le fardeau des jours à venir avec leurs petites joies et leurs petits désirs s'était évanoui dans la prière. Le renoncement devenait source de bonheur intense et ininterrompu. Quand le doute se glissait dans son esprit, une prière, une pensée à Dieu la rassurait et lui ramenait la félicité de son enfance. Elle pensait encore à ceux qu'elle avait laissés derrière ces hauts murs, Guy de Rincourt qu'elle continuait d'aimer, mais d'une manière apaisée, Matthieu, désormais un homme, François qui consacrait sa vie aux lépreux…

Eugénie devait passer sa dernière nuit de novice seule en prière dans la chapelle du couvent. À complies, elle se mit à genoux sur la première marche et pria. Son esprit entièrement tourné vers la pensée divine était traversé par tous les bruits de la vie, craquements de charpente, appels d'un hibou, aboiements des chiens dans la ville. Ces manifestations du monde temporel s'en allaient comme elles étaient venues, sans gêner son élan vers la lumière de son âme.

Un léger cri près du sol lui sembla d'abord aussi insignifiant que les autres. Comme ce cri persistait et lui rappelait un horrible souvenir, elle arrêta net sa prière. Son cœur se mit à battre très fort. Elle tourna lentement la tête et vit à la pâle lueur de la lampe à huile un rat qui la regardait. Elle eut envie de crier, d'appeler au secours, mais aucun son ne sortit de sa gorge nouée. L'animal prenait le temps de la scruter de ses petits yeux brillants, comme pour lui demander ce qu'elle faisait là, elle, la fiancée de Satan, la faucheuse qui emportait les âmes en pourrissant les corps, elle, la semeuse de mal-mort. L'animal se promena sur l'autel, sauta d'une marche à l'autre et disparut enfin dans l'ombre de la nef. Eugénie se remit à prier si intensément que le lendemain, elle était persuadée d'avoir rêvé.

Le soleil se levait dans un ciel limpide, ce merveilleux ciel de Provence si haut et si léger qu'on se sentait soi-même aussi libre qu'un oiseau. Les nonnes arrivaient à la chapelle en chantant. Une lumière oblique éclairait la nef.

Eugénie était à genoux quand l'abbé de la congrégation, le père Grégoire, arriva, les mains jointes, entre deux officiants vêtus d'aubes blanches. Ils montèrent lentement les trois marches de l'autel puis Grégoire se tourna vers l'assemblée. Il leva la main droite pour faire le rituel signe de croix. Son regard fut attiré par une forme noire qui se déplaçait devant Eugénie. C'était un rat qui courait de droite à gauche, tournait autour de la femme prosternée. Dans ce même temps, un grand remous secoua l'assemblée : un flot de rats montait dans l'allée centrale et envahit le chœur. Les bêtes noires grimpèrent sur l'autel, renversèrent le ciboire.

– Le Mauvais est ici ! s'écria Grégoire en pointant son index vers Eugénie. Le Mauvais nous nargue !

Il se mit à genoux et récita une incantation en latin. Alors les rats, comme pris de panique, sautèrent précipitamment au bas de l'autel, coururent vers la porte et s'échappèrent.

– Le diable ! cria encore Grégoire debout devant Eugénie. Tu as voulu nous abuser, mais nous ne te laisserons pas faire, maudite sorcière ! Tu seras brûlée pour avoir profané les lieux saints.

Eugénie secoua la tête.

– Je n'ai jamais voulu cela, je…

– Enfermez-la ! ordonna le chanoine à ses officiants. Je dois informer monseigneur l'évêque…

Les deux clercs en aube blanche saisirent Eugénie chacun par un bras et la tirèrent hors de la chapelle.

– Je suis innocente ! cria-t-elle en s'adressant à la supérieure. Ma cousine, dites-leur que je ne sais rien de ces rats et que j'ai été une novice exemplaire…

Sœur Béatrice ne leva pas les yeux sur la femme qu'on emmenait. Elle aurait préféré qu'Eugénie ne parlât pas de leur lien de parenté. Cette affaire entachait sa communauté qu'elle conduisait d'une main de fer. Il fallait la régler au plus vite et ne plus y penser.

Eugénie fut enfermée dans une cellule où les sœurs se retiraient parfois pour prier et se soumettre à une diète stricte. Le manque de sommeil, les privations qu'elle s'imposait depuis plusieurs semaines la maintenaient dans un état de semi-conscience où la gravité de la situation ne lui apparaissait pas. Le silence de la pièce exiguë lui renvoyait pourtant ses anciennes hantises. Dieu ne lui pardonnait toujours pas ses fautes. Pourtant, ne l'avait-elle pas choisi en s'enfermant dans ce couvent, en consacrant tout son être à la prière ? La pensée de François d'Auxerre lui vint à l'esprit avec tant de netteté qu'elle eut la certitude qu'il lui parlait vraiment, qu'il ne l'avait pas abandonnée : « N'écoute pas ces idolâtres ! Les rats sont partout, alors pourquoi ne se trouveraient-ils pas devant toi, dans une église qui n'est qu'une construction des hommes ? La peste n'est pas un fléau envoyé par Dieu, c'est une maladie. On ne sait pas comment elle fonctionne, mais un jour les hommes comprendront ! Seule l'ignorance est contre Dieu. L'être suprême n'a pas de visage. Ta place n'est pas dans ce couvent d'idolâtres ! Fuis ! »

Ces paroles entendues au fond de son âme lui redonnèrent espoir. François avait raison. Dieu lui-même lui montrait son erreur. Elle devait suivre l'exemple du Fraticelle et se donner aux miséreux.

Des clercs en aube grise vinrent la chercher. Elle se sentait tout à coup sereine, capable de répondre à toutes leurs questions. Elle avait l'impression que François marchait à côté d'elle, la guidait.

Ils la conduisirent dans une vaste pièce où se trouvaient une dizaine de prélats dont l'évêque au centre, qui affichait une mine des mauvais jours. Le père Grégoire expliqua ce qui s'était passé. L'évêque hocha la tête, demanda que l'on apporte un parchemin et une plume avec de l'encre.

– Écris ! ordonna-t-il à Eugénie.

– Eh bien oui, monseigneur ! C'est vrai, j'écris de la main gauche. C'est ainsi, ma main droite est tellement maladroite que je ne pourrais vous abuser.

– Tu écris de la main gauche ! Voilà la preuve que tu es la fille de Satan !

Elle sentit tout à coup une vague chaude la parcourir. François lui soufflait :

« Est-ce parce qu'on est gaucher que l'on a une âme noire ? »

Cette question sonna comme un signal. Un troupeau de rats fit aussitôt irruption dans la pièce, courant entre les pieds des clercs qui poussaient des cris apeurés. Épouvanté, l'évêque lui-même se leva brusquement de son siège et recula vers le fond de la pièce.

– Qu'on l'emmène ! hurla-t-il.

Des éclats de voix montèrent de l'extérieur, suivis du bruit de lames qui s'entrechoquaient. Des hommes en habits de guerre, l'épée dressée, enfoncèrent la porte. Le plus jeune était immense. À côté de lui marchait un chevalier à la tunique blanche.

– Qui ose ainsi entrer ici ? s'écria l'évêque. Gardes, que faites-vous ?

– Vos gardes ont bien trop peur de nos lames pour intervenir. Nous leur avons montré ce que nous savons faire ! s'écria le chevalier à côté du jeune géant. Nous venons chercher Mme d'Anjou !

– Je ne vous permets pas de parler ainsi ! cria encore l'évêque toujours debout dans un coin de la pièce.

– On s'en moque ! fit Matthieu en obligeant Eugénie à sortir.

– Nous allons à Paris ! lui précisa Rincourt. C'est un jardinier du couvent qui m'a averti. J'avais eu la bonne idée de lui donner quelques pièces pour qu'il me rapporte tout ce qui se passait derrière ces hauts murs. Le roi est au courant. Personne ne nous poursuivra et dans quelque temps, on vous aura oubliée en Avignon.

Une fois encore, Rincourt venait la sauver d'un mauvais pas. La présence de Matthieu fit éclore un sourire sur ses lèvres. Le message était clair : Dieu ne voulait pas qu'elle s'enferme dans un couvent.

– On dit que le Roi chiffonnier reconstitue son armée au Luxembourg et se prépare à assiéger Paris ! l'informa Rincourt.

Eugénie pensa à son entrevue avec son frère prisonnier dans le presbytère et au billet qu'il avait eu l'audace de lui envoyer.

– J'ai été lâche ! dit-elle, sombre.

19.

Guy de Rincourt, Matthieu et Eugénie arrivèrent à Paris au milieu du mois de mai 1363. Eugénie accepta provisoirement l'hospitalité de Rincourt qui lui offrit un étage de sa maison. Matthieu, devant être armé chevalier au retour du roi resté en Avignon, s'engagea dans les troupes du nouveau prévôt de Paris, Pierre de Lorris, un neveu d'Étienne Marcel. Nommé cinquantenier, le jeune homme montra vite qu'il avait la trempe d'un chef.

Charles de Navarre profita des rêves de croisade de Jean II pour renouer avec son ancienne revendication. Allié avec les Anglais, il était en contact avec Jean Ier qui, du Luxembourg, s'apprêtait à fondre sur Paris.

Les rats étaient partout. Ils pullulaient dans les rues, au bord de la Seine, dans les maisons, les chambres à coucher, plus nombreux que les hommes. Eugénie les faisait chasser tous les soirs de son appartement et le matin, ils étaient de retour. Plus on en tuait, plus il y en avait.

La peste éclata brutalement au début du mois de juin. Contrairement à l'épidémie de 1349 qui était partie du sud en remontant vers les provinces du nord, elle frappa d'un coup toutes les villes des Flandres à la Méditerranée, ravagea les campagnes qui furent encore livrées aux pillards, aux loups et aux ronces. En quelques jours, le pays sombra dans l'enfer.

Des villages entiers furent encore dépeuplés. La maladie prenait surtout les jeunes hommes et femmes qui étaient enfants lors de la première épidémie. Chaque matin, les rues de la moindre bourgade étaient encombrées de cadavres répandant une odeur insupportable. On vida les prisons pour ramasser les morts par pleines charrettes. Les loups faisaient bombance de cette chair humaine qu'ils appréciaient particulièrement. Des nuées de corbeaux tournaient au-dessus des maisons.

Le même silence que treize années plus tôt régnait sur les campagnes. Les oiseaux ne chantaient pas. Les prés étaient déserts, on n'entendait plus le bruit régulier des marteaux qui frappaient le fil des faux; les bergères ne conduisaient pas les troupeaux aux pâturages. Vaches, moutons et porcs allaient librement d'un endroit à l'autre. Les bras manquaient pour sonner le tocsin.

Terrible été. Les hommes valides, au lieu de travailler à l'atelier ou aux champs, creusaient des fosses où ils entassaient pêle-mêle les cadavres de leurs enfants, de leurs femmes, toujours plus nombreux, toujours plus horribles.

À Paris, la maladie allait plus vite que les fossoyeurs. Comme les tranchées manquaient, les chariots vidaient leurs chargements dans la Seine où l'on voyait flotter des centaines de cadavres gonflés. Parfois, ils éclataient, se vidaient d'un jus épais qui se mélangeait à l'eau que buvaient ceux qui ne pouvaient pas se payer du vin.

Eugénie avait décidé de se consacrer aux malades que personne n'osait approcher. Sans craindre la mal-mort, elle leur apportait à boire, elle les réconfortait, priait avec eux, les accompagnait dans leurs derniers instants de vie. Les gens du peuple admiraient cette comtesse généreuse, la prenaient pour une sainte et commencèrent à dire qu'elle faisait des miracles, tel ce jeune enfant prêt à rendre son dernier soupir, brusquement guéri quand elle avait posé la main sur lui, et cette jeune femme en train d'accoucher soulagée de ses douleurs à son arrivée…

Considérant que Dieu n'avait pas voulu d'elle dans un couvent pour la mettre en face de cette dernière épreuve, elle se montrait infatigable, parcourait les rues, les mains et la tête nues pour que ceux que l'on abandonnait mourants sur un tas de fumier puissent voir un sourire compatissant sur un visage humain et recevoir un dernier encouragement. Elle se consacrait aussi aux familles des pestiférés que l'on enfermait dans leurs maisons. Elle leur apportait à manger, en se privant elle-même car les denrées étaient toujours plus chères. On égorgeait les chiens et les chats, mais personne n'osait toucher aux énormes rats présents partout et si peu farouches qu'il était facile d'en capturer de grosses quantités.

Au matin du 20 juillet, une armée se présenta devant les portes fermées de Paris, mal protégées par une prévôté qui ne savait plus où donner de la tête. Le roi de Sienne, qui venait du Luxembourg avec une importante division d'Allemands et de Hongrois, voulait profiter de l'absence du Valois et des ravages de la peste pour conquérir la capitale. Rincourt avait été bien renseigné !

Pourtant, il disposait de trop peu d'effectifs pour assurer une défense efficace. Il envoya des coursiers au roi, mais les secours ne pourraient arriver avant un mois.

Pendant deux semaines, les hommes de Jean Ier bloquèrent les voies d'accès, incendièrent les rares barges d'approvisionnement qui remontaient la Seine en direction du pont aux Grains. Les convois de bestiaux, qui venaient de la Brie, de la Beauce, étaient systématiquement arrêtés et employés à la nourriture des assaillants. La famine, qui emportait déjà autant de pauvres que la peste, menaçait les classes aisées, ce qui décida Pierre de Lorris à prendre en compte les propos alarmants de Guy de Rincourt.

Jean Ier, bien conseillé par des capitaines à qui il avait enfin décidé de faire confiance, ordonna plusieurs attaques de nuit qui échouèrent, mais Matthieu d'Eauze, à la tête de ses cinquante soldats, ne doutait pas que Paris allait subir la pire défaite de son histoire.

– Nous allons tous mourir ! dit-il à sa mère. Nos hommes sont mal nourris et peu vaillants à la guerre. Le Roi chiffonnier tient sa revanche : dans moins d'une semaine, il sera installé au palais royal !

Eugénie ne pouvait l'admettre.

– Non, rien n'est perdu !

Ils rendirent visite au prévôt, Pierre de Lorris, qui était loin d'avoir l'entendement politique de son prédécesseur, Étienne Marcel.

– Faites crier par les rues que tous les hommes valides en âge de porter les armes se rendent au castel Saint-Antoine et qu'ils prennent toutes les armes dont ils disposent ! demanda Eugénie.

Le lendemain, dans l'après-midi, l'immense cour devant la forteresse qui deviendrait plus tard la Bastille était envahie par une foule d'hommes valides décidés à se battre jusqu'à la mort. Pierre de Lorris forma plusieurs batailles qu'il plaça sous les ordres de Rincourt. C'était peu, mais il faudrait s'en contenter. Le peuple était à genoux. Des montagnes de cadavres pourrissaient sur les terrains vagues, les ruelles, partout où il était impossible d'approcher les charrettes. La Seine évacuait des milliers de morts dont les corps partaient en lambeaux dans le courant. Paris étouffait sous une chaleur de plomb, derrière des murs qui emprisonnaient les gens encore sains au milieu des mourants, de la pourriture et dans une puanteur irrespirable.

Au milieu du mois d'août, ce que redoutaient les assiégés arriva. Les troupes de Charles de Navarre, commandées par son frère, Philippe, vinrent prêter main-forte au Siennois. Elles se positionnèrent au sud de la ville, bloquant toutes les issues, de Saint-Germain-des-Prés à la porte Saint-Victor. Après plusieurs journées passées à mettre en place les machines d'assaut, les premières attaques se produisirent à la porte Sainte-Geneviève. Les Parisiens réussirent à repousser les assaillants. La comtesse d'Anjou, que l'on avait vue portant secours aux pestiférés, galvanisait les forces par son ardeur au combat, mais les effectifs étaient trop faibles. Que leur importait, à ces miséreux, que le roi soit Jean le Premier ou Jean le Deuxième ! Des groupes d'affamés se formaient pour réclamer l'ouverture des portes et permettre aux convois de ravitaillement de circuler de nouveau !

À l'aube du 20 août, après une nuit chaude et orageuse, le jour tardait à se lever sur la ville. Le ciel gris d'une fumée épaisse cachait le soleil. La campagne tout autour des murs brûlait. Les assiégeants avaient incendié les blés que personne n'avait encore pensé à moissonner, les fermes, les hameaux isolés. Une pluie de cendres grasses tombait dans les rues tandis qu'à l'extérieur montaient des cris de bataille.

– Si nous ne gagnons pas, Paris va se donner à un fou ! s'écria Rincourt.

– Nous gagnerons ! répondit Eugénie en brandissant son épée.

Les hommes recrutés par la prévôté se pressaient devant elle. Enfin convaincus que les assiégeants allaient les massacrer, manufacturiers, tisserands, cordonniers, bouchers, portefaix avaient laissé leur boutique ou leur charrette pour répondre par milliers à l'appel de la comtesse. Armés de couteaux, de bâtons, de faux, ils attendaient les ordres.

– Nous n'allons pas nous donner à ce monstre sanguinaire ! cria Eugénie. Pire que la peste, celui qui veut prendre Paris ordonnera le sac de la ville. Il égorgera vos femmes et vos enfants, il pillera vos celliers et ce n'est pas ce nouveau malheur qui fera fuir la mal-mort, au contraire. Puisqu'il faut mourir, que ce soit en défendant nos biens et nos enfants !

Une immense clameur lui répondit. Eugénie qui ne se pardonnait pas d'avoir épargné son frère éprouvait le besoin de se rattraper par sa bravoure.

– Allons nous positionner près de la porte Saint-Honoré d'où mon frère va lancer son attaque. Ses hommes sont mal organisés, ce que font les uns, les autres le défont. Nous avons une chance de les repousser !

À la tête de sa garnison, Matthieu se tenait près de sa mère. L'odeur des incendies piquait la gorge. Le jeune homme serra les dents : un prétendu roi qui faisait brûler les récoltes de son peuple n'était pas digne de régner !

L'aube teintait la fumée d'une lueur épaisse et menaçante. Les cris annonçaient que l'attaque était lancée du côté de Saint-Germain-des-Prés. Le tonnerre des bouches à feu roulait, suivi du bruit sourd des boulets qui heurtaient les fortifications. Des brûlots volaient au-dessus des troupes massées près des portes et enflammaient les vétustes maisons voisines. Matthieu, sous l'emprise d'une colère meurtrière, avait envie de tenter une sortie, mais Rincourt le lui interdit :

– C'est t'exposer à une mort certaine !

Les attaques simultanées près de Saint-Sulpice, de la porte Saint-Michel et au sud montrèrent vite que la faible défense des Parisiens ne tiendrait pas longtemps. Les mercenaires de Jean Ier avaient construit des ponts au-dessus des fossés et pointaient leurs échelles sur les brèches ouvertes par les boulets. Du haut des tours, les Parisiens les arrosaient d'huile bouillante et de flèches.

Vers midi, le sort de Paris semblait tranché : les murs défoncés ouvraient le passage à des hommes pressés d'en finir, d'accéder aux celliers des maisons bourgeoises et aux richesses des hôtels particuliers. Monté sur son cheval blanc, le Roi chiffonnier, à côté de la tour de garde effondrée de la porte Saint-Honoré, assistait à sa victoire.

– Vous capturerez celle qui se disait ma sœur et me l'amènerez ! Je lui indiquerai moi-même son supplice.

Dans une brèche large d'une demi-toise, le passage était libre. Le Roi chiffonnier piqua son cheval.

– Je veux être le premier à fouler le sol de ma capitale ! dit-il en demandant qu'on le laisse passer.

Une voix de femme lui répondit :

– Jamais, tu entends, jamais tu n'entreras dans Paris !

Avertie par Pierre de Lorris, Eugénie se trouvait en face de son frère, l'épée pointée du haut de son cheval qui se cabra.

– Je t'ai épargné quand tu étais à ma merci pour te donner le temps du repentir. Tu m'as donné rendez-vous à Paris, alors me voilà !

Jean Ier hésita un instant puis se tourna vers ses gardes.

– Saisissez cette femme qui ose se placer sur mon chemin.

Rincourt éperonna son cheval et vint se placer à côté d'elle, suivi par une foule de piétons armés de fourches et de fléaux, prêts à défendre chèrement leur vie.

– Je vous ordonne de vous saisir de cette femme ! cria le Roi chiffonnier d'une voix aiguë.

– Avant qu'ils me saisissent, je t'aurai passé mon épée à travers le corps ! hurla Eugénie en fonçant sur son adversaire.

La lame glissa sur la cotte de fer, trouva la jointure avec le heaume, s'enfonça à la base du cou. Jean de Sienne poussa un cri et s'effondra au bas de sa monture. Eugénie, l'épée sanglante à la main, le regardait s'agiter sur le sol comme un insecte mutilé. Il vomissait des flots de sang, gargouillait des mots sans suite. Rincourt et les Parisiens en profitèrent pour repousser les assaillants.

Jean Ier fut aussitôt transporté à l'arrière où des médecins sondèrent sa blessure. Ils appliquèrent sur la plaie des cataplasmes d'herbes et d'argile blanche pour arrêter l'hémorragie, mais ce fut peine perdue : il expira quelques instants plus tard, laissant son armée désemparée. Les Parisiens crurent à un miracle. Les cloches de Notre-Dame se mirent à sonner.

Un peu en retrait, Eugénie claquait des dents, tout à coup fiévreuse.

Jean II arriva dans sa capitale quelques heures après la victoire des Parisiens. Il voulut pourtant s'octroyer la gloire d'avoir sauvé sa ville et raconta que les assiégeants avaient fui comme des gueux en entendant sonner les sabots de son cheval. Il apprit comment Eugénie avait tué Jean de Sienne et décida de donner Matthieu à la fille de la comtesse d'Aletz.

L'épidémie touchait à sa fin. Le roi prit cependant la précaution de faire attacher un bouc dans chacune des pièces du palais, puis il convoqua Rincourt. Les Anglais se préparaient à de nouvelles attaques et, une fois de plus, l'or manquait. Le pape avait accordé au Valois une décime pour six ans, mais seuls les évêques pouvaient la lever et devaient en vérifier la bonne affectation qui était la croisade. Pour l'armée, il ne restait pas grand-chose.

La vie reprenait, mais les bras faisaient défaut. Les blés étaient partis en fumée et il fallait en faire venir de Champagne, de la Beauce et du Berry sur des routes toujours infestées de brigands.

Eugénie était malade. Des plaques grises sur son visage et l'horrible odeur qu'elle dégageait ne laissèrent aucun doute sur la nature de son mal. Sa chambrière avertit Branson qui envoya chercher Rincourt, occupé avec son armée au fort de Vincennes.

Comme un fou, il se rendit au chevet de la pestiférée. Il ordonna qu'on aille chercher du bois, beaucoup de bois, et qu'on allumât un grand feu dans la chambre de la malade. Il alla fermer la fenêtre qui donnait sur la rue et l'été. Les servantes, bousculées par Branson, apportèrent des bûches, de grandes flammes montèrent aussitôt dans la cheminée, répandant une chaleur suffocante. Rincourt n'y prenait garde. Il était atterré, accroupi près du lit, ne quittant pas le visage de la malade qui avait fermé les yeux et balbutiait des mots sans suite. Branson, grattant du bout des doigts sa barbe rousse, parla d'appeler un médecin, Rincourt le rabroua :

– As-tu déjà vu un médecin guérir quelqu'un de la peste ?

Geoffroi d'Eauze avait fait boire Matthieu, alors, il demanda qu'on apporte du vin, mais Eugénie ne desserra pas les dents. Les boutons rouges qui grêlaient son visage annonçaient une mort prochaine. Un sang pourri et épais coulait de ses lèvres, serpentait sur ses joues.

Tout à coup, Rincourt pensa à Matthieu.

– Qu'on aille le chercher ! cria-t-il. Il faut qu'il voie sa mère une dernière fois.

Eugénie ouvrit lentement les yeux, tenta de remuer la tête. La bave verdâtre, mêlée de sang, coulait de sa bouche sur l'oreiller, imbibait ses cheveux.

– Non ! dit-elle dans un souffle. Non, il ne faut pas.

Elle se tut un long moment, puis, rassemblant ses forces, ouvrit de nouveau les yeux.

– Je vous aime ! dit-elle. Je voulais vous le dire avant de ne plus pouvoir parler. Dieu m'a accordé un miracle, celui de vous voir une dernière fois.

Le soir tombait, enfin calme, sur Paris qui retrouvait ses bruits d'été après le silence oppressant de la maladie et du siège. Rincourt ordonna qu'on ajoutât encore du bois au feu. Branson voulut faire remarquer que l'air était irrespirable, qu'il fallait au contraire ouvrir la fenêtre, le maître s'emporta :

– Tu vois bien qu'elle tremble de froid. Ajoute du bois !

Dans les derniers rayons du jour, les enfants retrouvaient la rue pour jouer à cette heure où l'on oubliait le travail, mêlaient leurs cris à ceux des martinets, se pourchassaient entre les maisons. La vie était là, derrière cette fenêtre, la vie qui avait eu raison de la peste et triompherait toujours. Eugénie ne bougeait plus. Les yeux clos, elle respirait difficilement. La bave verdâtre qui coulait encore au coin de sa bouche formait une tache visqueuse sur l'oreiller et le drap. Une odeur insupportable régnait dans la pièce, mais Rincourt ne la sentait pas. Il avait envie de secouer ce corps d'où la vie s'en allait, de le retenir près de lui. Il chassa les domestiques, demanda à Branson de fermer la porte. Il voulait être seul avec la malade.

– Tu comprends, dit-il quand la porte fut fermée, prenant les mains froides de la mourante dans les siennes, tu comprends que je t'ai consacré toute ma vie. J'ai quitté ma femme, mes filles, toute ma famille et tout le monde pour toi. Je ne veux pas te perdre ! Si tu meurs, je mourrai avec toi.

D'un geste sûr, il prit la dague qu'il portait à sa ceinture, sur le côté gauche. Le feu crépitait ; sa chaleur, sa lumière faisaient mal dans la pénombre. Rincourt s'allongea près d'Eugénie et la serra très fort. La dague à la main pointée sur sa poitrine, il pressa contre son épaule la tête repoussante couverte de glaires et de sang putride. Si Dieu voulait Eugénie, il la suivrait.

Pendant toute la nuit, dans ce silence terrible de la maison où seules les poutres craquaient, faisant écho aux bûches qui s'effondraient dans l'âtre, il resta ainsi, immobile, écoutant le souffle de l'agonisante en attendant qu'il s'arrête pour s'enfoncer la lame dans le cœur. Il n'était plus vraiment conscient, son âme flottait dans l'air surchauffé, ne s'accrochant à aucune image.

Le jour se leva lentement, effaçant une nuit qui n'avait pas été sombre. Les vitres de la fenêtre enchâssées dans les cadres de plomb laissaient passer une lumière floue, puis les premiers rayons du soleil les illuminèrent. Eugénie eut comme une contraction du visage, un mouvement bref. Rincourt ne s'était pas aperçu que les heures avaient passé, pourtant il n'avait pas dormi, toujours suspendu à ce souffle qui retenait sa propre vie.

Les cils d'Eugénie se soulevèrent, elle bougea légèrement. Elle ne tremblait plus, l'immonde bave avait cessé de couler de ses lèvres.

– Ma mie ! s'exclama Rincourt. Voilà que vous revenez, que la bête puante recule !

– J'ai sommeil ! dit-elle dans un souffle.

– Alors dormez !

Il sauta du lit et alla attiser le feu. Comme les bûches manquaient, il cria qu'on en apporte d'autres. Aussitôt des pas martelèrent l'escalier. Branson entra en coup de vent, suivi d'une servante.

– Activez ce feu. Vous voyez bien qu'elle va guérir !

Personne ne pensa à mettre en doute le rôle de la chaleur dans cette guérison. La servante agaçait les tisons et les braises du bout de ses pincettes. Rincourt, le visage couvert de sang sec, les vêtements collés, puait atrocement. Il constata qu'il tenait toujours sa dague à la main.

– Vous ne voulez pas qu'on ouvre la fenêtre ? demanda Branson.

– Non, hurla Rincourt, allez plutôt chercher à boire.

Une autre servante arriva avec une carafe de vin et des hanaps. Rincourt en remplit un qu'il approcha de la malade. De la main droite, il souleva la tête d'Eugénie qui entrouvrit ses lèvres et avala un peu de liquide.

Il demanda un autre oreiller qu'il glissa sous les cheveux collés. La fièvre était tombée, Eugénie ne tremblait plus, ses mains s'étaient réchauffées.

– Elle va guérir ! Je vous dis qu'elle va guérir, faites du feu !

La cheminée ronflait. Les domestiques qui peinaient à respirer cet air brûlant reculèrent vers la porte ouverte et le couloir. Rincourt ne les voyait pas. Il ne voyait qu'Eugénie qui dormait et suait abondamment.

Il ne la quitta pas de la journée, refusant de manger, se contentant de boire du vin frais et sucré. Le soir, elle ouvrit enfin les yeux.

– Il fait chaud ! dit-elle.

Rincourt courut ouvrir la fenêtre. Les bruits de la rue arrivèrent dans cette pièce confinée, bruits de vie, de résurrection. Eugénie eut la force de se dresser sur ses coudes. Rincourt avait envie de remercier le ciel, de se mettre à genoux et de prier, ce qui ne lui était pas naturel.

– Ma mie, vous revenez de l'enfer !

– J'ai faim ! dit-elle enfin, comme si c'était un cri de victoire.

Il hurla qu'on apporte à manger. Eugénie regarda le plat de viande fumante, mais ne réussit qu'à grignoter. Son estomac était encore noué, pourtant, elle avait la certitude qu'elle ne mourrait pas.

– C'est vous qui m'avez sauvée, une fois de plus !

– Si tel est mon destin, je veux bien l'assumer encore et toujours.

Elle put se mettre debout pendant que les servantes changeaient les draps souillés. Elle demanda de l'eau pour se nettoyer et retrouva enfin les couleurs de la vie. Sa fatigue était immense et elle se coucha de nouveau, dormit jusqu'au lendemain. Quand elle se réveilla, ses forces étaient revenues.

Elle se leva, fit quelques pas, alla à la fenêtre pour regarder la rue, les passants, le quotidien d'un Paris qui, comme elle, renaissait.

Sortis de sous un placard, des rats noirs marchèrent en titubant jusqu'au milieu de la pièce, comme s'ils cherchaient de l'air. Rincourt se précipita rageusement. Les rats, d'ordinaire si vifs, si prompts à éviter les coups, se laissèrent massacrer sans bouger. Rincourt les ramassa un à un et les jeta sur les cendres du feu éteint. Eugénie avait assisté à l'opération sans un mot. Cette fois, elle savait que la faucheuse ne la tourmenterait plus.

La convalescence de la malade alla très vite. En quelques jours, elle fut sur pied. Le miracle était général : venus des caves, des greniers, des potagers qu'ils pillaient, des multitudes de rats noirs envahirent les rues de Paris et de toutes les villes du royaume. On en trouvait des troupeaux entiers, hagards à leur tour, dans les chemins, en bordure des champs qu'ils ne dévastaient plus. Les vilains frappaient sur cette masse grouillante avec des bâtons et des fléaux. La peste s'était retournée contre ceux qui l'avaient apportée. Ils mouraient par millions. Dans Paris, il fallut encore des charrettes, mais c'était pour ramasser l'ennemi vaincu comme on le faisait des feuilles mortes à l'automne. On se demandait où ils avaient bien pu se cacher en aussi grand nombre. Comme on n'avait pas le temps de creuser des fosses, les charrettes étaient vidées dans la Seine. Le fleuve noir de cadavres flottants répandait une odeur de pourriture qui, après les semaines terribles, était une bonne odeur.

Guérie, Eugénie parla de s'en aller. Pendant sa maladie, elle avait revu les morts qui lui étaient chers ; ses deux fils l'avaient appelée à retourner à Aignan, dans cette ferme noble qui se laissait manger par les ronces et la sauvagine. Rincourt ne pouvait pas s'y résoudre.

– Madame, je vous ai donné toute ma vie. Je ne suis plus tout jeune, votre présence m'est aussi indispensable que l'air pour respirer.

Elle souriait, consciente qu'elle aussi lui avait donné sa vie depuis longtemps.

– Vous m'avez dit que vous m'aimez. Cela suffit pour que nous soyons heureux, pour que nous allions ensemble au bout de notre chemin. C'est maintenant que nous aurons besoin l'un de l'autre.

– Comment pourrais-je être heureuse avec tous les morts que je laisse derrière moi ?

Le visage de Rincourt s'assombrit. La perte du petit Renaud l'avait beaucoup affecté, mais il ne dit rien.

On était à la fin du mois de septembre. Les jours diminuaient lentement, les matinées étaient plus fraîches et humides. L'été avait été chaud, on parlait déjà des vendanges sur la butte des Coupeaux.

Le roi se préparait pour une croisade à laquelle plus personne ne croyait. Il en avait différé la date, car les Anglais se montraient de plus en plus pressants et Navarre continuait de jouer les trublions. Un jour, il fit venir Rincourt dans son petit cabinet. L'intendant général redoutait que le souverain lui parlât de son armée où tout manquait. Il fut heureusement surpris :

– Dites-moi, cette comtesse d'Anjou qui nous a permis d'échapper au danger réel de Jean de Sienne, que l'on présentait comme une sainte pendant la peste, qu'est-elle devenue ?

– Sire, à s'occuper des autres, elle a fini par attraper elle-même la maladie.

– J'en suis vraiment attristé. Cette femme méritait ma reconnaissance.

– Mais elle n'est pas morte, Sire ! Dieu a fait un miracle.

– Vous m'en voyez réjoui. Je veux réparer les erreurs des Valois. J'ai donc décidé de lui donner l'héritage de sa mère ou ce qu'il en reste. Le castelet de Vincennes lui revient, ainsi que les fiefs qui vont avec.

Le compte n'y était pas : Clémence à sa mort possédait dix-neuf châteaux et un trésor en bijoux qui s'étaient volatilisés. Rincourt fit, néanmoins, bonne figure et remercia le roi. Eugénie ne s'était pas battue pour des biens matériels, mais pour une reconnaissance.

– Son fils sera armé chevalier lors des prochaines fêtes d'automne et épousera la comtesse d'Aletz. Il pourra récupérer son fief d'Eauze et me rendre directement l'hommage. C'est un des arrangements que j'ai pu obtenir avec les anciens suzerains anglais à qui j'ai donné un fief en limite du Poitou pour dédommagement.

– Sire, précisa Rincourt, je vous ai servi pendant de longues années. Je vais de nouveau m'occuper de l'armée de France pendant tout l'hiver. Ensuite, je souhaiterais, avec votre permission, retourner en Gascogne, sur mes terres. Je ne suis plus tout jeune. Je ne voudrais pas mourir sans revoir mon fief de Valence. Mon nom, mon sang sont normands, mais mon cœur est là-bas.

Le roi accorda à son plus fidèle serviteur la permission de retourner en ses terres au printemps 1364. Entre-temps, les relations avec les Anglais s'étaient dégradées. Le dauphin et ses frères s'étaient échappés de Calais où ils étaient retenus en otage. Le roi, considérant que la parole donnée avait été trahie, retourna en Angleterre où il se constitua prisonnier. Il y mourut en avril 1364.

Eugénie vendit le castelet de Vincennes et plusieurs domaines qui la mettaient à la tête d'une somme suffisante pour reconstruire le château d'Aignan. Elle en profita pour établir Fanchette et son frère dans une petite maison proche du fort au milieu d'un beau jardin.

Guy de Rincourt et Eugénie repartirent en Gascogne au début du mois de mai. Ils trouvèrent une ruine. Eude d'Aignan était mort à son tour, ne laissant comme héritier que Jean dont on ne savait pas ce qu'il était devenu. Les friches avaient recouvert les restes de l'ancien donjon. Eugénie décida de tout reconstruire.

De son côté, Rincourt retrouva le fief de Valence dirigé par sa fille aînée qui manquait d'argent pour entretenir l'immense château. Il fut accueilli comme un sauveur. Matthieu d'Eauze, armé chevalier au mois d'octobre 1363, viendrait prendre possession de son bien au début de l'été. Il fallait reconstruire le donjon mis à mal par les nombreux sièges qu'il avait subis, défricher les terres abandonnées, redonner de la vie à cette contrée dévastée.

Le plus dur fut de trouver des ouvriers. La peste avait une fois de plus privé le pays de bras, et les salaires que l'on percevait dans l'armée étaient plus intéressants que ceux des maçons. Pourtant, avec de l'or, Eugénie réussit à se procurer la main-d'œuvre nécessaire et le domaine d'Aignan put enfin renaître.

– Madame, je n'ai qu'un seul souhait, dit une fois de plus Rincourt. Celui de vieillir auprès de vous.

– Vieillir, dites-vous ? En effet, le temps a passé si vite !

– Madame, il n'y a pas d'âge pour être heureux.

– Certes, mais les années laissent tant de blessures ouvertes !

L'été se passa à surveiller les travaux. Eugénie et Guy de Rincourt avaient emménagé dans une partie du château d'Aignan encore debout. La comtesse d'Anjou y retrouvait la précarité de son enfance. La boucle se refermait, elle allait finir ses jours là où elle les avait commencés, car sa véritable naissance s'était passée ici, auprès de sa tante Éliabelle.

Un matin, tandis qu'ils parlaient aux ouvriers occupés à reconstruire le donjon avec les pierres récupérées dans les taillis, un mendiant bossu et terriblement sale se présenta. Eugénie voulut lui donner un peu d'argent, mais l'homme qui s'appuyait sur des cannes de bois se mit à sourire et elle le reconnut.

– Jean ! Mon cousin Jean, mais d'où sors-tu ?

Il tendit le bras vers la route qui se perdait dans les collines où les feuillages des arbres viraient au jaune d'or. Il lui fit signe de l'accompagner et la conduisit jusqu'au puits dont l'ouverture avait été conservée sous un fouillis de ronces et d'aubépines.

– Jésabelle ! dit-il en indiquant le fond du puits.

Eugénie alla chercher un jeune ouvrier et lui demanda de descendre dans le trou. Le garçon s'attacha avec des cordes au tronc d'un arbre voisin et s'enfonça dans la gueule ouverte. Quelques instants plus tard, il remonta, poussant devant lui un tonneau. Jean éclata de rire : c'était bien celui dans lequel il avait enfermé la châsse qui contenait les précieuses reliques.

Eugénie embrassa son cousin et lui proposa de rester avec elle à Aignan.

– Ainsi, dit Rincourt, ces reliques tant de fois volées vont nous protéger.

Sur le donjon où les charpentiers avaient construit un échafaudage, les maçons empilaient les pierres à la place même qu'elles occupaient au temps de la splendeur des seigneurs d'Aignan…

En 1364, quand se termine cette histoire, Charles V monte sur le trône. Jusqu'à sa mort en 1380, il se battra contre les Anglais, tentera de redonner à la France son ancienne prospérité en réparant les erreurs et les insuffisances de son père.

Charles le Mauvais, profitant de la mort de Jean II et de celle de Jean Ier pour faire valoir ses prétendus droits au trône de France, fut battu à Cocherel par Du Guesclin. Cela ne l'empêcha pas, jusqu'à la fin de sa vie en 1387, de jouer encore les trublions, de mentir et de trahir. Telle était sa nature !

La peste se fit oublier pendant quelques décennies puis ravagea de nouveau villes et campagnes pendant quatre siècles sans, cependant, atteindre l'étendue et la virulence de la première pandémie restée jusqu'à nos jours dans la mémoire collective sous le nom de Peste noire…

Imprimé en France par

CPI
BRODARD & TAUPIN

à La Flèche (Sarthe)
en avril 2010

POCKET – 12, avenue d'Italie - 75627 Paris cedex 13

N° d'impression : 57483
Dépôt légal : février 2010
Suite du premier tirage : mars 2010
S17967/02